Sebastian Haffner, Stephan Hermlin,
Kurt Tucholsky u. a.

Zwecklegenden

Die SPD und das Scheitern der Arbeiterbewegung

Verlag 1900 Berlin

Sebastian Haffner, Stephan Hermlin,
Kurt Tucholsky u. a.

Zwecklegenden

Die SPD und das Scheitern der Arbeiterbewegung

Verlag 1900 Berlin

»Es ist ein Unglück, daß die SPD Sozialdemokratische Partei Deutschlands heißt. Hieße sie seit dem 1. August 1914 Reformistische Partei oder Partei des kleineren Übels oder Hier können Familien Kaffee kochen oder so etwas – vielen Arbeitern hätte der neue Name die Augen geöffnet ...«

Kurt Tucholsky

Gewidmet Prof. Dr. Gerhard Kade (*8.10.1931, † 4.12.1995), Professor für Wirtschaftswissenschaften und Friedensforscher. Ohne seine Unterstützung hätte dieses Buch nicht erscheinen können.

Sebastian Haffner, Stephan Hermlin, Kurt Tucholsky u.a.: Zwecklegenden
Originalausgabe. 1. Auflage, Juli 1996

Titelfoto: Bildarchiv Preußischer Kulturbesitz
Lithos: Christian Uhle/die tageszeitung, Berlin
Texterfassung: Stefan Haußmann, Marly Riemer
Herstellung: Michael Uszinski, Berlin
Druck und Bindung: Wiener Verlag, Himberg
Printed in Austria

ISBN 3-930278-03-0

Inhalt

■ **Berlin (taz)** – Mutig und entschlossen, so die Losung, stellen sich die Sozialdemokraten ihrer Vergangenheit: Entgegen allen bisherigen Ankündigungen wird die neugebaute SPD-Parteizentrale, die heute eingeweiht werden soll, nun doch „Gustav-Noske-Haus" heißen. Dies hat eine parteiinterne Historische Kommission, die „Arbeitsgruppe Fichter", durchgesetzt. Die Gruppe will in eigens ihnen zugewiesenen Räumen die Geschichte der SPD „untersuchen und ein Stück weit aufarbeiten", so ein Sprecher, und dabei „vielleicht sogar zu neuen Ergebnissen kommen."

Unser Bild zeigt den Entwurf für die Fahne, die fortan im Kreuzberger Wind flattern soll.

Foto: Erwin Böck

aus der »tageszeitung« vom 10. Mai 1996

Vorwort

»Ich weiß nicht, ob es besser wird, wenn es anders wird. Aber ich weiß, daß es anders werden muß, wenn es besser werden soll: Unter dieser Hoffnung hat die Menschheit die letzten Jahrtausende ihrer Geschichte verbracht. Ins dritte der neueren Zeitrechnung geht sie hoffnungslos.«

Vieles spricht – nach dem Triumph des Kapitalismus – dafür, daß dieses Diktum von Hermann L. Gremliza zutrifft. Wieder steht die bürgerliche Gesellschaft vor dem bedrohlichem Dilemma »Übergang zum Sozialismus oder Rückfall in die Barbarei«. Diese Frage ist nicht entschieden. Solange sich die Erde also noch dreht, schadet es daher zumindest nicht, Antworten auf die Frage zu suchen, warum der Übergang zum Sozialismus gescheitert ist, warum also immer wieder die Barbarei triumphiert. Diese Antworten können ohne Berücksichtigung der wichtigsten Niederlagen der Arbeiterbewegung – angefangen bei der Pariser Commune – nicht gefunden werden. Mit dieser Kenntnis weiß man aber wenigstens, warum die Gegenwart *so* und nicht anders ist. Dazu ist es erforderlich, Dutzende von Legenden, die einer bestimmten Absicht dienen – Zwecklegenden eben –, zu zerstören.

In welchen Ereignissen auch immer man die entscheidenden Niederlagen der Arbeiterbewegung sieht: Sicher ist, daß man dabei an den Namen der mehrheitssozialdemokratischen Politiker Ebert, Bauer, Noske und Scheidemann nicht vorbeikommt. Aus deren Anpassung (und der der übrigen Führungsmitglieder der SPD) an die bürgerliche Gesellschaft ergab sich die Zustimmung zur Kriegspolitik, die Unterdrückung der Revolution nach dem Ende des Ersten Weltkriegs und Mord an denen, die im Gegensatz zu den Mehrheitssozialdemokraten den sozialistischen – und das heißt namentlich: den humanen und antikapitalistischen – Prinzipien der Vorkriegs-SPD treu geblieben sind: Rosa Luxemburg und Karl Liebknecht.

Es ist heute – durch eine Vielzahl von Legenden – weithin unbekannt oder vernebelt, aber vergessen wir eines nicht: Die Gründung der Kommunistischen Partei Deutschlands war die Folge der von den führenden rechten und kriegsbegeisterten Sozialdemokraten bewußt vollzogenen

Spaltung der einst revolutionären, sozialdemokratischen Arbeiterbewegung. Rosa Luxemburg und Karl Liebknecht haben die Gründung der KPD nur um wenige Tage überlebt: Zwei Wochen später, vier Tage vor den ersten demokratischen Wahlen (zur verfassunggebenden Nationalversammlung), wurden sie ermordet – mit Wissen und Billigung des Sozialdemokraten und Oberbefehlshabers im Bürgerkrieg gegen links: Gustav Noske.

Die Politik der rechten sozialdemokratischen Führung vor, während und nach dem ersten Weltkrieg wurde größtenteils so geschickt und konspirativ betrieben, daß es bis in unsere Tage dauerte, um sie nach und nach aufzuklären. So verschlüsselte Gustav Noske bereits in dem entscheidenden Telefongespräch mit dem Luxemburg-Liebknecht-Mörder Hauptmann Pabst am Abend des 15. Januar 1919, als er die geplante Ermordung seiner beiden ehemaligen Parteigenossen grundsätzlich billigte, seine Zustimmung. Lediglich die Art der »Exekution« der beiden »schwer schuldigen Spitzen-, Landes,- und Hochverräter« (Pabst) weigerte er sich anzuordnen, denn: »Das ist nicht meine Sache! Dann würde die Partei zerbrechen, denn für solche Maßnahmen ist sie nicht und unter keinen Umständen zu haben...« Die Verschwiegenheit entspricht der Hinterhältigkeit der Tat. Bis in die heutigen Tage hat sich dieser Vorsatz, die eigenen Taten – auch vor der Basis der Partei – zu vertuschen, hervorragend bewährt: Selbst diese verschlüsselte Zustimmung wurde erst nach 74 Jahren entdeckt – durch Klaus Gietinger[1]. Die Sozialdemokratische Partei Deutschlands hat bisher keinerlei Notwendigkeit erkennen können, sich ernsthaft zur Frage der Umstände der Ermordung Rosa Luxemburgs und Karl Liebknechts zu äußern.

So bleibt die SPD – wie es scheint: auf ewig – die Gefangene ihrer Entscheidung vom 4. August 1914. Die Maxime lautet nur noch, daß nicht sein kann, was nicht sein darf. Anläßlich einer Ausstellungseröffnung in der soeben eingeweihten Berliner Parteizentrale (Thema: *Die SPD in Berlin – Abschnitte einer gemeinsamen Geschichte)*, die den Namen Noske in Orwellscher Manier unter den Tisch fallen ließ, konnte man im Berliner *Tagesspiegel* lesen, daß – wohl deshalb – »ein Besucher eine Fotokopie mit dem Namen des Reichswehrministers aufhängte.«

---

1 Klaus Gietinger: Eine Leiche im Landwehrkanal – Die Ermordung der Rosa L. Verlag 1900 Berlin, Berlin 1995

Helga Grebing, SPD-Parteihistorikerin, die bei der Gestaltung dieser Ausstellung die »wissenschaftliche Beratung« innehatte, die Ausstellung auch eröffnete und nach eigener Aussage den Vorstand der SPD auf eine notwendige Klärung in Sachen Noske hingewiesen haben will, hat in einer – für eine wissenschaftliche Zeitschrift nur noch als skandalös zu bezeichnenden – Rezension einen Vorgeschmack gegeben, wie solche sozialdemokratischen Klärungen aussehen könnten. In dieser Rezension der Edition der *Erinnerungen* des USPD-Volksbeauftragten Dittmann (siehe auch den Beitrag »Die verratene Revolution« in diesem Buch) hat Frau Grebing geschrieben, »daß es ihr an natürlicher Vorstellungskraft fehlt, umstandslos eine plausible Antwort zu finden«, weshalb an diesem Stoff »so viel stilles Gelehrtenheldentum geübt worden« sei. Da dieses Buch keine Erkenntnis fördere und bewirke, stehe der »Nutzwert« in keinem Verhältnis zu dem »Verbrauch vieler Millionen DM«, nicht einmal als eine Art ABM-Maßnahme für jüngere Wissenschaftler. Diese Edition ist, laut Helga Grebing, Ausdruck einer »Editionsneurose« des Herausgebers Dr. Jürgen Rojahn. Wer so schreibt, muß Gründe haben: Dr. phil. et rer. pol. habil. Helga Grebing, emeritierte Professorin am *Institut zur Erforschung der europäischen Arbeiterbewegung* der Ruhruniversität Bochum, stört folgendes in der Darstellung Dittmanns:

»Ebert ist nicht mehr eine konkrete menschliche Gestalt, ein Genosse nicht zuletzt, sondern wird zum Symbol für die mehrheitssozialistische Politik der Nichtrevolution stilisiert. […] Ebert hat ›mit seinem hemmungslosen Rechtsschwenken‹ im Krieg, in dem er ›seinen sozialistischen Kompaß‹ verlor, das ›Überborden der Leidenschaften auf der Linken‹ provoziert. […] Ebert hat es zu verantworten, daß die Revolution scheiterte: ›Wäre (…) die Sozialdemokratie von dem revolutionären Geist August Bebels erfüllt gewesen, hätte sie mit einem gewaltigen Ruck die Bahn zum Sozialismus freimachen können.‹ […] Diesen Möglichkeiten gegenüber war Eberts Politik konterrevolutionär, und seine und seiner Anhänger ›Bolschewisten-Furcht‹ hält Dittmann für falsch. […] Daraus resultiert ›die große historische Schuld der mehrheitssozialistischen Volksbeauftragten unter Führung Eberts in der deutschen Novemberrevolution‹, von der sich auch Dittmann überrascht fand: ›Sie sahen nicht, daß die Revolution ein wirkliches Gottesgeschenk war, ein unerhört günstiger geschichtlicher Augenblick, mit einem gewaltigen Ruck die politische, wirtschaftliche und soziale Entwicklung vorwärtszustoßen und zu treiben. (…) In diesem Sündenfall wurzelte die schleichende Krankheit der schon siech

zur Welt gekommenen Weimarer Demokratie.‹ […] Solche Urteile trennen Dittmann nur um semantische Barrieren vom Diktum der ›verratenen Revolution‹, vom agitatorischen ›Wer hat uns verraten, Sozialdemokraten‹, das diesen noch heute um die Ohren fliegt von jedem, dem es wohlfeil erscheint.«[2]

Hier werden offensichtlich nur noch Axiome verteidigt; die Feststellungen Dittmanns werden zur Schau gestellt – in der sicheren Annahme, daß jeder erkennen könne, welch Geistes Kind der Autor ist, der das Buch – so Grebing – im Exil als »eine Art geistiger Überlebensstrategie« aufgezeichnet habe.

Helga Grebing beendet ihre Polemik mit folgenden Sätzen:

»Was uns da Wilhelm Dittmann, der alte Klassenkämpfer, mit der Wendung von der bereits ›siech‹ zur Welt gekommenen Weimarer Republik als Deutung empfiehlt, ist nicht akzeptabel: Es wurde 1918/19 eine demokratische Republik gegründet, die es nun zum ersten Mal in der deutschen Geschichte gab. Und diese Republik (und ihre Verfassung) boten die Chance zum Ausbau des sozialen Rechtsstaates, wie wir ihn heute als quasi revolutionäre Errungenschaft preisen.«

Frau Grebing übersieht dabei, daß diese Republik von den *alten* Eliten gewollt wurde, die sich der SPD-Regierung bedienten, um sie – mit Mord und Terror gegen links – durchzusetzen. So war die Basis, auf der man die neue Republik hätte aufbauen müssen, von vornherein zerstört; die neue Republik entwickelte sich vom ersten Tag an unaufhaltsam nach rechts, um schließlich wieder da zu enden, wo sie begonnen hatte: beim neuerlichen Griff nach der Weltmacht.

Zurück zu 1914: Wie es in dem Beitrag »Links blinken, rechts abbiegen« in diesem Buch deutlich wird, hat die SPD die Rolle führender Genossen bei der Beihilfe zur Inszenierung des ersten Weltkriegs ebenfalls lange verbergen können. Denn es gibt kein *offizielles Protokoll* der entscheidenden Sitzung. Das nun in dem Beitrag von Karlludwig Rintelen enthaltene, der Preußischen Politischen Polizei absichtsvoll zugespielte Protokoll jener gemeinsamen Sitzung von Reichstagsfraktion und Parteivorstand der SPD mit der Generalkommission der Gewerkschaften – in dem die Arbeiterklasse den Herrschenden als kriegsverwendungsfähig gemel-

2 Helga Grebing in: Internationale wissenschaftliche Korrespondenz zur Geschichte der deutschen Arbeiterbewegung, Heft 4/95, erschienen Mai 1996, S. 535 ff. Grebing zitiert aus Wilhelm Dittmanns »Erinnerungen« teilweise ungenau.

det wurde – ist bisher höchstens einer Handvoll Historikern bekannt. Es ist ein Schlüsseldokument dieses Jahrhunderts: ein Schlüsseldokument für die Ursachen des Scheiterns der Arbeiterbewegung. Sozialdemokratische Funktionäre und auch Historiker werden dieses Dokument, das ihnen ihre Altvorderen wohlüberlegt vorenthalten haben, nicht in ihre landläufigen Argumentationen einbauen können. Die Zustimmung zu den Kriegskrediten war kein Zufall, sondern eine bewußte Entscheidung, der alle anderen – im Wortsinne – katastrophalen Entscheidungen mit logischer Konsequenz nachfolgten.

Nach dem Ende des Krieges, der ein bis dahin nicht vorstellbares Ausmaß an Leid und Zerstörung zeitigte und zu Recht als die Urkatastrophe des Jahrhunderts bezeichnet wurde, hat es die Sozialdemokratie vermieden, die deutsche Kriegschuld öffentlich darzulegen – sicher auch, um nicht über den sozialdemokratischen Anteil daran sprechen zu müssen. Der einzige Spitzenfunktionär der sozialdemokratischen Gewerkschaften, der auch nur in schwacher Andeutung von der Mitschuld der Gewerkschaftsführung beim Kriegsbeginn zu sprechen wagte – Johann Sassenbach –, wurde zurückgepfiffen, zurechtgewiesen, ausgebootet. Und: in genau der Zeit, da die Kriegsschuldfrage hätte geklärt werden müssen – namentlich seit der Revolution vom 9. November 1918, verschärft seit dem Frühjahr 1919 – führte die sozialdemokratische »revolutionäre« Regierung einen Bürgerkrieg gegen die linksoppositionellen Kriegsgegner. Wie konnte denn die SPD-Regierung auch jene Freikorps, die diesen Bürgerkrieg für sie führten – ehemals kaiserliche Offiziere und Generale – mit der Frage der deutschen Kriegsschuld belästigen? Ganz unmöglich. Warum sollte sie auch? Der Bürgerkrieg dieser Kriegskoalition war schließlich auch ein Krieg gegen die drohende Aufdeckung der Ursachen – und der Verursacher! – des Krieges. Die Opfer waren die Kriegsgegner, die den humanen und antikapitalistischen Prinzipien der Vorkriegs-SPD treu geblieben waren.

Indem die rechte Parteimehrheit dergestalt ins bürgerliche Lager überwechselte, drängte sie die links von ihr stehenden Gruppen und Parteien aus dem revolutionären und nachrevolutionären Deutschland und lieferte sie im Ergebnis Stalin aus. Allerdings trugen Mitschuld an dieser Entwicklung auch die linken Gegner: Da gab es zum Beispiel die unentschiedenlasche Politik der drei USPD-Volksbeauftragten im November und Dezember 1918; da gab es den törichten Beschluß, nicht an den Wahlen zur

Nationalversammlung teilzunehmen; da gab es die Fehler in der »Spartakuswoche« oder beim konzeptionslosen Kampf gegen das Betriebsrätegesetz mit der Katastrophe des 13. Januar 1920, als 42 demonstrierende Arbeiter vor dem Reichstag von Militärs erschossen wurden.

Ausgangspunkt des Niedergangs der Linken in diesem Jahrhundert ist die Abkehr der SPD von ihren antikapitalistischen Prinzipien. Heute steht man fassungslos vor dieser (fast) unbekannten Bilanz der SPD, die einmal die »stärkste der Partei'n« war. Das zutiefst merkwürdige, ja verstörende an dieser Bilanz ist, daß die Partei die Rolle, die sie gespielt hat, noch nicht einmal im Ansatz verstanden hat, daß sie sie gar nicht kennt, ja: daß sie sich nicht einmal dafür zu interessieren scheint.

Stattdessen ist es mit der SPD so, wie es jeder kennt: Straßenfeste, Frühschoppen, Kungelei, Pöstchen, elende Kompromisse und Verfall. Eine »Partei *gegen* Links« – diese Formulierung stammt von Sebastian Haffner –, die »sich zwar immer noch als Linkspartei gibt, aber im Grunde genommen eine zweite Rechtspartei geworden ist«, die durch diese Mimikry die Möglichkeiten echter – nämlich radikaldemokratischer und antikapitalistischer – Opposition blockiert. Das hat Folgen. Der frühere Bundesgeschäftsführer der SPD, Verheugen, resümierte in den letzten Wochen seiner Tätigkeit: »Wir haben einfach keine Botschaft.« Kann man es besser formulieren?

Uwe Soukup

Sebastian Haffner

Die Pariser Kommune

Ein Prolog zum 20. Jahrhundert

»Schlechter würden die französischen Arbeiter ihrer Sache doch auch kaum gedient haben, wenn sie damals, am 18. März 1871, geschlafen hätten.«

Georg von Vollmar (SPD) auf dem Stuttgarter Parteitag der SPD 1898 in einer Antwort auf Rosa Luxemburg.

Sebastian Haffner, geboren 1907 in Berlin. Jurist und Publizist. Zahlreiche Buchveröffentlichungen, u. a. »Anmerkungen zu Hitler«, »Preußen ohne Legende«, »Der Teufelspakt«, »Der Selbstmord des Deutschen Reiches«, »Die sieben Todsünden des Deutschen Reiches«, »Von Bismarck zu Hitler«, »Der Verrat – Deutschland 1918/1919«.

Abbildung vorige Seite:
H. A. Darjon, Massaker am Père-Lachaise

Das Massaker an der Pariser Kommune
bedeutet für die Weltrevolution dasselbe
wie Golgatha für das Christentum.

Das Deutsche Reich hat fünfundsiebzig Jahre bestanden; die Pariser Kommune nur zweiundsiebzig Tage. Aber nach hundert Jahren ist das deutsche Kaiserreich, das in Versailles proklamiert wurde, unwiederbringliche Vergangenheit, die Pariser Kommune immer noch unheimlich lebendige Gegenwart. Sie ist die Inspiration fast aller Revolutionen geworden, die das 20. Jahrhundert erschüttert haben. Man könnte sagen: Das 20. Jahrhundert begann am 18. März 1871 in Paris.

In den zweiundsiebzig Tagen der Pariser Kommune ging es zum erstenmal um die Dinge, um die heute in aller Welt gerungen wird: Demokratie oder Diktatur, Rätesystem oder Parlamentarismus, Sozialismus oder Wohlfahrtskapitalismus, Säkularisierung, Volksbewaffnung, sogar Frauenemanzipation – alles das stand in diesen Tagen plötzlich auf der Tagesordnung. Von allem findet man in der Kommune spontane Urformen. Und so ist es kein Wunder, daß die Revolutionäre unseres Jahrhunderts sich immer wieder an die Pariser Kommune erinnert und auf sie berufen haben: Lenin ebenso wie die heutigen Antiautoritären des Westens.

Aber merkwürdig: Alle reden von der Kommune; wenige wissen, wie es zu ihr kam, wie sie sich abspielte und woran sie zugrunde ging. Ihr Mythos hat ihre Geschichte überwuchert. Die bürgerliche Kommuneliteratur hat sich jahrzehntelang an Verteufelung, die sozialistische an Glorifizierung der Kommune nicht genug tun können. Erst in jüngster Zeit ist es französischen Historikern gelungen, ein überzeugendes Gesamtbild zu zeichnen. Dabei haben sie eine Entdeckung gemacht, die vielleicht erst im Lichte dessen möglich war, was die Welt in den letzten dreißig Jahren in China, Jugoslawien, Algerien, Kuba und Vietnam erlebt hat: Die Pariser Kommune war die Frucht eines begonnenen und dann abgebrochenen Volkskrieges.

Die Franzosen waren im Herbst 1870 ganz dicht daran gewesen, das zu entdecken, was viele Jahrzehnte später Mao entdeckt hat: den revolutionären Volkskrieg, mit dem ein zum äußersten entschlossenes Land einen militärisch überlegenen Eroberer mattsetzen kann. Sie erkannten aber auch sehr schnell, daß eine bürgerliche Gesellschaft einen solchen Volkskrieg nicht führen kann, ohne sich selbst zu zerstören – und brachen das

Experiment schleunigst ab. Mit dem Ergebnis, daß die freigesetzte und dann frustrierte Massenenergie nach innen explodierte. Es ist, als ob Leute mitten im 19. Jahrhundert mit Kernenergie herumexperimentiert und aus Versehen eine kleine Atombombe gezündet hätten.

Die Explosion des 18. März 1871 blieb den Zeitgenossen unerklärlich; sie erschien ihnen, je nachdem, wie ein Höllenspuk oder wie ein Himmelswunder. Aber sie war weder das eine noch das andere. Sie war ein politischer Atomblitz, der zunächst folgenlos verpuffte. Seine Ausschüttung aber hat das ganze 20. Jahrhundert radioaktiv durchsetzt. Und die kritische Masse, die die Explosion unvermeidlich machte, hatte sich im belagerten Paris des Winters 1870/71 angehäuft.

»Jetzt ist Paris ein Feldlager, morgen wird es eine einzige Barrikade sein ... Haus für Haus, Straße für Straße, Stadtteil für Stadtteil werden wir bis auf den letzten Stein niederreißen, bis auf die Grundmauern einäschern ... Wir sind zum Äußersten entschlossen. Die Welt wird sehen, wie wir alle, ohne Ausnahme, das Opfer unserer Person und unserer Habe bringen ... Paris ist gefährlich! Paris kann schrecklich werden! Nehmt euch in acht vor Paris! Der Vulkan raucht, und sein Krater ist groß genug für euer Grab und das unsrige.«

Das sind prophetische Worte. Im blutigen Mai 1871, im Todeskampf der Kommune, wurden sie Wirklichkeit. Aber die Worte stammen schon aus dem September 1870 und sind ein Aufruf zum Volkskrieg gegen die siegreichen Deutschen. Sie spiegeln die Stimmung von Paris nach der Niederlage von Sedan.

»Die Mobilisierung des ganzen Volkes im ganzen Lande muß ein riesiges Meer schaffen, in dem der Feind ertrinkt.« So sagt es Mao. Aber so dachten bereits im September 1870, zwei Generationen vor Mao, beinahe instinktiv die zwei Millionen Pariser. Nach der Kapitulation des Kaisers Napoleon III. und seiner Armee, die Frankreich scheinbar wehrlos ließ, hatten sie erfaßt, daß es immer noch eine Möglichkeit des Widerstandes gab: Massenmobilisierung, Volkskrieg.

Freilich dachten sie, wenigstens für den Augenblick, mehr an Paris als an Frankreich. Das war begreiflich, denn die deutschen Armeen marschierten ja schnurstracks auf Paris zu, Paris erwartete ihren Sturmangriff, und unter seinen Trümmern wollte es den Feind begraben. Doch der Riß zwischen Paris und Frankreich, der neun Monate später zur Bürgerkriegsfront werden sollte, zeigte sich schon jetzt im September 1870.

Das ländliche Frankreich war durch die Nachricht von Sedan nicht aufgewühlt wie die Hauptstadt; es war wie gelähmt. Auf ihrem Marsch nach Paris trafen die Deutschen nirgends auf Widerstand, die Honoratioren der Provinzstädte empfingen die deutschen Offiziere fast wie Touristen. Paris aber hatte schon am 4. September, in einer kurzen unblutigen Revolution, die Republik ausgerufen und eine Regierung der nationalen Verteidigung eingesetzt.

In den vierzehn Tagen bis zum Eintreffen der Deutschen veränderte sich die Weltstadt zur Festung: Die Tuileriengärten wurden ein Artilleriepark, der abgeholzte Bois de Boulogne eine Schafweide, aus Theatern wurden Lazarette, und auf dem Montmartre hob man in Erwartung kommender Dinge Massengräber aus. Auf den Champs-Élysées kampierten Soldaten. Über dem Marsfeld, wo die aus den Bürgern rekrutierten Nationalgarden ihre Schießübungen abhielten, lag der Geruch von Salpeter. Draußen vor der Umwallung, zwischen den Forts, wurde Tag und Nacht geschanzt, und Häuser, die das Schußfeld behinderten, wurden rücksichtslos abgerissen. Ein Gelehrter, dessen Haus betroffen war, sagte erschrokken, er brauche mindestens eine Woche, um seine kostbare Bibliothek zu verlagern. »Um so schlimmer für Ihre Bibliothek«, war die Antwort.

Handel und Wandel hörten auf, Fabriken, die nicht Kanonen gießen oder Patronen füllen konnten, wurden geschlossen. Aus Arbeitern wurden Milizsoldaten, statt Lohn empfingen sie einen Franc und fünfzig Centimes Sold pro Tag. Alle Mietzahlungen, alle Wechselschulden wurden auf unbestimmte Zeit suspendiert. Sogar die Prostituierten verschwanden von den Straßen: Sie wurden zum Uniformnähen eingezogen.

Paris im September 1870 lebte in einem kalten Fieber aus Freiheitsrausch und Todesbereitschaft; politische Klubs und radikale Zeitungen schossen wie Pilze aus dem Boden, und zugleich herrschte eine Art spartanischer Primitivsozialismus; der nahe Untergang machte für einen Augenblick alle gleich, und Paris fieberte dem Augenblick entgegen, da es eine einzige Barrikade, ein einziges Schlachtfeld werden würde.

Und dann geschah nichts. Der große und furchtbare Augenblick blieb aus. Die Deutschen griffen nicht an. Sie schlossen Paris ein, schnürten es von der Außenwelt ab und verlegten sich geduldig darauf, es auszuhungern. Statt der Apokalypse kam die Langeweile, und dann, als die Wochen und die Monate vergingen, kamen Kälte und Hunger. Die patriotische Einigkeit zerfiel, der heroische Widerstandswille begann wegzufaulen.

Jeder Fisch fault vom Kopf her. In der Bevölkerung hielt die Stimmung des September noch eine Weile vor. In der Regierung begann die Zersetzung schon in dem Augenblick, als klar wurde, daß es keine Schlacht um Paris geben werde, sondern nur eine Belagerung von Paris. Nach außen sprach die Regierung weiter von nationaler Verteidigung, vom Krieg bis aufs Messer, von Massenerhebung, von Sieg oder Untergang. Intern diskutierte sie über die Möglichkeiten der Kapitulation.

Dabei bildeten sich drei Richtungen, personifiziert in den drei markantesten Mitgliedern der Regierung: dem Innenminister Léon Gambetta, dem Regierungschef und Oberstkommandierenden General Louis Jules Trochu und dem Außenminister Jules Favre.

Gambetta war mit zweiunddreißig Jahren der jüngste, dynamischste und auch »linkeste« der Männer des 4. September, ein bürgerlicher Radikaldemokrat, der den Gedanken des Volkskrieges ernst nahm. Die Deutschen griffen Paris nicht an? Gut! Dann waren ihre Armeen jedenfalls auf Monate an das belagerte Paris gefesselt, und das gab der Regierung die Zeit, inzwischen den Volkskrieg draußen im Lande zu organisieren. Aufgeben? Niemals! Man hörte Gambetta im Kabinett mit Skepsis zu, nahm ihn aber beim Wort.

Am 7. Oktober verließ Gambetta die eingeschlossene Hauptstadt in einem Fesselballon – ein tollkühnes Wagestück –, um draußen im Lande neue Armeen zu organisieren. Der Winterkrieg 1870/71 gegen die Deutschen war sein Werk. Aber in der Pariser Regierung war Gambettas Stimme fortan verstummt. Dort ging die Auseinandersetzung nur noch um die verschiedenen Standpunkte von Regierungschef Trochu und seines Außenministers Favre.

General Trochu war ein aufrechter, phantasieloser Soldat, der sich durch eine gewisse Querköpfigkeit beim Kaiserhof unbeliebt und bei der republikanischen Opposition populär gemacht hatte; dieser Popularität verdankte er seine jetzige Stellung. Für den Volkskrieg hatte der Fünfundfünfzigjährige nur das hochmütige Achselzucken des Fachmanns, der es besser wußte, und an eine Siegeschance glaubte er nach Sedan keinen Augenblick mehr. Was die blendende kaiserliche Armee nicht geschafft hatte, das sollte ein Haufen bewaffneter Bürger schaffen?

Als Soldat stand Trochu aber auf dem Ehrenstandpunkt. Paris war eine belagerte Festung. Die Ehre der Armee erforderte, daß es bis zur letzten Brotkrume hielt. Und so lange durfte von Kapitulation keine Rede sein.

Um die Moral der Bevölkerung hochzuhalten, mußte man bis zum letzten Augenblick eisern vom Endsieg sprechen. Und um die Einigkeit in der belagerten Festung nicht zu gefährden, mußte man auch den linken Hitzköpfen ein wenig Auslauf gönnen und ihnen manches durchgehen lassen, worüber man innerlich nur den Kopf schütteln konnte. Daß die bürgerliche Ordnung dabei ein wenig aus dem Leim geriet, ließ Trochu kalt.

Um so mehr erhitzte es den Außenminister Jules Favre. Favre, ein alternder Staranwalt und Tribünenlöwe, dem immer die Tränen locker saßen, war ein Rechtsliberaler – gewiß ein Republikaner, gewiß auf seine Art ein Patriot, aber vor allem ein Mann der bürgerlichen Ordnung. Natürlich sah der Einundsechzigjährige von Anfang an, daß der Volkskrieg Gift für die bürgerliche Ordnung war. Für ihn war er das größte Unglück, das dem armen Frankreich jetzt noch passieren konnte. Deshalb ging es Favre einzig und allein darum, den Volkskrieg wieder abzublasen, bevor er »die Gesellschaft« zerstörte.

Zu diesem Zweck fuhr Favre schon am 17. September 1870 heimlich zu Bismarck nach Ferrières hinaus, um Frieden und Kriegsentschädigung anzubieten. Doch als Bismarck die Abtretung Elsaß-Lothringens forderte, brach Favre in Tränen aus und gab sich für den Augenblick geschlagen. Aber nur für den Augenblick. Gleich nach seiner Rückkehr schickte er den alten Thiers, gerade noch rechtzeitig, ehe sich der deutsche Belagerungsring schloß, hinaus aus Paris, auf eine Rundfahrt zu den europäischen Höfen. Durch deren Vermittlung hoffte er, wieder Friedensverhandlungen in Gang zu bringen.

Der Mann für den Bürgerkrieg

Damit tritt die vierte und wichtigste Persönlichkeit des bürgerlichen Frankreich auf die Szene – der Mann, der schließlich die Kapitulation vollziehen, den Volkskrieg abwürgen und den verlorenen Krieg in einen für das Bürgertum siegreichen Bürgerkrieg verwandeln sollte. Adolphe Thiers gehörte nicht zur Regierung der nationalen Verteidigung; an nationale Verteidigung hatte er keinen Augenblick geglaubt.

Er war damals ein Mann von dreiundsiebzig Jahren, früher Ministerpräsident unter dem Bürgerkönig Louis Philippe, alt, kalt, klug und hart, ein Menschenverächter. Thiers war kein sentimentaler rechtsliberaler

Republikaner wie Favre, sondern ein abgebrühter, autoritärer Konservativer. »Meiner Herkunft nach gehöre ich zum Volke«, sagte er einmal, »meiner Erziehung nach bin ich Bonapartist, aber nach Lebensstil und Umgang bin ich ein Aristokrat.«

Auf die proletarischen Massen, deren Patriotismus so verdächtig revolutionäre Züge trug, blickte er nicht mit nervöser Unruhe wie Favre, sondern mit blankem Haß – und zugleich mit dem Überlegenheitsgefühl des erfahrenen Politikers. Anders als Favre war er von Anfang an bereit, Elsaß und Lothringen verloren zu geben. Sein Programm hieß: Frieden nach außen – und Ruhe und Ordnung im Innern.

Mit diesem Programm traf er am 31. Oktober 1870, vom russischen Zaren als Unterhändler angemeldet, in Versailles ein. Bismarck verstand sich mit Thiers besser als mit Favre, er fand Gefallen an seinem klaren Verstand, seinem harten Realismus und seinen »guten altfranzösischen Manieren«. Fast war er sich mit seinem »kleinen Freund Thiers« schon einig geworden – da platzte die Schreckensnachricht herein, in Paris sei die Regierung gestürzt und die Kommune ausgerufen. Thiers schien niemanden mehr hinter sich zu haben, in dessen Namen er unterschreiben konnte. Die Verhandlungen wurden abgebrochen.

An diesem 31. Oktober 1870 war in Paris für ein paar Stunden bereits die Kommune proklamiert, das schleichende Mißtrauen zum erstenmal offen ausgebrochen. Die Regierung sprach immer noch in den großen Worten des September, aber die Worte klangen hohl, und dahinter begann man die Planlosigkeit Trochus und die Kapitulationspläne Favres zu wittern.

Als die Nachricht durchsickerte, daß Thiers mit Bismarck verhandelte, zogen proletarische Bataillone der Nationalgarde zum Stadthaus, wo die Regierung tagte, und verlangten Wahlen zu einer Pariser Kommune. Einige gingen weiter. Der junge feurige Gustave Flourens, Führer und Abgott der Scharfschützen von Belleville, einer »roten« Eliteeinheit, sprang auf den Regierungstisch und proklamierte die Kommune gleich selbst, während er vor den Nasen der Minister hin- und herstampfte, daß die Tintenfässer klirrten.

»Pariser Kommune« – das hatte, trotz des Gleichklangs, nichts mit Kommunismus zu tun. Pariser Kommune hieß einfach Pariser Gemeinderat, gewählter Magistrat. Aber auch das bedeutete eine Revolution, denn Paris besaß keine zentrale Selbstverwaltung. Es wurde vorsichtshalber von der Regierung durch ihre Präfekten verwaltet. Der Grund ist allen Franzosen geläufig: Eine eigene Kommune hatte Paris nur zur Zeit der großen Revolution (1789-1795) besessen, und damals war diese Pariser Kommune der Motor der Revolution gewesen. Gerade deswegen hatte Napoleon die Pariser Selbstverwaltung wieder abgeschafft, und alle seine Nachfolger waren dabei geblieben. Und gerade deswegen verlangten die Pariser jetzt ihre Erneuerung. Paris brauchte wieder seine eigenen Vertreter, um der schlaffen Regierung in seinen Mauern Dampf zu machen. Der Ruf nach der Kommune war ein Ruf nach freien Wahlen und zugleich nach totalem Volkskrieg.

Am 31. Oktober 1870 verhallte dieser Ruf noch erfolglos. Stadtkommandant General Ducrot hatte die spontane und konfuse Erhebung mit Waffengewalt niederschlagen wollen. Aber Regierungschef Trochu wurde auch ohne Gewalt damit fertig. Er versprach Kommunalwahlen und erreichte damit den Abzug der Aufständischen. Gehalten wurde das Versprechen freilich nicht. Die Einigkeit, die Trochu bewahren wollte, war fortan nur noch Schein. Regierung und Masse, Bürgertum und Proletariat gebrauchten noch dieselben patriotischen Vokabeln, aber in Wahrheit bildeten die »Freunde der Ordnung« und die »Verteidiger der Republik« jetzt zwei Lager, die dann im Frühling 1871 zu Bürgerkriegsfronten wurden.

Eine andere Front verlief zwischen dem ländlichen Frankreich und Paris. Denn den wirklichen Winterkrieg gegen die Deutschen – der blutig und mörderisch genug wurde – führte nicht die kriegsentschlossene Hauptstadt, sondern die kriegsmüde Provinz.

Gambetta, der in der Provinz jetzt wie ein Diktator regierte, hatte neue Armeen »aus dem Boden gestampft«. Aber auch er hatte der französischen Landbevölkerung nicht den revolutionären Patriotismus einflößen können, der im September Paris ergriffen hatte. Die französischen Bauern – damals noch achtzig Prozent der Bevölkerung – waren weder revolutionär noch kriegerisch. Nur Gambettas eigener Wille peitschte die unzulänglich ausgebildeten Armeen ins Feuer. Die unvermeidlichen Niederlagen bewirkten tiefe Mutlosigkeit und tiefen Friedensdurst – und tiefen Groll gegen das fremde, kriegsbesessene Paris, das dem Lande die Geißel Gambetta geschickt hatte und inzwischen tatenlos in der Hungerhölle der Belagerung dem Bürgerkrieg entgegenschmorte. Denn auch in Paris, wo die deutschen Granaten einschlugen und die Kinder dahinstarben, weil es keine Milch mehr gab, bildete sich in diesen Wintermonaten eine Bürgerkriegsfront.

Was die eine Seite empfand, das hat später in seinen Erinnerungen der General Ducrot mit brutaler Offenheit ausgesprochen: »Praktisch drehte sich die ganze Verteidigung nur noch um eine einzige Sache: Angst vor einer Rebellion.« Die Gefühle der anderen Seite fanden offenen Ausdruck in dem roten Plakat, das am 6. Januar 1871 an allen Pariser Anschlagmauern klebte.

»Hat die Regierung, der am 4. September die nationale Verteidigung anvertraut wurde, ihre Pflicht getan? Nein! Wir haben 500.000 Soldaten und lassen uns von 200.000 Preußen aushungern. Wer trägt die Verantwortung? Die Regierung. Sie hat verhandelt, statt zu handeln. Sie hat die Massenerhebung verweigert. Sie hat die Bonapartisten in den Ämtern gelassen und die Republikaner in die Gefängnisse geworfen. Die Politik, die Strategie, die Administration der Regierung vom 4. September sind gerichtet. Diese Regierung ist nichts weiter als die Verlängerung des Kaiserreichs. Weg mit ihr! Platz für das Volk! Platz für die Kommune!«

Das ist der Aufruf zur Revolution – immer noch verbunden mit der Idee des Volkskrieges. Ein bürgerlicher Beobachter notierte mit Erstaunen: »Die Masse hat ihren Widerstandswillen verdoppelt und wünscht wahrhaftig immer noch aus ganzem Herzen gegen die Preußen zu marschieren und sie zu zerschmettern.« Und ein Mitglied der Regierung bemerkte zynisch: »Erst wenn zehntausend Nationalgardisten am Boden liegen, wird sich die öffentliche Meinung beruhigen.«

Tatsächlich wurde bei dem letzten großen Ausfall aus der belagerten Festung Paris am 19. Januar 1871 zum erstenmal die proletarische Nationalgarde in Massen eingesetzt. Sie schlug sich mit unerwarteter Bravour und fürchterlichen Verlusten. Als die Nationalgarde ins Feuer geschickt wurde, war der Entschluß zur Kapitulation bereits gefaßt.

An den Mauern wurden noch Regierungsplakate angeschlagen: »Mut, Patriotismus, Vertrauen! Der Gouverneur von Paris wird niemals kapitulieren!« Aber Außenminister Favre war schon bei Nacht und Nebel auf dem Weg nach Versailles. Ministerpräsident Trochu trat ab. Es gab keinen Gouverneur von Paris mehr, der kapitulieren konnte. Ein napoleonischer General, Joseph Vinoy, wurde Militärbefehlshaber von Paris. Am 22. Januar gab er seine Visitenkarte ab: vor dem Stadthaus ließ er rücksichtslos auf Demonstranten feuern, die gegen Kapitulationspläne protestierten.

Als Paris am 29. Januar aufwachte, erfuhr es, daß Waffenstillstand geschlossen, daß der Krieg zu Ende war. Immerhin, die »Preußen« würden Paris nicht betreten, und die Nationalgarde konnte ihre Waffen behalten. (Favre hatte zu Bismarck mit Tränen in den Augen gesagt: »Zwingen Sie mich nicht, die Nationalgarde zu entwaffnen. Das wäre der Bürgerkrieg.«) Aber die reguläre Armee mußte, bis auf eine Division, die Waffen niederlegen und alle Forts den Deutschen intakt übergeben. Im übrigen sollte ganz Frankreich eine Nationalversammlung wählen, die über Krieg und Frieden zu entscheiden hatte. Sie sollte aber nicht in Paris zusammentreten, sondern in Bordeaux. Die Hauptstadt verharrte in dumpfem, wie betäubtem Schweigen. Der Polizeipräfekt meldete: »Alles ruhig. Keine Zwischenfälle. Bevölkerung resigniert.«

Die Wohlhabenden verließen die Stadt zu Zehntausenden, um sich auf dem Lande von den Entbehrungen und Ängsten der Belagerungszeit zu erholen. Dann verschwanden die regulären Soldaten aus dem Straßenbild; und dann reiste auch die Regierung ab – nach Bordeaux, zur Nationalversammlung. Zurück blieben die kleinen Leute, die Proletarier, in einer merkwürdigen Gemütsverfassung; sie fühlten sich verraten, aber sie hatten wieder mehr zu essen. Zurück blieb auch die bewaffnete Nationalgarde, mehr als dreihunderttausend Mann. In diesem Februar 1871 entdeckte sie allmählich, daß es außer ihr keine Macht mehr gab in Paris; und sie organisierte sich, um die Macht, die ihr zugefallen war, auszuüben: Sie bildete eine »Föderation der Nationalgarde«, sie wählte Soldatenräte, und diese wählten ein Zentralkomitee.

Noch immer brauchte niemand Miete zu zahlen, noch immer waren alle Schulden suspendiert, noch immer bezogen alle Bürger die gleichen Brotrationen und jeder Nationalgardist seine dreißig Sous täglichen Sold. Es war eigentlich noch immer alles wie vorher – nur ohne Granateinschläge; und freilich auch ohne Siegeshoffnung.

Und dann, Ende Februar, plötzlich der erste Donnerschlag: Beim Abschluß des Vorfriedens hatte die Nationalversammlung von Bordeaux den Deutschen den Einzug in Paris zugestanden! Es gab einen Aufschrei, viele wollten sich den Deutschen bewaffnet entgegenstürzen. Aber nun zeigte sich, daß es in Paris eine neue Autorität gab, die aus besonnenen Leuten bestand und der gehorcht wurde.

Das Zentralkomitee der Nationalgarde gab seine Weisungen: Keine Unbesonnenheiten, kein Blutvergießen! Die Deutschen würden, so war es zugestanden, nur den Westteil von Paris auf drei Tage besetzen. Dort sollten deshalb alle Geschäfte und Gaststätten schließen, die Bewohner in den Häusern bleiben. Die Grenze des Besatzungsgebiets war mit hohen Barrikaden abzusperren; niemand durfte sie während der Besetzung überschreiten. Vor allem: Alle Kanonen waren vor dem Einmarsch der Deutschen am 5. März aus dem Westen in den Osten der Stadt zu schaffen. Das war das schwerste, denn es gab keine Pferde in Paris; sie waren längst aufgegessen. Aber der Befehl des Zentralkomitees wurde trotzdem befolgt: Die Menschen spannten sich selbst vor die Kanonen und zogen, stemmten und schleppten sie quer durch ganz Paris hinauf auf die Höhen des Montmartre. Paris hatte seine neue Regierung, und sie funktionierte.

Aber zwischen dieser Regierung in Paris und der Regierung, die die Nationalversammlung in Bordeaux inzwischen unter Thiers eingesetzt hatte, klaffte ein Abgrund. Und im März kamen aus Bordeaux Tag für Tag Dekrete wie Keulenschläge, jedes einzelne eine Kriegserklärung an das Paris der Nationalgarde: Alle Mieten, die seit dem Juli 1870 aufgelaufen waren, wurden von einem Tag auf den anderen wieder für fällig erklärt, ebenso alle Wechselschulden. Das war der Ruin aller kleinen Leute. Der Sold der Nationalgarde wurde gestrichen. Die Anführer des Aufstands vom 31. Oktober wurden in Abwesenheit zum Tode verurteilt. Alle linken Zeitungen wurden verboten. Zum Oberkommandierenden der Pariser Nationalgarde wurde ein bonapartistischer Armeegeneral ernannt; und schließlich beschloß die Nationalversammlung, nicht nach Paris zurückzukehren, sondern nach Versailles – dem in Pariser Augen durch das französische Kaisertum und durch den deutschen Siegestriumph entehrten Versailles, wo die Betten noch von den Deutschen warm waren!

Ja, gab es denn Paris nicht mehr? Stand es denn nicht noch aufrecht, bewaffnet, organisiert, unbesiegt? Alle die Leidenschaften, die sich im vorigen September gegen die »Preußen« gewandt hatten, flammten noch einmal auf – und jetzt wandten sie sich gegen die »Kapitulanten von Bordeaux«. Als Ministerpräsident Thiers am 15. März in Paris eintraf, entschlossen, vor dem Zusammentritt der Nationalversammlung in Versailles am 20. März in der Hauptstadt Ordnung zu schaffen, empfing ihn die Stadt stumm und feindlich, geduckt wie vor einem Schlag und bereit, diesmal furchtbar zurückzuschlagen. Schlag und Gegenschlag erfolgten am Sonnabend, dem 18. März 1871.

Verbrüderung bei Brot und Wein

Die »Revolution des 18. März 1871«, aus der die Pariser Kommune hervorging – war sie eigentlich eine Revolution? Freunde und Feinde der Kommune verwendeten den Begriff mit seltener Eintracht: man hat sie sogar »die schönste Revolution der Weltgeschichte« genannt, und richtig ist, daß niemals vorher oder nachher spontan handelnde Massen so viel Geistesgegenwart, Intelligenz und Einfallsreichtum gezeigt haben wie die Pariser an diesem Tag und daß niemals eine Massenaktion in so kurzer Zeit und mit so wenig Blutvergießen einen so totalen Erfolg erzielt hat.

Und doch gibt es etwas, das diesen 18. März von allen anderen Revolutionen so gründlich unterscheidet, daß man zweifeln muß, ob der Begriff »Revolution« überhaupt noch darauf paßt. In allen Revolutionen, die wir kennen, liegt die Initiative und die Offensive bei den revolutionären Massen: Sie greifen an, um einen bestehenden Staat, eine bestehende Regierung zu stürzen. So war es aber am 18. März in Paris nicht. Die Massen, vor denen der Staat und die Regierung am Ende dieses Tages die Flucht ergriffen, waren nicht im Angriff, sondern in der Verteidigung. Es war der Staat, der die Initiative ergriff – und sich dabei ein Bein brach. Es war die Regierung, die angriff, um etwas Bestehendes zu stürzen: nämlich die schweigende Macht der Pariser Volksmassen und ihrer Nationalgarde, die sich während der deutschen Belagerung formiert hatte und nach der Kapitulation faktisch die Autorität in der Hauptstadt besaß. Die Pariser Massen wollten nichts erobern, was ihnen fehlte, sondern sie verteidigten etwas, was sie schon hatten und was man ihnen wegnehmen wollte. Gerade das erklärt das Selbstvertrauen und die Durchschlagskraft, womit sie handelten und siegten.

In den zweiundzwanzig Stunden von zwei Uhr morgens bis Mitternacht dieses einen Tages drängen sich vier verschiedene Ereignisse zusammen:

1. Von zwei Uhr morgens bis sieben Uhr morgens: ein militärischer Staatsstreich der Regierung Thiers zur Besetzung und Entwaffnung der Pariser Arbeiterviertel.
2. Von sieben Uhr morgens bis mittags: ein spontan einsetzender und erfolgreicher Widerstand gegen diesen Überfall.
3. Um drei Uhr nachmittags: der Entschluß von Ministerpräsident Thiers, angesichts der Niederlage Paris aufzugeben – und danach die

Flucht der Regierung und die Besetzung von ganz Paris durch die Nationalgarde.
4. Von neun Uhr abends bis Mitternacht: die zögernde und halb widerwillige Übernahme der Regierungsgewalt in Paris durch das Zentralkomitee der Nationalgarde – und sein Entschluß, die Regierung nicht nach Versailles zu verfolgen und die Macht schnellstens auf eine gewählte Gemeindeverwaltung, auf die Kommune, zu übertragen.

Keiner der Handelnden hatte diesen Ablauf vorhergesehen oder gar geplant. Ganz gewiß nicht die Männer des Zentralkomitees, die den Anfang des Dramas buchstäblich verschliefen; aber auch nicht Thiers, von dem der Angriff ausging. Einige Kommune-Historiker haben ihm unterstellt, daß er mit übermenschlicher Schlauheit und Bosheit alles von vornherein so geplant habe, wie es dann kam, aber diese These überzeugt nicht. Ganz gewiß wollte Thiers der Nationalversammlung, die für den 20. März in Versailles zusammengerufen war, nicht als besiegter und blamierter Flüchtling gegenübertreten, der Paris verloren, sondern als Triumphator, der Paris zur Räson gebracht hatte.

Thiers' politisches Ziel war es zu dieser Zeit, einer im Grunde monarchistisch gesinnten Nationalversammlung die Republik abzulisten – sozusagen eine Republik der Monarchisten, eine rechtsbürgerliche, sozialreaktionäre Republik mit ihm selbst als Präsidenten. Dazu brauchte er einen persönlichen Triumph – bisher hatte er ja nichts vorzuweisen als einen traurigen und beschämenden Frieden mit den Deutschen; und diesen Triumph suchte er in Paris am 18. März. An einer Niederlage konnte ihm nicht gelegen sein.

Thiers war am 15. März – zehn Tage nach der deutschen Siegesparade auf den Champs-Élysées – mit seinen wichtigsten Ministern aus Bordeaux in Paris eingetroffen und hatte sofort militärische Maßnahmen eingeleitet, um die Staatsgewalt in Paris, die seiner Regierung offensichtlich entglitten war, noch vor dem 20. März wiederherzustellen. Praktisch hieß das: Entwaffnung der Nationalgarde, vor allem Wegnahme ihrer Kanonen, und darüber hinaus militärische Besetzung der östlichen und nördlichen Viertel von Paris und Verhaftung der Männer, die dort seit der Kapitulation die Autorität ausübten.

Thiers drängte; er hatte es eilig. Die Generäle hätten lieber noch ein bißchen gewartet, sie trugen Bedenken vor: Sie hatten nur vierzigtausend Mann zur Verfügung, schlecht ausgerüstet und nicht unbedingt zuverlässig. Die Nationalgarde war dreihunderttausend Mann stark, davon mindestens hunderttausend Mann wirklich kampfstarke und kampfwillige Truppen, und sie hatten siebenhundert Kanonen.

Aber Thiers ließ nicht locker: Was an Stärke fehlte, mußten Überraschung und Brutalität ersetzen. Man einigte sich schließlich auf eine Nacht-und-Nebel-Aktion, auf einen Handstreich. Paris sollte im Schlaf überwältigt werden, blitzartig und unangekündigt. Die Aktion wurde für die Nacht vom 17. auf den 18. März angesetzt.

In den Abend- und Nachtstunden des 17. März fand im Außenministerium am Pariser Quai d'Orsay, wo die Regierung für den Moment ihr Hauptquartier aufgeschlagen hatte, bis nach Mitternacht ein letzter Kriegsrat statt. Zur gleichen Zeit tagte in einer Schule in Ostparis das Zentralkomitee der Nationalgarde, ahnungslos. Seine Mitglieder trennten sich zwischen ein und zwei Uhr morgens, um schlafen zu gehen, und einige begegneten bereits auf dem Heimweg marschierenden Soldatenkolonnen, schöpften aber immer noch keinen Verdacht.

Die Truppen des Regierungsgenerals Joseph Vinoy waren um zwei Uhr nachts ganz still in Marsch gesetzt worden, ohne Signale, ohne Fahnen und Kapellen, und, was sich als verhängnisvoll erweisen sollte, ohne Proviant. Alles sollte ja ganz schnell gehen; die Truppen sollten so leicht wie möglich marschieren, nur mit Waffen und Munition. Die Nacht war neblig, die Kolonnen zogen schweigend durch das schlafende Paris, wie durch Feindesland. Die französische Armee kam in ihre Hauptstadt wie ein Dieb in der Nacht.

Erstes Operationsziel waren die siebenhundert Kanonen, die auf siebzehn verschiedenen Plätzen in Nord- und Ostparis stationiert waren, davon allein hunderteinundsiebzig Stück auf den Höhen von Montmartre, wo jetzt die Kirche Sacré Cœur steht. Danach waren, noch vor Morgengrauen, die öffentlichen Gebäude und die Hauptquartiere der Nationalgarde zu besetzen. Wenn ihre Führer sich am Morgen dort einfanden, sollte das Militär sie verhaften.

Alle Truppenteile erreichten planmäßig ihre Marschziele, um sechs Uhr morgens waren die Kanonen überall in der Hand des Militärs. Auch die ersten Gebäude waren schon besetzt und einige führende Nationalgardisten verhaftet. Nur auf dem Montmartre hatte es einen Zwischenfall gegeben: Ein Posten, den man kurzerhand niedergemacht hatte, schrie laut und anhaltend in seiner Todesqual. Davon wachte in einem benachbarten Haus eine junge Lehrerin auf, kam heruntergelaufen und rief einen Arzt.

Es war Louise Michel – später eine der Heroinen der Kommune –, und der neunundzwanzigjährige Arzt war Georges Clemenceau, später der Kriegspremier des Ersten Weltkriegs, damals zugleich Bezirksbürgermeister von Montmartre. Mit lauter Stimme protestierte er gegen den Überfall. Die Soldaten konnten den Bürgermeister nicht gut verhaften oder erschießen, sie mußten ihn gewaltsam wegschaffen. Leute erschienen an den Fenstern, aufgeschreckt durch das Geschrei auf der Straße.

Inzwischen war es Morgen geworden. Paris erwachte, und das Bild veränderte sich. Bleiben wir in Montmartre, bei der Szene, über die es Dutzende von Augenzeugenberichten gibt. Zuerst tauchten die Frauen auf, Hausfrauen mit Milchkannen, unterwegs zu den Milch- und Bäckerläden, zum Einholen fürs Familienfrühstück. Bald kamen aber auch, von ihren Frauen aus dem Bett geholt, die Männer in immer größerer Zahl dazu, neugierig und verdutzt, und dann tauchten plötzlich bewaffnete Trupps der Nationalgarde auf – irgend jemand hatte irgendwo Alarm geschlagen.

Alles war noch verschlafen, niemand wußte, was eigentlich los war, aber jeder wollte es wissen. Die Soldaten, die inzwischen die Barrikaden um die Kanonen heruntergerissen hatten und die Geschütze fortschaffen wollten, fanden sich auf einmal in einer immer dichter werdenden Menschenmenge eingekeilt. Die Stimmung schwankte zwischen Verbrüderung, Mißtrauen und Spott. »Wo wollt ihr denn hin mit unseren Kanonen?« riefen die Frauen. »Nach Berlin?«

Gierig starrten die Soldaten auf die frischen Brotstangen, die die Hausfrauen unter dem Arm trugen. »Was, hat man euch nicht einmal etwas zu essen gegeben, arme Kerle?« Man brachte Wein, und dann waren Zivilisten und Soldaten einträchtig beim Futtern. Jetzt erst, zu spät und vergebens, versuchten die Offiziere, ihre Männer zurückzukommandieren und die Menge zu zerstreuen. Aus den Seitenstraßen rückten im Marschschritt ganze Bataillone Nationalgarde heran. Verbrüderung oder Kampf? Die Zivilisten waren ganz für Verbrüderung; sie ließen die Armee hochleben, und schon hängten manche Soldaten die Gewehre mit der Mündung nach unten um.

Um diese Zeit – es war inzwischen heller Tag, acht Uhr vorbei – erschien der General Claude Lecomte, der die in Montmartre eingesetzte Brigade kommandierte. Er hatte die Meldung bekommen, daß die Aktion ins Stocken geraten war. Lecomte kommandierte: »Dreißig Schritte zurück«, dann, wenige Sekunden später: »Feuer!«

Einige Soldaten legten an, ließen dann aber die Gewehre sinken. Lecomte wiederholte seinen Befehl, einmal, zweimal, dreimal, mit immer schärferer, sich überschlagender Stimme. Vergebens. Schließlich zog er seinen Revolver und legte auf den nächsten Soldaten an: »Schieß – oder ich schieße!«

Und da geschah es. Einige Männer sprangen auf den General zu, überwältigten ihn und schleppten ihn fort (später am Tage wurde er zusammen mit einem anderen besonders verhaßten General – dem General Clément Thomas – von einer Menschenmenge aus dem Gewahrsam geholt, in den er zunächst gebracht worden war, und erschossen – die einzige Mordtat dieses sonst erstaunlich unblutigen Kampftages).

Mit der Überwältigung Lecomtes war die Sache auf dem Montmartre entschieden. Die Offiziere, die ihren General gefangen sahen, gaben auf. Die Soldaten aber wurden eins mit dem Volk. Eine einzige vereinte Masse, Männer und Frauen, Zivilisten und Uniformierte, Nationalgardisten und Armeesoldaten, schleppte die Kanonen in ihre Positionen zurück.

Nicht überall ging es so friedlich zu. Aber eine wirkliche Straßenschlacht gab es nur an einer Stelle, auf der Place Pigalle, und dort blieb die Nationalgarde nach einer halben Stunde siegreich. Die Nationalgarde trat um diese Zeit – neun Uhr morgens – in allen Stadtvierteln den Regierungstruppen entgegen. Wie auf Befehl, obwohl es keine zentrale Führung gab und das Zentralkomitee sich erst gegen Mittag wieder zusammenfand.

In einem Distrikt nach dem anderen läuteten die Sturmglocken und dröhnten die Alarmtrommeln, wurden die Regierungssoldaten von wogenden Volksmassen umringt, die sie unbeweglich machten. An einer Stelle, wo die Soldaten tatsächlich ein paar Pferde aufgetrieben hatten und die Kanonen wegfahren wollten, schnitt die Volksmenge einfach die Bespannung durch. Überall gab es ein Zusammenspiel von Volksmassen und Nationalgarde, das an Maos Ausspruch von den Guerillas erinnert, die in der Volksmenge schwimmen wie die Fische im Wasser. Überall verstand man sich aufs halbe Wort.

Vor die Wahl gestellt zwischen angebotener Verbrüderung oder aussichtslosem Kampf, zogen die eingekeilten Soldaten meist die Verbrüderung vor. Mitunter auch, auf Befehl vorsichtig gewordener Offiziere, den

Abzug – auf dem sich dann oft die Mannschaft verkrümelte. Manche Offiziere wurden von ihren eigenen Leuten entwaffnet, manche auch, in regelrechten Zweikämpfen, denen die Truppe zusah wie einem Boxkampf, von Offizieren der Nationalgarde.

Zur Mittagsstunde war der Handstreich der Regierung gescheitert. Nord- und Ostparis waren wieder fest in der Hand der Nationalgarde, die Kanonen wieder an ihren Plätzen, die besetzten Gebäude zurückerobert, die am Morgen verhafteten Nationalgardisten befreit und viele Armeeoffiziere in Haft.

Die Flucht nach Versailles

Die Regierung, die am Quai d'Orsay auf den Ausgang der Dinge wartete, hatte bis zum Morgen, und trügischerweise noch bis in den Vormittag hinein, Erfolgsmeldungen empfangen, dann immer schlechtere Nachrichten, und seit zwölf Uhr mittags gar keine mehr. Man speiste in trüber Stimmung. Nach dem Mittagesen verkündete der alte Thiers einen Entschluß, auf den niemand gefaßt war: mit der ganzen Regierung, der ganzen Verwaltung und den Resten der Armee Paris zu räumen.

Einige Minister, voran Jules Favre, der diesmal Tränen des Zorns weinte, sprachen leidenschaftlich dagegen. War denn wirklich schon alles verloren? Hatte man nicht noch Truppen in Reserve, und hatte nicht die militärische Disziplin am Ende immer noch über den bewaffneten Mob gesiegt? Fliehen, aufgeben, Paris sich selbst überlassen, die Niederlage eingestehen? Schändlich, unmöglich! Aber Thiers blieb kalt und fest. Wenn man eine Niederlage erlitten hatte – und es war wohl kein Zweifel mehr, daß das der Fall war –, dann tat man besser daran, sie sich zunächst einmal einzugestehen, als sie durch Weiterkämpfen schlimmer zu machen.

Plötzlich draußen Trommeln und Marschtritt, alles stürzte zum Fenster: Was da draußen aufmarschierte, war Nationalgarde – drei Bataillone mit aufgepflanzten Bajonetten! »Mein Gott«, rief einer der Minister. »Wir sitzen ja in einer Falle!« Jetzt widersprach Thiers keiner mehr. Alle waren für schleunige Flucht; er selbst, vorher so ruhig und kalt, wurde nervös.

In aller Eile unterzeichnete er mit zitternder Hand Befehle – Panikbefehle: Alle Truppen schleunigst zurück nach Versailles, alle, auch die

Besatzungen der Forts, auch die vom Mont Valérien, dem Schlüsselfort von Paris, alle, alle zurück zum Schutz der Zuflucht Versailles! Auch alle Behörden weg, alles heraus aus Paris! Und dann selber los, schnell, schnell, so schnell wie möglich! Gottlob, für gute Pferde hatte General Vinoy bereits gesorgt. Ein Vierspänner stand im Hof. Thiers verließ den Regierungssitz über die Hintertreppe. Es war genau zwei Uhr zweiundfünfzig. Kurz nach vier hielt seine Kutsche mit schweißbedeckten Pferden in Versailles.

Später trafen auch die anderen Minister in Versailles ein, dann, im Laufe des Abends, Wagen mit Beamten, Akten und Amtskassen – der ganze staatliche Verwaltungsapparat. Die Soldaten kamen noch später, viele in aufgelöster Ordnung und halb meuterischer Stimmung. Versailles glich an diesem Abend mehr einem Flüchtlingslager als einem Regierungssitz, und die Truppe, die es schützen sollte, mehr einem Debattierklub als einer Garnison. Wäre die Nationalgarde in dieser Nacht nach Versailles marschiert, sie hätte wenig Widerstand gefunden.

Daß sie es nicht tat – das werfen alle Freunde der Pariser Kommune, von Marx über Lenin und Trotzki bis zur Gegenwart, der Nationalgarde immer wieder vor. Tatsächlich haben auf der Sitzung, zu der sich das Zentralkomitee der Nationalgarde an diesem 18. März um neun Uhr abends im Stadthaus endlich zusammenfand, einige Mitglieder den sofortigen Marsch auf Versailles verlangt. Aber die Mehrheit hat ihn abgelehnt. Daß es in dieser Nacht und noch an den nächsten Tagen ohne weiteres möglich gewesen wäre, Versailles zu nehmen und die Regierung Thiers auszuheben oder zur Weiterflucht zu zwingen, daran dürfte im Zentralkomitee kein Zweifel bestanden haben. Aber es gab drei Gegenerwägungen.

Erstens die Deutschen. Würden sie eine Revolutionsregierung dulden? Bestenfalls doch nur dann, wenn diese Regierung alles, was Thiers bereits unterschrieben hatte, demütig vollzog, die Abtrennung Elsaß-Lothringens, die erdrückende Kriegsentschädigung, alles. Wollte man das, konnte man das? Unmöglich! Aber den Frieden zerreißen und wieder Krieg mit den Deutschen beginnen? Ebenso unmöglich! Wenn man aber weder den Frieden auf sich nehmen noch den Krieg erneuern wollte, dann durfte man eben nicht französische Regierung werden wollen. Und wenn man das nicht wollte – was wollte man dann in Versailles?

Zweitens der Bürgerkrieg. Versailles konnte man nehmen, gut, und die Regierung Thiers konnte man vielleicht ausheben, auch gut. Aber was war damit gewonnen? Die Nationalversammlung saß ja noch in Bordeaux. Nach Bordeaux konnte die Pariser Nationalgarde nicht ohne weiteres marschieren. Und hinter der Nationalversammlung, zähneknirschend mußte man es zugeben, stand ja nun einmal die Provinz, das kriegsmüde, monarchiefromme, kirchenfromme, zurückgebliebene Bauernvolk. Wollte man es unterwerfen, konnte man es überhaupt? Wollte man den Bürgerkrieg, konnte man ihn wollen?

Drittens Paris selbst. Hier waren ja sofort dringende, ungeheure Arbeiten zu verrichten, die alle Kräfte in Anspruch nahmen. Alles, wovon die Riesenstadt Tag für Tag lebte – Nahrungsmittelversorgung, Verwaltung, Finanzen, Verkehr, Justiz, Post, Polizei – alles war ja mit der Flucht der Staatsbehörden zusammengebrochen. Paris am Leben halten: Das war die Aufgabe der nächsten Stunden und Tage; und dann die Selbstverwaltung schaffen, die der Stadt bisher gefehlt hatte, die Kommune wählen lassen. Die gewählte Kommune mochte dann mit der Regierung in Versailles eine neue Verfassung für Paris und Frankreich aushandeln.

Das waren die Gedanken, die das Zentralkomitee am Abend des 18. März beherrschten, und aus ihnen folgte der Entschluß, den es noch in der Nacht faßte und auf Plakaten bekanntgab: Sofortige Wahl einer Pariser Kommune, der das Zentralkomitee die Macht übertragen wird.

Die Wahlen zur Kommune sollten zuerst am 22., dann am 23. März stattfinden; schließlich wurden sie nochmals verschoben. Die Bezirksbürgermeister schalteten sich ein und versuchten, zwischen Paris und Versailles zu vermitteln, um einen drohenden Bürgerkrieg abzuwenden. Der Montmartre-Bürgermeister Clemenceau fuhr zwischen Paris und Versailles hin und her: Warum sollte Versailles nicht ein Gesetz verabschieden, das Paris endlich seine Selbstverwaltung zugestand, so daß Kommunalwahlen aufhörten, ein revolutionärer Akt zu sein?

Das Zentralkomitee, machtscheu und besonnen, gab Clemenceau und seinen Kollegen freie Hand zu Verhandlungen, und auch Ministerpräsident Thiers machte ihnen halbe Hoffnungen: Wenn man die Kommunalwahlen ein wenig aufschob, um zwei Wochen, wenigstens um eine Woche, könne er vielleicht ein solches Gesetz einbringen. »Gebt mir Zeit!« In Wirklichkeit wollte er nur Zeit gewinnen, um seine demoralisierten Truppen wieder zu disziplinieren – und eine Armee zu schaffen, die Paris erobern konnte. Denn Thiers hatte nicht aufgegeben. Er bereitete seine Rache vor.

Das Zentralkomitee durchschaute Thiers' Spiel und brach die Verhandlungen ab. Am Sonntag, dem 26. März, fanden die Wahlen zur Kommune statt – ohne Genehmigung von Versailles, aber mit Zustimmung der Bezirksbürgermeister, die ebenfalls der Versailler Hinhaltetaktik müde geworden waren. Es waren vollkommen freie Wahlen. Die bürgerlichen Bezirke wählten bürgerlichen Vertreter, und die Arbeiterbezirke wählten Arbeitervertreter. Am 28. März wurde die neugewählte Kommune von Paris feierlich proklamiert, ihre zweiundneunzig Mitglieder versammelten sich auf dem Balkon des Stadthauses, über dem eine rote Fahne wehte, und über den Platz davor paradierte drei Stunden lang die gesamte Nationalgarde.

Viele Pariser sagten, es sei die schönste Parade, die sie je gesehen hätten – und sie hatten manche schöne Parade gesehen. Es war ein Siegesfest. Die Nationalgardisten salutierten vor den gewählten Volksvertretern, indem sie, Bataillon für Bataillon, ihre Käppis im Gleichtakt auf die Spitzen ihrer Bajonette hißten. Der Frühlingstag war hell und blau, die Fahnen wehten, die Clairons schmetterten, und die Kanonen – die zurückeroberten Kanonen – schossen Salut. Am Abend wurde auf den Straßen getanzt.

Paris feierte seinen Sieg und seine Freiheit. Zwei Monate später starben die letzten Sieger und Freiheitskämpfer auf diesem Platz schockweise unter den Salven der Erschießungspelotons.

Die Börse funktionierte weiter

Die Pariser Kommune, am 28. März 1871 unter allgemeinem Jubel installiert, wurde am 28. Mai im Blut erstickt. Sie hat nur zwei Monate existiert und fast die ganze Zeit einen Bürgerkrieg zu führen gehabt. Das macht es schwer, die Kommune gerecht zu beurteilen. Selbst eine normale Regierung, die einen bestehenden Staatsapparat übernimmt, kann nicht an der Leistung ihrer ersten zwei Monate gemessen werden. Und die Kommune war keine normale Regierung, sie war etwas ganz Neues; sie fand keinen funktionierenden Staatsapparat vor, sondern mußte ihren eigenen erst schaffen oder improvisieren.

Daß unter solchen Umständen vieles nicht klappte und vieles, was als Gesetz dekretiert wurde, auf dem Papier blieb, versteht sich von selbst.

Jede Regierung, auch die solideste und gefestigtste, wird durch Krieg und Bürgerkrieg aus der Bahn geworfen. Das Erstaunliche ist, wie sehr es der Kommune trotz aller Nöte und Zwänge des Bürgerkrieges gelungen ist, ihr politisches Wesen und Wollen zu artikulieren. Daß sie, nach ihrer so kurzen und so furchtbar bedrängten Existenz, immer noch heiß umstritten bleibt als eines der aufregendsten politischen Experimente aller Zeiten, ist nicht ihre geringste Leistung.

Über die Pariser Kommune gibt es nicht, wie über so viele anderen dramatischen Ereignisse der Geschichte, lediglich *eine* Legende; es gibt vier, je zwei von ihren Feinden und von ihren Freunden:

– Die ältere Legende ihrer Feinde – und sie wirkt immer noch nach – malt ein Bild wüster Schreckensherrschaft; für sie war die Kommune eine Dauerorgie blutrünstiger Mordbrenner.

– Heute wird das kaum mehr ernsthaft behauptet. Statt dessen wird die Pariser Kommune nun von ihren Feinden mit herablassender Süffisanz als ein im Grunde hoffnungsloses administratives Durcheinander dargestellt, angerichtet von wohlmeinender Unfähigkeit.

– Die ältere Legende der Freunde stammt von niemand geringerem als Marx und Engels. Für Engels war die Kommune die Wirklichkeit gewordene Diktatur des Proletariats; für Marx »die endlich entdeckte politische Form, unter der die Befreiung der Arbeit sich vollziehen konnte«. Auch das wird heute kaum mehr behauptet – am wenigsten in der Sowjetunion, wo man gerade aus den Fehlern der Kommune gelernt zu haben glaubt und alles ganz anders macht.

– Statt dessen gibt es heute eine neue »linke« Kommunelegende, die sie als ein idyllisches Utopia, als ideale herrschaftsfreie Räterepublik begreift.

Keine dieser vier gängigen Lesarten der Kommune deckt sich mit ihrer Wirklichkeit. Die Kommune war keine Diktatur von Schreckensmännern. Sie war eine frei und ordnungsgemäß gewählte demokratische Stadtverordnetenversammlung von zweiundneunzig größtenteils jungen Abgeordneten (Durchschnittsalter siebenunddreißig Jahre), darunter zunächst einundzwanzig ausgesprochen Konservativen, die in den wohlhabenden Stadtteilen gewählt worden waren. Im Laufe des April, als es gefährlich wurde, zur Kommunelegende zu gehören, legten diese einundzwanzig bürgerlichen Kommunemitglieder ihr Mandat nieder, worauf sie durch vollkommen normale Nachwahlen ersetzt wurden; ihnen selbst wurde kein Haar gekrümmt.

In der Zeit vom 26. März 1871, dem Tag, an dem die Wahlen zur Kommune stattfanden, bis zum 21. Mai, dem Einbruch der Versailler Regierungstruppen, ist in der französischen Hauptstadt kein Tropfen Blut geflossen. Die Pariser Kommune hatte kein Revolutionstribunal und keine Tscheka. Bezeichnenderweise hat ihr Lenin später als einen der Gründe für die Niederlage gerade ihre Großmut gegenüber ihren Feinden vorgeworfen.

Die Kommune war auch kein Narrenhaus weltfremder Weltverbesserer. Im Gegenteil, man muß das Improvisations- und Organisationstalent bewundern, mit dem sie die kommunalen Aufgaben bewältigte. Sie übernahm immerhin eine durch Belagerung, Hungersnot, Beschießung und Massenexodus schwer zerrüttete Zwei-Millionen-Stadt, die am 18. März durch die Flucht der staatlichen Behörden aller ihrer Verwaltungsorgane beraubt worden war.

Sie bestand auch nicht aus geschulten Kommunalbeamten, sondern aus Amateuren – Politikern, Journalisten, kleinen Geschäftsleuten und Arbeitern. Aber diese Amateure arbeiteten mit Eifer und Hingabe und bemerkenswertem praktischen Verstand, und das Chaos, das nach dem 18. März fast unvermeidlich schien, wurde niemals Wirklichkeit.

Die ausländischen Journalisten, die nach dem 18. März in Paris zusammenströmten, stellten mit Erstaunen fest, wie wenig Sensationelles es aus Paris zu melden gab, wie normal und ungestört das Alltagsleben der großen Stadt verlief: die Geschäfte und Cafés waren geöffnet, der Verkehr lief wie immer, die Post wurde pünktlich ausgetragen, die Versorgung funktionierte, in den Schulen wurde unterrichtet, die Theater spielten wieder, und die vorher geschlossenen Museen wurden von der Kommune wieder geöffnet. In diesen Frühlingswochen 1871 ging sogar die Zahl der Verbrechen auffallend zurück; man lebte sicherer in Paris als je zuvor.

Die große soziale Krise, von den brutalen Dekreten der Regierung Thiers ausgelöst, wurde abgewendet: Die im Kriege aufgelaufenen Mietschulden wurden von der Kommune endgültig annulliert (»Nachdem bisher Industrie, Handel und Arbeit alle Kriegslasten getragen haben, soll nun auch das Eigentum seinen Beitrag leisten«), für andere Privatschulden wurde ein letztes Moratorium bis Mitte Juli 1871 verfügt (danach sollten sie in vierteljährlichen Raten drei Jahre lang abgetragen werden). Außerdem stoppte die Kommune alle Pfandversteigerungen durch die Leihhäuser – während der Hungerzeit hatten die Armen von Paris fast ihr ganzes Hab und Gut aufs Leihhaus getragen, um die Schwarzmarktpreise wenigstens für die allernötigsten Lebensmittel aufzubringen; später sorgte die Kommune für die kostenlose Rückgabe wenigstens der lebensnotwendigsten Pfandobjekte.

Also eine durchaus tüchtige und funktionsfähige Stadtverwaltung mit einem sozialen Gewissen. Aber keineswegs eine Diktatur des Proletariats (Engels) oder die endlich entdeckte politische Form zur Verwirklichung des Sozialismus (Marx). Gewiß wurde die Kommune hauptsächlich vom Proletariat getragen. Aber sie war keine Diktatur, sondern ein demokratisches Stadtparlament, in dem frei debattiert und abgestimmt wurde, in dem es zwar noch keine organisierten Parteien, aber mindestens vier verschiedene Gruppierungen gab. Die Sozialisten waren ganz klar in der Minderheit – so sehr, daß sie Anfang Mai sogar eine Weile mit dem Gedanken spielten, sich ebenso wie die Konservativen aus der Kommune zurückzuziehen. Die ausschlaggebende Mehrheit bestand aus Republikanern und Radikaldemokraten, die sich als Fortsetzer der Großen Französischen Revolution fühlten.

Die Kommune war demokratisch und föderalistisch, und sie war antimilitaristisch und antiklerikal. Sozialistisch war sie jedenfalls nicht. Die Kommunarden waren keine Kommunisten. Sie kämpften gegen Monarchisten, Generale und »Pfaffen«. Die Kapitalisten ließen sie ungeschoren. Sie rührten ja selbst in der höchsten Not die Bank von Frankreich nicht an. Mit Recht schrieb Engels: »Die Bank in den Händen der Kommune – das war mehr wert als zehntausend Geiseln.« Sie hätte nur ihre Hände auf die Bank zu legen brauchen, um das gesamte Frankreich Thiers' lahmzulegen; und die zwei Milliarden Goldfrancs in ihren Safes, wären sie nicht ein großartiger Kriegsschatz für die Kommune gewesen? Aber sie begnügte sich, bescheidene Kredite von der Bank zu erbitten.

Auch die Pariser Börse funktionierte ungestört weiter – die Kurse stiegen sogar, nachdem sich der erste Schrecken gelegt hatte. Von einer Enteignung oder Sozialisierung der Pariser Industrieunternehmen war nie die Rede. Ein einziges Dekret der Kommune könnte man als milde sozialistisch bezeichnen: Es sah vor, daß Betriebe, deren Eigentümer geflohen waren, unter Vorbehalt späterer Entschädigung als kooperative Unternehmen ihrer Belegschaft wieder geöffnet werden sollten. Aber das war mehr eine Notmaßnahme zur Behebung der Arbeitslosigkeit als ein prinzipieller Akt.

Die Kommune war also keine Vorform der Sowjetunion. Sie war aber auch nicht die perfekte Räterepublik, die den heutigen westlichen Antiautoritären vorschwebt – die herrschaftsfreie Selbstverwaltung, in der jeder Funktionär jederzeit abrufbar ist und jede Arbeit für Arbeiterlohn verrichtet wird.

Als eine Räterepublik kann man allenfalls das kurze Interregnum vom 18. bis zum 28. März bezeichnen: Denn das Zentralkomitee der Nationalgarde, das damals bis zur Kommune-Wahl Paris regiert hatte, war ja eine Art Soldatenrat. Aber die Kommune war keineswegs ein Arbeiterrat, sondern eben eine freigewählte Stadtverordnetenversammlung. Ihre Mitglieder waren durchaus nicht jederzeit abrufbar, wie die Legende behauptet, und das Gehalt, das sie sich bewilligten, war zwar bescheiden – sechstausend Goldfrancs im Jahr –, aber immerhin das Vierfache eines Facharbeiterlohns und mehr als das Zehnfache des Soldes eines Nationalgardisten. Allerdings mußten die Stadtverordneten notgedrungen fürs erste zugleich ihre eigenen Verwaltungsbeamten sein. Hätte die Kommune länger existiert, so hätte sie sich zweifellos nach und nach ihren eigenen Beamtenkörper zugelegt; denn die Überarbeitung, die sie ihren Mitgliedern zumutete, war fürchterlich.

Also nur ein ganz normales demokratisches, fortschrittliches Stadtparlament? Von Hause aus, ja. Und wenn man die Kommune in Frieden gelassen hätte – sehr möglich, daß sie das auch geblieben wäre und daß heute niemand mehr viel über sie zu berichten fände. Paradoxerweise war es aber gerade der Bürgerkrieg, der die Kommune über sich hinauswachsen ließ – der Bürgerkrieg, der ihr aufgezwungen wurde und für den sie nicht gemacht war.

Staatsmodell für die Zukunft

Wenn die Pariser nach ihrer siegreichen Erhebung vom 18. März die politische und soziale Revolution und den Bürgerkrieg gewollt hätten, dann hätten sie keine Kommune von Paris gewählt, sondern eine Revolutionsregierung von Frankreich proklamiert. Sie begnügten sich aber damit, die örtliche Selbstverwaltung zu konsolidieren, die sie sich im Belagerungswinter verdient und am 18. März erkämpft zu haben meinten. Sie verfolgten ja auch die geflohene Regierung nicht nach Versailles und machten ihr die Existenz nicht streitig. Das war ein Friedensangebot an die Regierung Thiers' – ein Angebot zur friedlichen Koexistenz.

Warum sollte eine »linke« Pariser Stadtverordnetenversammlung nicht mit einer »rechten« französischen Nationalversammlung koexistieren können – genauso wie etwa heute ein SPD-Oberbürgermeister von München mit einem CSU-Ministerpräsidenten von Bayern? Mit ein wenig gutem Willen hätten sich beide durchaus arrangieren können. Der allgemeine Jubel, mit dem die Kommune am 28. März nach ihrer Proklamation in Paris begrüßt wurde, war nicht zuletzt ein Jubel der Erleichterung über den vermeintlich abgewendeten Bürgerkrieg.

Aber der Bürgerkrieg kam dann doch. »Die royalistischen Verschwörer haben angegriffen!« Man hört geradezu den entsetzten Aufschrei in der Proklamation der Kommune vom 2. April. »Trotz unserer maßvollen Haltung haben sie *angegriffen*: Gewählt von der Pariser Bevölkerung, ist es nunmehr unsere Pflicht, diese große Stadt gegen die ruchlosen Aggressoren zu verteidigen. Mit eurer Hilfe *werden* wir sie verteidigen.« Was die Kommune dann sieben Wochen lang tat, bis zum Untergang in einem Inferno von Blut und Feuer. Aber von Woche zu Woche wurde es klarer, daß die Kommune todgeweiht war.

Das Ergreifende ist, daß diese Erkenntnis die Kommune nicht lähmte, sondern über sich hinauswachsen ließ. Erst im Bürgerkrieg entwickelte sie ein Verfassungsprogramm für ganz Frankreich und verwandelte sich bewußt aus einer bloßen Stadtverwaltung für den Tag in ein Staatsmodell für die Zukunft. In den letzten hoffnungslosen Wochen blieb es ihr höchster Ehrgeiz, ein Beispiel zu hinterlassen. Sie entwarf mit fieberhaften Eifer grundlegende Reformen, die den kommunalen Rahmen sprengten und die auch keine Aussicht mehr hatten, verwirklicht zu werden. Ihr Zweck war nur noch, Signale für die Zukunft zu setzen.

»Was soll man von einer Regierung denken«, schrieb einer ihrer Chronisten halb entsetzt, halb bewundernd, »die sich in einem solchen Augenblick mit Erziehungsreform beschäftigt ... Diese Größe, diese Ruhe, diese Blindheit in einer Versammlung, die bereits zehntausend Chassepots (Gewehre) auf sich gerichtet sieht, gehört zu den größten Seltsamkeiten, die je ein Historiker zu berichten hatte.«

Aber auch diese Reformen waren nicht sozialistisch, sie waren radikaldemokratisch – wenn man will: sozialdemokratisch. Mit Recht hat der jüngste Historiker der Kommune, Henri Lefèbvre, in seinem Buch »Aufstand in Frankreich« festgestellt: »Die meisten Maßnahmen der Kommune, die ihren Ruhm ausmachen, waren Maßnahmen einer bürgerlichen Demokratie.« Und weiter: »Was die Kommune tatsächlich geliefert und für einen kurzen Augenblick verwirklicht hat, war das Programm, für dessen unvollständige Durchsetzung die bürgerliche Demokratie später mehr als dreißig Jahre gebraucht hat: Trennung von Kirche und Staat, ein kostenloses weltliches Bildungssystem für alle, Schaffung von Gewerkschaften und Betriebsräten, Arbeiterschutz und so weiter.« Dabei ist »mehr als dreißig Jahre« eine Untertreibung. Vieles von dem, was die Pariser Kommune in Gesetzesform goß, ist in den westlichen Demokratien erst nach dem Zweiten Weltkrieg Selbstverständlichkeit geworden. Einiges ist noch heute Zukunftsmusik.

Damals wirkte das, was uns heute selbstverständlich vorkommt, wie haarsträubende Ketzerei. In den Augen der guten Bürger von 1871 war es eine Ungeheuerlichkeit, daß die Kommune die Arbeiter ermutigte, Gewerkschaften zu bilden, daß sie in den städtischen Betrieben Betriebsräte einführte und – in den Uniformwerkstätten – den ersten Tarifvertrag der Welt aushandeln ließ. Zu den »Greueln der Kommune« gehört, daß sie die Kirchensteuer und den Religionsunterricht abschaffte, das allgemeine Recht auf kostenlose Bildung verkündete und in den Schulen (wenigstens auf dem Papier) den polytechnischen Unterricht einrichtete.

Der Gipfel aller Greuel waren in den Augen der wohlanständigen bürgerlichen Zeitgenossen die ersten tastenden Schritte auf dem Gebiet der Frauenemanzipation: Unter der Kommune bildete sich ein »Zentralkomitee der Frauen für die Verteidigung von Paris und die Betreuung der Verwundeten«, und diesem Frauenkomitee übertrug die Kommune, unter dem Murren auch mancher ihrer eigenen Offiziere, das Lazarettwesen und die Hilfsdienste der kämpfenden Truppe; der Arbeitskommissar regte sogar eine Frauengewerkschaft an. Und man glaubt sich eher im Jahre 1971 als 1871, wenn man in dem Dekret über die Theater, das die Kommune am 21. Mai, dem Tag des Einmarschs der Versailler Regierungstruppen, in ihrer letzten Plenarsitzung verabschiedete, liest: »Die Theater werden der Erziehungskommission unterstellt. Sie ist beauftragt, das System der Theaterleitung durch eine Direktion auf ein System kooperativer Gemeinschaftsarbeit umzustellen.«

Der Tag, an dem die Kommune den Schritt von der bloßen Stadtverwaltung zum Zukunftsstaat tat, läßt sich genau datieren. Es war der

19. April 1871. An diesem Tag veröffentlichte sie eine Proklamation, in der sie eine Kommunalverfassung für ganz Frankreich forderte: »Die kommunale Revolution, die mit der Initiative des Volkes am 18. März begonnen hat, eröffnet eine ganz neue Ära der Politik, die Ära einer experimentellen, positiven und wissenschaftlichen Politik. Sie bedeutet das Ende der alten staatlichen und klerikalen Welt, der Welt des Militarismus, Monopolismus und der Privilegien, denen das Proletariat seine Knechtschaft verdankt und die Nation ihre Leiden und Katastrophen.« Sie forderte die Ausdehnung der »absoluten kommunalen Autonomie« auf alle Orte und die Konstituierung der neuen französischen Republik als einer Bundesrepublik freier Städte und Gemeinden.

Zu dieser Zeit waren die Kommunen in anderen französischen Städten, die sich nach dem Vorbild von Paris gebildet hatten, sämtlich niedergeschlagen und die Pariser Kommune selbst bereits tödlich bedroht. Die Proklamation vom 19. April konnte nichts mehr bewirken; man hat sie, treffend genug, das Testament der Kommune genannt. Und dieses Testament ist auch heute noch unvollstreckt. Anders als die Arbeits-, Erziehungs- und Säkularisierungsgesetze der sterbenden Kommune, die ihrer Zeit nur um ein halbes oder ganzes Jahrhundert voraus waren und heute Gemeingut aller Demokratien geworden sind, wirkt ihr Gedanke des Staats als einer Vereinigung freier Städte und Gemeinden auch heute noch wie eine Utopie. Aber ist nicht gerade dieser Gedanke in einer Zeit, deren Grundtatsache Urbanisierung und deren Grundforderung »Demokratisierung« heißt, das wichtigste Vermächtnis der Pariser Kommune?

Ein konservativer Staatsdenker und also gewiß ein unverdächtiger Zeuge, Alexis de Tocqueville, hat dem Verfassungsgedanken der Pariser Kommune das schlagendste Argument geliefert. Er schreibt: »In der Gemeinde liegt die Stärke der freien Völker. Kommunale Selbstverwaltung ist für die Freiheit, was die Volksschule für die Bildung ist: Sie bringt sie in Reichweite aller, sie macht sie für den gemeinen Mann greifbar. Ohne kommunale Selbstverwaltung mag eine Nation sich eine noch so freiheitliche Verfassung geben, sie gewinnt dadurch nicht den wahren Instinkt für die Freiheit. Unter der formalen Demokratie wird in einer solchen Nation der eingeborene Despotismus des Staatswesens immer wieder zum Vorschein kommen.«

Die Volksschule der Freiheit – das ist kein schlechter Titel für die Pariser Kommune. Es ist eine Schule, in der wir alle auch heute noch etwas lernen können. Aber im 19. Jahrhundert wurde diese Schule in einem grausamen Bürgerkrieg zerstört. Und dieser Bürgerkrieg hat Folgen gehabt, die bis in unsere Tage reichen.

Die Armee greift die Hauptstadt an

Am 2. April 1871, Palmsonntag, hörte man in Paris Kanonendonner. Die Leute glaubten zuerst, es werde irgendwo Salut geschossen. In Wirklichkeit hatte der Bürgerkrieg begonnen. Ministerpräsident Thiers hatte die Niederlage vom 18. März, als er mit seinen Ministern und der Armee aus Paris fliehen mußte, keinen Augenblick hingenommen. Das wichtigste Pariser Fort, Mont Valérien, hatte er schon am nächsten Tag abermals besetzt, die demoralisierten Truppen wurden in Versailles wieder auf Disziplin gedrillt, neue Truppen aus der Normandie und der Bretagne zusammengekratzt, und am 1. April verkündete Thiers der Nationalversammlung: »Eine der besten Armeen, die Frankreich je besaß, ist in Versailles wiederaufgebaut worden. Gute Staatsbürger können beruhigt sein: Der Kampf wird schmerzhaft sein, aber kurz.«

Er hatte jetzt etwa sechzigtausend Mann beisammen, und für den nächsten Tag war ihnen ihre erste Bewährungsperiode befohlen: die Überwältigung eines Außenpostens der Kommune in einem Vorort, drei Brigaden gegen drei Bataillone, eine sichere Sache. Alles verlief denn auch plangemäß. Die drei Bataillone Pariser Nationalgarde wurden nach tapferer Gegenwehr vertrieben. Paris schrie auf – ein Schrei mehr der Entrüstung als der Furcht. Was für eine Frechheit! Die Kommune würde es ihnen zeigen! Am Abend des 2. April läuteten in Paris die Sturmglocken, die Nationalgarden eilten zu ihren Sammelplätzen, und überall hörte man die Parole: »Nach Versailles!«

Die Exekutivkommission der Kommune war gegen den Marsch nach Versailles. Aber die Bürgermiliz, die Nationalgarde, war nicht zu halten. Am Montagnachmittag marschierte sie in drei Heersäulen, fünfzigtausend Mann stark, auf Versailles.

Bei dieser ersten und einzigen Offensivaktion der Pariser im Bürgerkrieg zeigte sich, daß die Nationalgarde keine Feldarmee war. In ihren eigenen Stadtvierteln, wo sie jeden Stein kannte, inmitten ihrer Familien und Nachbarn, war diese Bürgermiliz eine wirkliche Macht; sie hatte es am 18. März bewiesen. Draußen im Felde war sie ein verlorener Haufen. Das zeigte sich jetzt bei dem Ausfall am 3. und 4. April.

Nichts war vorbereitet, alles nur improvisiert, Generalstabsarbeit gab es nicht. Die Nationalgarde marschierte auf Versailles ohne Proviant, ohne Zelte und ohne Biwakmaterial, ohne Sanitäter, sogar die Kanonen waren in Paris zurückgeblieben. Ein Chronist fand, die Kolonnen, die auf der Mitte der Straßen marschierten, glichen »mehr einer Masse fröhlicher Ausflügler, die zu einem Picknick aufbricht, als einer angreifenden Truppe, die auf eine furchtbare Stellung losmarschiert.«

Als die ersten Kanonenkugeln von Mont Valérien in die dichtgeschlossenen Reihen einschlugen, brach Panik aus. Trotzdem fehlte es nachher im Nahkampf nicht an Schneid. Besonders die südlichste der drei Kolonnen, unter dem Kommando des tapferen Eisengießers Emile Victor Duval, schlug sich wacker. Sie nahm die Höhen von Châtillon und hielt sie nach einer durchfrorenen Nacht mit hungrigem Magen stundenlang gegen wütende Gegenangriffe.

»Keinen Schritt zurück!« kommandierte Duval. Aber inzwischen rückten Versailler Truppen rechts und links an ihm vorbei und kesselten seine Truppe ein. Nach letzter verzweifelter Gegenwehr mußte sie sich am Dienstagnachmittag ergeben. Dabei zeigten die Versailler zum erstenmal, wie sie diesen Krieg zu führen gedachten. Ihr Kommandeur, der General Vinoy, ließ die Gefangenen halten: »Wer sind die Anführer?« Emile Victor Duval trat vor, mit ihm zwei seiner Bataillonskommandeure. »Erschießen!« befahl Vinoy. Dann ließ er alle Gefangenen herausgreifen, die Armeeuniformen trugen. Sie wurden ebenfalls erschossen.

Noch einen anderen Führer verlor die Nationalgarde an diesem Tag – Gustave Flourens, den jungen, bewunderten Führer der Scharfschützen von Belleville, der die nördliche Kolonne kommandiert hatte und ebenfalls gefangengenommen worden war. Als Flourens an einen berittenen Versailler Offizier herantrat, um gegen die Mißhandlung seiner gefangenen Leute zu protestieren, zog dieser seinen Säbel und spaltete dem Waffenlosen mit einem furchtbaren Hieb den Schädel.

Vielleicht waren diese Schreckenstaten der Grund, daß die Niederlage in Paris nicht demoralisierend wirkte. Der Zorn war stärker als die Enttäuschung. Die Nationalgarde hatte Tausende ihrer besten Leute verloren, aber ihr Kampfwille war noch ungebrochen. Was für den Augenblick ein wenig gedämpft wurde, das war die Eigenmächtigkeit der Truppe. Die

Kommune versuchte jetzt, die Bürgermiliz in die Hand zu bekommen. Noch am Abend des 3. April ernannte sie einen Kriegskommissar und gab ihm Vollmacht, die Nationalgarde zu reorganisieren: Gustave Paul Cluseret, der, ebenso wie sein Stellvertreter und späterer Nachfolger Louis Rossel, Berufsoffizier war.

Cluseret hatte sich im Krimkrieg ausgezeichnet, war später wegen eines Ehrenhandels aus der Armee ausgeschieden, nach Amerika ausgewandert und hatte es dort im Bürgerkrieg in der Armee der Nordstaaten zum Generalmajor gebracht. 1870, beim Krieg gegen die Deutschen, trieb ihn sein Patriotismus nach Frankreich zurück.

Rossel, ein junger Mann, Hauptmann in der kaiserlichen Armee, hatte sich bei der Kapitulation von Metz im Oktober 1870 auf abenteuerliche Weise der deutschen Gefangenschaft entzogen. Im Winterkrieg hatte er sich in Gambettas Armeen hervorragend bewährt und war zum Oberst befördert worden. Am 19. März schrieb er einen Brief an den Kriegsminister der Regierung Thiers: »Mon Général, da ich aus einer heute in Versailles veröffentlichten Depesche entnehme, daß zwei Parteien um die Herrschaft in diesem Lande kämpfen, zögere ich nicht, mich der Seite anzuschließen, in deren Reihen es keine kapitulierenden Generäle gibt.«

Cluseret und Rossel waren tüchtige Militärfachleute, aber in der Kommune Fremdkörper, und mit der Nationalgarde lebten sie während der ganzen Zeit ihres Kommandos in einem nervenaufreibenden Kleinkrieg. Sie beklagten sich bitter über das Durcheinander und die »zanksüchtigen und eifersüchtigen« Komitees, diese »wildgewachsenen Pflanzen der Revolution«. Gewiß hatten sie damit von ihrem Standpunkt aus vollkommen recht, wenn sie Ordnung in den Laden bringen und aus einem Sauhaufen eine Armee machen wollten. Das war eine Sisyphusarbeit; und man kann sich nur wundern, daß sie immerhin einigen Erfolg damit hatten.

Denn den hatten sie. Die fünf, sechs Wochen lang erfolgreiche Verteidigung von Paris ist im wesentlichen ihr Werk. Sie bauten mit ausgesuchten Einheiten eine Front auf und brachten in einem verlustreichen Abnutzungskrieg die Versailler Offensive, die nach dem 4. April voll eingesetzt hatte, vor den Toren der Stadt zum Stehen.

Als Rossel am 10. Mai verbittert sein Amt hinwarf – Cluseret war zehn Tage vorher abgesetzt worden –, waren die Versailler noch kaum einen Schritt weitergekommen. Allerdings verbluteten die besten Einheiten der Nationalgarde dabei langsam, und Ersatz war nicht da. Die wirkliche

Kampfstärke der Nationalgarde – nominell mehr als dreihunderttausend – hatte am 18. März rund hunderttausend Mann betragen. Mitte Mai war sie auf ungefähr dreißigtausend zusammengeschrumpft. Auch die Versailler Armee hatte schwer gelitten. Aber ihre Verluste konnten ersetzt werden; und gerade in diesen Tagen erhielt sie ihre kriegsentscheidende Verstärkung.

Diese Verstärkung kam aus den deutschen Gefangenenlagern, wo ja noch, bataillons- und mitunter sogar divisionsweise zusammengefaßt, ausgeruht und voll verwendungsfähig, die ganze kaiserliche Armee saß – die Armee von Sedan und Metz, mehr als dreihunderttausend Mann.

Bismarck war zunächst nicht geneigt, im französischen Bürgerkrieg Partei zu ergreifen. Man kann die Entwicklung seiner Gedanken in den Reichstagsreden des Kanzlers vom April und Mai genau verfolgen. Wie immer dachte Bismarck kühl-realistisch nach Staatsräson. Daß sein »kleiner Freund Thiers« ihm sympathischer war als die wilden Männer der Kommune, spielte keine Rolle für ihn. Er fand sogar freundliche Worte für die Kommune – sie habe schließlich einen gesunden Kern, sagte er, nämlich »die deutsche Städteordnung«, also die Forderung nach kommunaler Selbstverwaltung.

Bismarck fürchtete aber, daß die streitenden Parteien in Frankreich sich wieder gegen die Deutschen zusammenfinden und den Krieg erneuern könnten, wenn er Frankreich – ganz gleich, welchem Frankreich – seine Armee zurückgäbe. Noch war ja kein endgültiger Frieden geschlossen, und die französischen Unterhändler rangen noch um jeden Fußbreit Boden bei der endgültigen Grenzziehung und um jeden Monat Zahlungsaufschub bei der Kriegsentschädigung.

Die deutschen Truppen, die die nördlichen und östlichen Forts von Paris nach wie vor besetzt hielten, wurden angewiesen, sich streng neutral zu verhalten. Sie ließen auch Lebensmittel nach Paris durch, so daß die Kommune nicht ausgehungert werden konnte. Gefangene gab Bismarck zunächst nur tropfenweise frei; er machte sich sogar Vorwürfe, daß er Ministerpräsident Thiers ohnehin viel mehr Truppen vor Paris hatte zusammenziehen lassen, als der Vorfriede eigentlich erlaubte. Manchmal, sagte Bismarck, erwäge er, ob er nicht Paris als Faustpfand einnehmen sollte – »sei es mit Gewalt, sei es im Einverständnis mit der Kommune«.

Thiers waren diese Gedankengänge bekannt – natürlich las er Bismarcks Reichstagsreden –, und er faßte seinen Entschluß. Thiers war ein kalter, harter und, wie sich nach seinem Siege erwies, ein grausamer Mann, und er hatte einen abstoßenden Zug von frömmelnder Scheinheiligkeit. Aber immer wieder muß man die Konsequenz bewundern, mit der Thiers das jeweils Nötige tat. Das Nötige war jetzt, die Kriegsgefangenen frei zu bekommen, und dafür mußte Thiers zum zweitenmal vor Bismarcks kapitulieren. Er schickte Außenminister Favre nach Frankfurt mit dem Auftrag, alles, was Bismarck forderte, zu akzeptieren. Am 10. Mai wurde der Friede unterzeichnet.

Damit hatten beide Seiten, was sie wollten. Schon während der Frankfurter Verhandlungen setzte Bismarck die Repatriierung der Kriegsgefangenen in großem Stil in Gang, und am 12. Mai, zwei Tage nach der Unterzeichnung des Friedensvertrages, erklärte er vor dem Reichstag: »Nach der militärischen Lage der Dinge dürfen wir hoffen, daß der Kampf vor und in Paris sich seinem Ende nähert; und sobald die Truppen der Regierung siegreich sein werden – wozu wir die Mittel jetzt, nachdem der definitive Friede abgeschlossen ist, durch verstärkte Freilassung der Gefangenen bereitwillig gewähren werden –, wird innerhalb von dreißig Tagen eine erste Zahlung von fünfhundert Millionen Franken stattzufinden haben.«

Jetzt strömte die Armee divisionsweise nach Frankreich zurück – guttrainierte, erstklassige Soldaten und Offiziere, die den Pariser Pöbel aus ganzer Seele haßten und darauf brannten, den militärischen Ruf und Ruhm, den sie im Kriege verloren hatten, im Bürgerkrieg wieder aufzufrischen. Die Sache war entschieden. Am 20. Mai verfügte Thiers über eine Elitearmee von hundertdreißigtausend Mann unter dem Kommando des Marschalls Mac-Mahon. Auf der anderen Seite gab es noch dreißigtausend abgekämpfte, führerlose Nationalgardisten.

Der Mann für den Untergang

Die Kommune hatte keinen Führer gehabt – keinen Lenin, keinen Mao Tse-tung, keinen Ho Tschi-minh. Sie fand auch jetzt keinen. Aber sie fand jetzt zum erstenmal einen Mann, in dem sie sich personifizierte – den Mann, der ihren Untergang würdig verkörperte. Charles Delescluze übernahm am 10. Mai den Vorsitz des Wohlfahrtsausschusses und das verwaiste Amt des Kriegskommissars. Ursprünglich hatte er nicht einmal seinen

Sitz in der Kommune annehmen wollen, denn er war ein kranker Mann, mit zweiundsechzig viel älter als die meisten seiner Kollegen, und durch ein schweres Schicksal über seine Jahre gealtert: Der Sohn eines Revolutionärs von 1792 und selber ein Veteran der Revolutionen von 1830 und 1848 hatte zwanzig Jahre seines Lebens als politischer Gefangener auf der Teufelsinsel zugebracht.

Die Taten, die die wenigen Tage seiner »Regierung« denkwürdig gemacht haben, waren symbolische Trotzhandlungen: die Sprengung der Vendôme-Säule (»dieses Monuments des Militarismus und Imperialismus«) und die Wiedereinführung des Revolutionskalenders von 1792; der Mai 1871 wurde zum Floréal 79. Man kann darüber lächeln. Aber das Lächeln vergeht einem, wenn man den Aufruf liest, den Delescluze nach dem Einmarsch der Versailler Armee in ganz Paris anschlagen ließ; er sprach den Verteidigern aus der Seele wie keiner der militärisch vernünftigen Befehle seiner Vorgänger – und er wurde wortwörtlich befolgt:

»Bürger! Genug des Militarismus! Keine betreßten und vergoldeten Stabsoffiziere mehr! Platz für das Volk, für die Kämpfer mit nackten Armen! Die Stunde des Revolutionskriegs hat geschlagen! Das Volk weiß nichts von strategischen Manövern; aber wenn es eine Flinte in der Hand und sein Pflaster unter den Füßen hat, dann fürchtet es alle Strategen der monarchistischen Schule nicht. Zu den Waffen, Bürger, zu den Waffen! Eure Mandatare werden, wenn es sein muß, mit euch kämpfen und sterben!«

Genauso geschah es. Und wenn dagegen gesagt wird, daß solch ein Aufruf alle Disziplin zunichte machen und alle Chancen einer geordneten Verteidigung untergraben mußte, dann ist die Antwort, daß es solche Chancen ohnehin nicht mehr gab. Die Kommune konnte nicht mehr siegen. Sie konnte nur noch heroisch sterben, im brennenden Paris, in der Blutwoche vor Pfingsten 1871, wie auf einem riesigen, selbstentzündeten Scheiterhaufen untergehen.

Die Versailler Armee rückte am Sonntag, dem 21. Mai, mit überwältigender Übermacht in Paris ein. Aber es dauerte eine volle Woche, bis sie die »Kämpfer mit nackten Armen« überwunden hatte, und wo diese Kämpfer zurück mußten, gingen die berühmten Gebäude, die sie verteidigt hatten, in Flammen auf. Einen regelrechten Sturm auf Paris hatte es gar nicht gegeben. Mac-Mahons Truppen fanden eine Bresche an der längst vollkommen zerschossenen westlichen Stadtmauer unbesetzt, ein

Sympathisant winkte sie einfach herein. Die Nationalgarde reichte längst nicht mehr aus, die ganze Stadtmauer zu besetzen, sie war dezimiert, die Soldaten wurden kaum mehr abgelöst, und seit dem Ende des Regimes Cluseret/Rossel gab es niemanden mehr, der sich um die »Westfront« kümmern konnte.

Der 21. Mai war ein schöner Sonntag, im Tuileriengarten fand gerade ein großes Konzert statt, und bis die Kommune Klarheit hatte, was geschehen war, und reagieren konnte, war ein großer Teil des westlichen Paris bereits besetzt, und die Versailler Truppen begannen ungestört damit, ihre Gefangenen zu erschießen. Ein Kommuneoffizier, der nachts auf Erkundung ritt – man wußte im Stadthaus immer noch nicht, wie weit die Truppen gekommen waren –, kam plötzlich auf einer leeren Straße nicht mehr weiter. Sein Pferd scheute. Da sah er an den Häuserwänden lauter schlafend ausgestreckte Nationalgardisten. Und dann sah er überall in den Rinnsteinen Blutlachen und merkte, daß die Schlafenden Tote waren: Erschossene.

Am Montag verkündete Thiers in Versailles bereits triumphierend die Einnahme von Paris und das Ende des Bürgerkriegs. Aber da fing der Bürgerkrieg erst richtig an. Westparis, das Paris der wohlhabenden Bürger, war fast kampflos gefallen, aber nun, von der Place de la Concorde an, fanden die Regierungstruppen jede Straße verbarrikadiert und hinter jeder Barrikade Kämpfer. Von den Dächern wurde geschossen, Haus für Haus mußte gestürmt werden. Den ganzen Dienstag kam die Armee nicht voran. Und in der Nacht zum Mittwoch, als Verstärkungen und schwere Artillerie den Widerstand im Zentrum endlich gebrochen hatten, setzten die Verteidiger die Tuilerien, die Gebäude der Ehrenlegion, des Staatsrats und des Rechnungshofes in Brand. Den langsamen, zähen Rückzug der Nationalgarden begleiteten Flammen; den langsamen, zähen Vormarsch der Regierungstruppen Erschießungen. Überall, wo sie Fuß faßten, wurden Menschen an die Wand gestellt und erschossen: Gefangene, Verdächtige, Denunzierte, dabei auch zufällig aufgegriffene Leute, die nur ein unvorsichtiges Wort gesagt hatten.

Mittwoch das gleiche: zäher, verbissener Widerstand der »Föderierten« – so nannten sich die Kommunekämpfer jetzt –, zähes, langsames Vorrücken der Armee. Und Brände. Und Erschießungen. Die lange, schnurgerade Rue de Rivoli wurde zentimeterweise erobert. Im Süden hielt sich die Nationalgarde immer noch hartnäckig auf der Butte-aux-

Cailles. Strahlendes, heißes Sommersonnenwetter wie schon seit Tagen. Und keine Stelle mehr in Paris, wo man jetzt nicht das Brüllen der Kanonen, das Knattern der Mitrailleusen, die Salven der Chassepots hörte. Der Schlachtlärm wälzte sich langsam ostwärts. Am Abend fiel das Stadthaus und ging in Flammen auf.

Donnerstag: der dritte Schlachttag. In der Mairie (Bürgermeisteramt) des 11. Bezirks versammelten sich die Reste der Kommune zum letztenmal (die meisten ihrer Mitglieder standen seit Tagen irgendwo auf der Barrikade). Die Butte-aux-Cailles war gefallen. Hauptwiderstandszentrum war jetzt der Platz am Château-d'Eau, schon im östlichen Teil der Stadt – ein Platz, auf den acht Straßen mündeten, alle verbarrikadiert, alle verteidigt, alle unter Artilleriefeuer. Am Nachmittag kam Meldung, daß die Reserven am Château-d'Eau erschöpft seien. Und die Todesnachrichten von Kommunemitgliedern, die man vor der Erschießung schrecklich mißhandelt hatte. Gegen Abend verließ Delescluze die Kommuneversammlung. Kurz darauf kehrte er in seiner besten Kleidung zurück, Gehrock, steifes, weißes Hemd und rote Schärpe: Er werde, sagte er, die Lage am Château-d'Eau inspizieren. Wer wolle, könne ihn begleiten. Ein halbes Dutzend ging mit.

Auf der Barrikade am Château-d'Eau waren kaum noch Verteidiger, und die Straße, auf der das Häuflein der Kommunarden ging, lag unter Artilleriefeuer. Einer nach dem anderen blieb deckungssuchend zurück. Fünfzig Meter vor der Barrikade war Delescluze ganz allein. Er ging unbeirrt weiter, schwer auf seinen Stock gestützt, Zylinder auf dem Kopf. Er beachtete nicht das Zurückbleiben seiner Begleiter und nicht die Kugeln, die rings um ihn einschlugen. Merkwürdigerweise traf ihn keine: Unverwundet erreichte er die Barrikade, hinter der gerade blutrot die Sonne unterging.

Vor dem großen Steinhaufen zögerte er einen Augenblick. Dann kletterte er mühsam hinauf, ein wenig stolpernd, mit steifen Gliedern. Der alte Mann im Gehrock und mit roter Schärpe schien das einzig lebende Wesen weit und breit. Jetzt war er oben, und einen Augenblick sah man ihn hochaufgerichtet auf der Barrikade stehen, als Silhouette gegen die sinkende Sonne.

Dann schwankte er und fiel – kopfüber nach vorn. Den Schuß, der ihn getroffen hatte, hatte keiner gehört. Denn geschossen wurde dauernd. So starb Delescluze, und mit ihm war die Kommune gestorben. Es gab nach diesem Donnerstag keine Kommune mehr. Aber die Schlacht von Paris tobte weiter. Und das Schlimmste kam erst, als der Kampf drei Tage später zu Ende ging.

Die Grausamkeit der Sieger

Wäre die Geschichte der Pariser Kommune mit dem Fall der letzten Barrikade am Pfingstsonntag 1871 zu Ende gewesen – sehr möglich, daß man sie heute längst vergessen hätte. Sie war aber nicht zu Ende. Was nach dem Kampf geschah, hat dafür gesorgt, daß die Kommune unvergeßlich wurde. Wir sind heute gegen Greuel abgestumpft. Aber das 19. Jahrhundert war, jedenfalls in Europa, eine zivilisierte Epoche, und wenn damals in der zivilisiertesten Hauptstadt des Kontinents plötzlich auf allen Straßen gemordet wurde, dann ging es der Mitwelt noch durch Mark und Bein. Das Massaker an der Kommune wirkt in der Geschichte seiner Zeit wie ein greller Blutspritzer auf einem Museumsbild.

Schon während der Schlacht um Paris hatten die Regierungstruppen ihre Gefangenen – und viele Unbeteiligte – erbarmungslos erschossen. Und in den letzten verzweifelten Tagen hatten auch die Barrikadenkämpfer Greueltaten verübt: Die Erschießung von zweiundsechzig Geiseln, darunter der Erzbischof von Paris, am 25. und 26. Mai hat den heroischen Todeskampf der Kommune häßlich entstellt. Aber es verblaßt gegen das, was nach dem Kampf, bei kaltem Blut, von den Siegern verübt wurde.

»Nach beendigtem Kampf«, schreibt der Kommunechronist Prosper Lissagaray, »verwandelte sich die Armee in ein ungeheures Exekutionspeloton« – und Paris in einen Menschenschlachthof. Die Arbeiterviertel wurden durchkämmt, die Häuser durchsucht, Straßenpassanten wahllos aufgegriffen und die Verhafteten zu Tausenden in die Kasernen und Gefängnisse getrieben. Was dort auf sie wartete, war kein Gericht, nicht einmal ein Standgericht, sondern eine Selektion – wie auf der Rampe von Auschwitz.

Man machte sich nicht die Mühe, die Verhafteten zu identifizieren. Ein Blick genügte: Wer geschwärzte Hände hatte oder eine Verfärbung von einem Gewehrkolben an der Schulter, wer eine Uniform oder auch nur ein Paar Armeestiefel trug, aber auch wer eine trotzige Miene aufsetzte oder sonst irgendwie das Mißfallen der Offiziere erregte, die zigarrenrauchend an langen Tischen saßen und die hereinquellenden Menschenmassen abfertigten, wurde nach links gewinkt – und dort warteten die Erschießungskommandos.

In den Gefängnissen erschoß man sofort, an Ort und Stelle. Von anderen Sammelstellen aus – dem Theater Châtelet zum Beispiel, wo die Gefangenen auf die Bühne getrieben wurden, während in den Logen Wachkommandos ihre Gewehre auf sie richteten – mußten sie noch einmal einen Todesmarsch antreten, zu irgendeinem öffentlichen Park oder Platz. Im Jardin du Luxembourg wurde Tag für Tag zur Hinrichtung Schlange gestanden. Aus dem Tor der Kaserne Lobau rieselte tagelang ein nie versiegender Blutbach auf die Straße.

Aus dem Roquettegefängnis gibt es den Bericht eines Gymnasiallehrers, der das Glück gehabt hatte, von einem mitleidigen Sergeanten nach rechts zurückgeholt zu werden, nachdem man ihn schon nach links beordert hatte:

»Wir waren bald mehr als dreitausend Gefangene auf der rechten Seite. Den ganzen Sonntag über und noch einen Teil des Montags dauerte das Knallen neben uns fort. Am Montagmorgen kam ein Peloton herein: ›Fünfzig Mann!‹ sagte der Sergeant. Wie glaubten, es ginge zur Erschießung, und niemand rührte sich. Die Soldaten nahmen die nächsten fünfzig. Ich war darunter. In dem Raum, in den man uns führte und der uns riesig vorkam, sahen wir Haufen über Haufen von Leichen aufgeschichtet. ›Hebt alle diese Schweine auf und werft sie in die Möbelwagen!‹ Wir hoben die blutstarrenden Leichen auf. Die Soldaten machten schauderhafte Späße: ›Sieh doch, was der für Fratzen macht!‹ und sie zertraten ihnen die Gesichter mit dem Absatz. Es kam uns vor, als ob einige noch lebten. Wir sagten es den Soldaten, aber sie antworteten: ›Vorwärts! Vorwärts! Macht nichts!‹ Sicher wurden einige lebendig begraben. Ich habe gezählt: Wir legten neunzehnhundertundsieben Leichen in die Möbelwagen.«

Wer der ersten Selektion entgangen war, auf den wartete am westlichen Stadtrand, auf dem Wege nach Versailles, eine zweite. Dort hatte sich der General Marquis de Gallifet postiert – ein berühmter Lebemann und schneidiger Reitergeneral des Kaiserreichs; bei Sedan hatte er, zur Bewunderung des preußischen Königs, den Todesritt der französischen Kavallerie kommandiert.

Jetzt stand Gallifet an der Porte de la Muette, ließ die Gefangenenkolonnen halten, ging die Reihen durch und winkte den oder jenen mit dem Finger heraus: »Sie sehen intelligent aus, treten Sie vor.« »Sie haben eine Uhr. Sie müssen wohl ein Beamter der Kommune gewesen sein.« Besonders auf die Weißhaarigen hatte es Gallifet abgesehen: »Ihr wart schon 1848 dabei«, sagte er. »Ihr seid noch schuldiger als die anderen.« Die Aussortierten starben unter den Salven von Gallifets Soldaten an der Porte de la Muette. Ihre Leichen wurden in die Festungsgräben geworfen und mit Kalk bestreut.

Es war das Problem der Leichenbeseitigung, das schließlich, nach mehr als einer Woche, dem wahllosen Gemetzel allmählich ein Ende machte. Das Wetter dieser Tage war heiß und regnerisch. Die unbestatteten Leichen, mit denen, wie Ministerpräsident Thiers es in einem Erlaß an seine Präfekten ausdrückte, »die Straßen von Paris jetzt gepflastert« waren, quollen in der feuchten Hitze auf, und die Stadt begann zu stinken.

»Diese Elenden«, schrieb eine bürgerliche Zeitung, »die uns lebend soviel Schaden gebracht haben, fahren noch nach ihrem Tode fort, uns zu schaden.« Der *Temps* klagte: »Wer erinnert sich nicht, wenn er auch nur einige Minuten den Anblick gehabt, des Squares vor der Tour Saint Jacques, der zur Schlachtbank geworden ist? Auf diesem feuchten, kürzlich umgeharkten Boden schauen da und dort Köpfe, Arme, Füße oder Hände hervor, und mit dem Erdboden gleich erblickt man die Gesichter der Leichen, die in die Uniform der Nationalgarde gekleidet sind. Es ist abscheulich. Ein fader, ekelhafter Geruch hängt über diesem Garten; an manchen Stellen wird er zum Gestank.« Und das *Paris Journal* schrie am 2. Juni angeekelt auf: »Schluß mit dem Töten! Wir wollen nicht mehr! Selbst die Mörder und Brandstifter nicht! Keine Begnadigung verlangen wir, aber einen Aufschub. Nicht mehr töten!«

Die Zahl der Opfer ist nie festgestellt worden. Für siebzehntausend von Straßen, Parks und öffentlichen Plätzen weggeschaffte Leichen hat die Stadt Paris im Laufe des Juni der Regierung Rechnungen präsentiert: Das ist die Mindestzahl. Aber darin sind nicht die enthalten, deren Kadaver bereits von ihren Mitgefangenen beseitigt worden waren oder die in den Festungsgräben von la Muette verfaulten. Die Schätzungen der Gesamtzahl liegen zwischen zwanzigtausend und dreißigtausend, auch die Zahl vierzigtausend ist genannt worden. Ob zehntausend mehr oder weniger, man weiß es nicht. Zum Vergleich: In den sechzehn Monaten der Pariser

Schreckensherrschaft, von April 1793 bis Juli 1794, von denen noch heute die Geschichtsbücher voll sind, waren in Paris genau 2.596 Menschen hingerichtet worden.

Nach dem Gemetzel die Prozesse. Hier haben wir genaue Zahlen. 36.309 Gefangene blieben lebend in der Hand der siegreichen Armee, und noch jahrelang waren sechsundzwanzig Militärgerichte, bestehend aus vierzehn Generalen, zweihundertsechsundsechzig Obersten und zweihundertvierundachtzig Majoren, mit ihrer Aburteilung beschäftigt. Das letzte Todesurteil wurde 1875 vollstreckt. Die große Masse wurde allerdings nicht mehr hingerichtet, sondern in die Strafkolonien von Cayenne oder Neukaledonien deportiert.

Man steht wie betäubt vor dieser furchtbaren und unermüdlichen Rache. Die Raserei der ersten Blutorgie und danach die kalte Verbissenheit des jahrelangen Justizterrors – wie passen sie zu der hochkultivierten, hochgebildeten französischen Bourgeoisie der siebziger Jahre, zu den Menschen der *belle-époque*? Gern würde man alles einer wildgewordenen Soldateska anlasten, aber das ist nicht möglich: Die französische Armee handelte nicht spontan und auf eigene Faust; ihre Untaten waren von oben befohlen und wurden später mit einer glänzenden Parade und reichem Ordenssegen belohnt.

Auch Thiers ist nicht der Alleinschuldige: Die Mehrheit der Nationalversammlung war noch blutrünstiger als der Regierungschef, und das Paris der feinen Leute klatschte seinen Grausamkeiten begeistert Beifall. Nein, das Massaker an der Kommune war das Verbrechen einer ganzen Klasse; und obwohl es bei kaltem Blut begangen wurde, ist es nicht rational zu erklären, sondern nur psychologisch. Es ist nicht mit Zorn und gerechter Entrüstung zu erklären – die Brandstiftungen und Geiselerschießungen in den letzten Tagen der Kommune wiegen leicht, verglichen mit den Greueln nach ihrer Niederwerfung, sie waren selbst schon Reaktionen auf die Gefangenenmorde der Versailler Truppen gewesen. Es ist nur zu erklären mit schlechtem Gewissen und heimlicher Angst.

Schlechtem Gewissen: Denn das Paris der Arbeiter war dem Entschluß des September 1870, dem Entschluß zum Volkskrieg gegen die deutschen Belagerer, treu geblieben; während das bürgerliche Frankreich eben schließlich doch die Kapitulation vor den Deutschen der bei einem Volkskrieg unvermeidlichen sozialen Revolution vorgezogen hatte. Und heimlicher Angst, daß diese Revolution auf die Dauer nicht aufzuhalten sein würde, daß ihr die Zukunft gehöre. Die furchtbarsten politischen Verbrechen und Grausamkeiten werden fast immer aus Angst vor der Zukunft begangen; und keine Revolution ist je so grausam wie die Reaktion, die eine Revolution gerade noch einmal mit knapper Not niedergeschlagen hat.

Dabei war die Grausamkeit der Reaktion gegen die Kommune, um Talleyrand zu zitieren, »schlimmer als ein Verbrechen, nämlich eine Dummheit«. Sie hat drei Folgen gehabt, die die bürgerlichen Reaktionäre unmöglich gewollt haben können:

– Sie hat die Sympathien – auf die Dauer selbst in der bürgerlichen Welt – zugunsten der Kommune umschlagen lassen.

– Sie hat Frankreich auf unabsehbare Zeit unheilbar gespalten. Bourgeoisie und Proletariat sind seitdem zwei verschiedene Nationen.

– Und sie hat der sozialen Revolution in aller Welt ihren Mythos gegeben. Das Massaker an der Pariser Kommune bedeutet für die Weltrevolution dasselbe wie Golgatha für das Christentum.

Selbst das bürgerliche Frankreich beruft sich heute für die Glorie der französischen Geschichte nicht mehr auf Thiers oder Mac-Mahon, sondern eher auf einen Delescluze, der auf der Barrikade zu sterben wußte, oder auf Louise Michel, die ihren Richtern zurief: »Wenn heute jedes Herz, das für die Freiheit schlägt, nur noch das Recht auf einen Klumpen Blei hat, dann verlange auch ich meinen Anteil. Töten Sie mich! Wenn Sie mich leben lassen, werde ich nicht aufhören, nach Rache zu schreien und die Mörder anzuprangern!« Und sie waren nicht die einzigen Helden der Kommune. Der Graf de Mun, der an den Massenmassakern an hoher Stelle mitgewirkt hatte, sagte später als Zeuge vor der Untersuchungskommission der Nationalversammlung: »Sie starben alle mit einer gewissen Unverschämtheit.« Er mußte es wissen.

Die Kommunarden halfen Lenin

Die »Mauer der Föderierten« auf dem Friedhof Père Lachaise, an der am Pfingstsonntagvormittag als Auftakt des Kommenden hundertsiebenundvierzig gefangene Kommunarden mit Mitrailleusen niedergemäht wurden, ist heute ein Wallfahrtsort der französischen Linken; die Zuckergußkirche Sacré-Cœur, von den Siegern als Sühne für die »Greuel der

Kommune« an genau dem Platz errichtet, wo der Aufstand am 18. März 1871 seinen Anfang genommen hatte, ist nur noch eine Kuriosität für Touristen und eine Verlegenheit für bürgerliche Ästheten. So sehr hat sich in einem Jahrhundert auch in Frankreich das Blatt gewendet – einem Frankreich, in dem die bürgerliche Republik sich längst viele Gesetzgebungsakte der Kommune stillschweigend zu eigen gemacht hat.

Zwei große Männer haben versucht, die damals geschlagene tiefe Wunde zu heilen; beiden ist es nur vorübergehend und unvollkommen gelungen: Clemenceau, der schon im März 1871 vergeblich versucht hatte, den Bürgerkrieg abzuwenden, und der 1917/18 als Kriegspremier des Ersten Weltkrieges eine *Union sacrée* der beiden Frankreich verkörperte, die nach dem Sieg rasch wieder zerfiel; und de Gaulle, ein Mann der Rechten, aber zugleich der Mann der Résistance im Zweiten Weltkrieg.

Doch gerade der Zweite Weltkrieg hat die alte Wunde wieder aufgerissen: Die »Rechte«, das wohlhabende Besitzbürgertum, stellte 1940 die »Kollaborateure« wie 1871 die »Kapitulanten«; und der nationale Widerstand war wiederum die Sache der »Linken«, der Proletarier und Intellektuellen. Marschall Pétain, der vor Hitler kapitulierte, war ein glückloser Thiers, und die Résistance war (auch in ihren sozialen Ideen) fast dasselbe wie die Kommune. Die Résistance freilich ging weniger großmütig mit ihren Feinden um: In den blutigen Abrechnungen des Winters 1944/45 fanden die Kommunarden so etwas wie eine späte Rache.

Aber die wirklich weltgeschichtliche Rache für den Pariser Blutmai 1871 ist nicht in Frankreich vollzogen worden, sondern in Rußland, und der wirkliche Rächer der Kommune heißt Lenin. Selten läßt sich ein geschichtlicher Zusammenhang so klar nachweisen wie der zwischen der Pariser Kommune von 1871 und der russischen Oktoberrevolution von 1917 – genauer: zwischen der Erbarmungslosigkeit, mit der Thiers den Klassenkampf der Bourgeoisie, und der antwortenden Erbarmungslosigkeit, mit der Lenin den Klassenkampf gegen die Bourgeoisie geführt hat.

Lenin hat damit ein Vermächtnis vollstreckt, das Karl Marx der sozialistischen Weltbewegung ausdrücklich hinterlassen hatte. Die Adoption oder »Annexion« der Kommune durch Marx ist ihre gewaltigste weltgeschichtliche Wirkung geworden. Und nie wäre es zu dieser Wirkung gekommen ohne die Schrecklichkeiten ihrer Unterdrückung.

Denn es ist ein Irrtum anzunehmen, daß die Kommune sich an Marx inspiriert oder daß Marx seinerseits die Kommune gewollt oder ihrer

Politik zugestimmt hätte. Im September 1870 hatte er in seinem Londoner Exil den damals schon auftauchenden Gedanken einer *Commune de Paris* schlechterdings eine »Dummheit« genannt; von den Männern, die sie später führten und die er zum großen Teil persönlich kannte, hatte er keine hohe Meinung.

Marx hat denn auch vieles an der Kommune, solange sie existierte, in seiner Privatkorrespondenz hart kritisiert. In einem Brief vom 17. April rechnet er bereits kühl mit ihrer Niederlage, und eine Einladung vom 29. April, die Verhältnisse an Ort und Stelle zu studieren, ließ er wohlweislich unbefolgt (»Aber ich fürchte, Sie müßten sich beeilen, denn ich weiß nicht, wie lange wir uns noch halten können«, hatte der Einladende geschrieben). Vom Standpunkt seiner Lehren war die Pariser Kommune bestenfalls eine heroische Torheit.

Aber Marx war nicht nur Lehrer und Prophet; er war gerade zu dieser Zeit auch ein aktiver Politiker, der die erste Internationale zusammenzubringen und zusammenzuhalten hatte; und er war ein leidenschaftlicher Mensch. Politische Berechnung trieb ihn, die Kommune nach Möglichkeit für »seine Partei« in Anspruch zu nehmen. Und menschliche Empörung und leidenschaftlicher Zorn ließen ihn, während in Paris noch die Erschießungskommandos arbeiteten, mit fliegender Feder das donnernde Anklagewerk »Der Bürgerkrieg in Frankreich« aufs Papier werfen, mit dem er die Sache der gemordeten Kommune zu der seinen machte – und die Rächung der Toten zur heiligen Aufgabe jeder künftigen Revolution.

Kein Werk von Marx, nicht einmal das »Kommunistische Manifest«, hat eine so ungeheure Wirkung gehabt. Mit vulkanischem Zorn und Prophetenfluch hat er die »Vertilger« der Kommune und ihre »höllischen Taten« an den »Schandpfahl der Geschichte genagelt«. Sein Wort: »Nach Pfingstsonntag 1871 kann es keinen Frieden und keine Waffenruhe mehr geben« – dieses furchtbare Wort hat schneidend durch die Jahrzehnte getönt; und 1917 ist es vollstreckt worden.

Auch Lenin, der zum Rächer der Kommune wurde, konnte von ihr nur eines lernen: wie man es *nicht* machen darf. Sie war, schrieb er 1905, »eine Arbeiterbewegung ..., die damals nicht verstand und nicht vermochte, die Elemente der demokratischen und der sozialistischen Umwälzung auseinanderzuhalten, die die Aufgaben des Kampfes für die Republik und die Aufgaben des Kampfes für den Sozialismus verwechselte, die nicht imstande war, die Aufgaben einer energischen militärischen Offensive gegen Versailles zu lösen, die den Fehler beging, sich nicht der Bank von Frankreich zu bemächtigen und so weiter. Kurzum – ob ihr euch auf die Pariser oder auf irgendeine andere Kommune beruft, eure Antwort wird sein: Das war eine solche Regierung, *wie es unsere nicht sein darf.*«

Aber die Klassenfeinde der Kommune waren auch Lenins Todfeinde, und den Kampf gegen sie zu gewinnen, den die Kommune verloren hatte, wurde das Ziel seines Lebens. Immer wieder kam er auf das Schicksal der Kommune zurück. »Die Sache der Kommune ist nicht tot; bis zum heutigen Tage lebt sie in jedem von uns«, sagte er 1911, und als er im Januar 1918 dem Sowjetkongreß über die zwei Monate und fünfzehn Tage, die seit seiner Machtergreifung vergangen waren, Bericht erstattete, begann er mit der triumphierenden Feststellung, daß dies nun bereits fünf Tage mehr seien als die ganze Lebensdauer der Pariser Kommune von 1871: »Die Pariser Arbeiter, die Schöpfer der ersten Kommune, die die Keimform der Sowjetmacht darstellt, fielen nach zwei Monaten und zehn Tagen unter den Kugeln der Gegenrevolution ... Wir befinden uns in weit günstigeren Umständen.«

Die Kommune war zwar nicht die Keimform der Sowjetmacht, aber ihr Kampf war das Vorbild und ihr furchtbares Schicksal nach der Niederlage das warnende Beispiel. »Blickt auf die Pariser Kommunarden und ihr wißt, was euch bevorsteht, wenn wir besiegt werden!« rief Lenin der Roten Armee in den düstersten Augenblicken zu. Nicht die lebenden – die toten Kommunarden in ihren Massengräbern haben ihm damals siegen geholfen.

Die Pariser Kommune gehört heute nicht mehr dem Land und dem Kulturkreis, die sie hervorbrachten. Ihr Mythos hat sich von ihrer Geschichte getrennt. Geschichtlich gehörte die Kommune zu Frankreich, und ihre Gedanken werden heute langsam in der ganzen bürgerlichen Welt nachvollzogen. Aber der Fluch, den diese bürgerliche Welt mit der Ausrottung der Kommune auf sich gezogen hat, ist damit nicht getilgt. Die Geister der Erschlagenen kämpfen weiter – immer noch, auch heute noch. In den Revolutionen des 20. Jahrhunderts sind sie allgegenwärtig.

Krieg und Revolution

Karlludwig Rintelen

Links blinken und rechts abbiegen

Von der marxistischen Gesellschaftsanalyse zum Massenmorden

»Die Kriegsfrage ist kein prinzipielles, sondern ein taktisches Problem. Es gilt für das Proletariat der einzelnen Länder abzuwägen, ob der Krieg Vorteile bringen könne oder nicht und danach ist ihr Verhalten einzurichten.«

Gustav Bauer (SPD) vor der SPD-Reichstagsfraktion, 29. November 1913

Karlludwig Rintelen, geboren 1926 in Königsberg. Dr. phil., Studienrat, Oberschulrat, langjähriger Leiter des Fichtenberg-Gymnasiums in Berlin-Steglitz. In den letzten Jahren Studien und Untersuchungen zur Geschichte der Arbeiterbewegung.

Abbildung vorige Seite:
Die vier sozialdemokratischen Abgeordneten Scheidemann (vorne, dritter von links), David (vierter von links), Ebert (dritter von rechts) und Schöpflin (zweiter von rechts) als Gäste im kaiserlichen Hauptquartier im besetzten Belgien. (Stiftung Preußischer Kulturbesitz)

1. Links blinken …

Vor dem Ersten Weltkrieg stellte sich die Sozialdemokratie dar als eine linke Partei. Nicht nur Luxemburg und Liebknecht stellten die strukturellen Defizite des Kapitalismus sowie Verlogenheit und Heuchelei der herrschenden Klassen bloß. Das machten ähnlich die Linkszentristen um Kautsky, Haase, Ledebour, Dittmann und auch viele Parteirechte bis hin zu den Gewerkschaftsführern Gustav Bauer* und Carl Legien. Sie alle analysierten, kritisierten und attackierten die von Friedrich Engels so genannte kapitalistische »Sauerei« der kaiserzeitlichen Gesellschaft. Entsprechendes gilt für die Printmedien von der *Neuen Zeit* über *Vorwärts* und Lokalpresse bis hin zu den gewerkschaftlichen Verbandszeitschriften. Zum Beispiel: »Das Vaterland ist nicht für das Volk da, sondern die Volksmassen sind für das Vaterland da, dieses aber ist für die großen Ausbeuter da: Das ist die Quintessenz des kapitalistischen Patriotismus.« (Kautsky, 1907)

Oder: Unerträglich sei die »Abhängigkeit der Regierung von dem Unternehmertum«. »Die angeblich über den Parteien stehende Regierung ist natürlich in ihrer gottgewollten Abhängigkeit gern bereit, die Befehle der [kapitalistischen] Scharfmacher auszuführen.« In ihrem Kampf gegen den Kapitalismus stehe die Arbeiterschaft »allein gegen eine Welt von Feinden.« (Bauer, 1911)

Die kapitalistische Klassengesellschaft bestehe aus »zwei Nationen«, deren eine die andere ausbeute. Ursache des Elends sei kein »unabänderliches Schicksal« oder die »Strafe des Himmels«. Diese Zustände seien »durch Menschen geschaffen« und könnten entsprechend geändert werden (so der *Bureau-Angestellte*, eine freigewerkschaftliche Verbandszeitschrift, 1910).

Die herrschenden Klassen vergifteten das Volk mit einem verlogenen Geschichtsbild: Nicht Bismarck etwa sei »Gründer« des Deutschen Reichs. Wer den »geschichtlichen Materialismus« begriffen habe, wisse, daß nicht »große Zeiten durch große Männer geschaffen« würden, son-

---

* Gustav Bauer (1870-1944, SPD), Zweiter Vorsitzender der Generalkommission der Freien Gewerkschaften (1908-1918), Staatssekretär im Reichsarbeitsamt (Okt. 1918 bis Febr. 1919), Reichsarbeitsminister (Febr. bis Juni 1919), Reichskanzler (Juni 1919 bis März 1920). Enger Freund Friedrich Eberts.

dern umgekehrt schafften sich die jeweiligen Gegebenheiten diejenigen »Männer, die sozusagen die Entbindung der ausgereiften Idee zu besorgen haben.« Die Bedürfnisse des modernen Kapitalismus sollten durch die Reichsgründung befriedigt werden, wozu ein einheitlicher Staat mit gleichen Rechts- und Handelsverhältnissen erforderlich gewesen sei. Im übrigen habe Bismarck »seine Sache schlecht genug gemacht«. So sei die »erdrückende Herrschaft des Militarismus« eines der größten Übel (ebendort, 1910).

Natürlich gebe es Interessenkonflikte zwischen den herrschenden Gruppen. Träten sie auf, beispielsweise zwischen immobilem Agrarkapital und mobilem Finanzkapital, dann könne nur »unheilbare Naivität [...] annehmen, dieser Widerstreit sei ideellen Motiven entsprungen; er ist lediglich materieller Natur.« Das werde »selbstverständlich« verschleiert. Konservative behaupten, sie verträten »das Wohl des Vaterlandes«. Nationalliberale heuchelten, ihnen liege der »Schutz der Freiheit« am Herzen: alles Lüge und Scheinheiligkeit (ebendort, 1911).

In der vom Zentralverband Deutscher Industrieller beeinflußten Presse – der ZDI war einer der Vorläufer des Reichsverbandes der Deutschen Industrie und des derzeitigen Bundesverbandes der Deutschen Industrie – werde die »Entfesselung eines Krieges gegen Frankreich« gefordert. Der »deutsche Michel [solle] statt der ewigen Friedenssalbaderei einmal die starke Faust« zeigen. Das diene lediglich dem Ziel, »den Volkszorn von den heillosen inneren Zuständen nach außen« abzulenken, also, wie das auch schon Napoleon III. praktiziert habe, »durch einen Krieg den Unwillen des Volkes in einem Blutmeer zu ersticken.« Die »staatserhaltenden« Konservativen schreckten auf die Dauer »vor nichts zurück«. Man habe es bei ihnen »oft mit Verbrechern« zu tun (ebendort, 1910).

Aktionäre seien »Parasiten am Volkskörper«; »Kapitalisten« hetzten gegen die Sozialdemokratie, da sie durch diese den »dreimal heilige[n] Profit, die Grundlagen der kapitalistischen Existenz«, bedroht sähen. Es sei ein »Zeichen der kapitalistischen Fäulnis«, daß die »Regierung nur der geschäftsführende Ausschuß der besitzenden Klasse« ist (Bauer, Juni 1914).

Die Herrschenden versuchen die arbeitende Jugend aus den sozialdemokratischen »Organisationen herauszubringen«, um sie dem bürgerlichen Erziehungseinfluß auszusetzen, der aus »patriotische[m] Klimbim oder religiöse[m] Fanatismus« bestehe (Legien, Juni 1914).

Etwa dreihundert Männer der Hochfinanz und der Großindustrie hielten heute die Geschicke Europas in Händen. Die Regierung tue nichts gegen das »frevelhafte [...], wahnwitzige Treiben« der »Herren Kirdorf, Stinnes usw.«; auch nichts dagegen, daß der »Reichtum, der eigentlich der Nation gehören sollte« – namentlich Kohle, Erze, Wasserkraft – zugunsten privatkapitalistischer Unternehmungen verschleudert werde. Daher würden die Gewerkschaften möglicherweise, obwohl sie friedliche Lösungen vorzögen, den »Weg der Gesetzlichkeit« verlassen müssen (Robert Schmidt, Juni 1914).

Es sind also auch einflußreiche Sozialdemokraten des rechten Flügels, die immer wieder – scharfsinnig und realitätsnah – die praktische Barbarei und ideologische Verlogenheit zumal des deutschen Kapitalismus und seiner herrschenden Klassen analysieren und kritisieren. Zusammengefaßt: Sie kritisieren

- den Egoismus der Herrschenden bei der Durchsetzung ihrer materiellen Interessen;
- die Verschleierung dieser egoistischen Interessendurchsetzung besonders mit Hilfe verwirrender patriotisch-religiöser Ideologien;
- die verwirrende Vergangenheitsverklärung;
- den Klassenkampf von oben zur Aufrechterhaltung der Klassengesellschaft, wobei die ökonomisch Mächtigen willfährige staatliche Organe in ihren Dienst stellen;
- die inhumane Moral der herrschenden Gruppen, die sich zwar christlich gerieren, tatsächlich aber »Rüstungswahnsinn«, »Weltpolitik«, Krieg und weltweite Ausbeutung fördern.

Es ist klar: Diese marxistisch-ideologiekritische Sicht war geeignet, das Wilhelminische System als das zu kennzeichnen, was es war: als kapitalistische »Sauerei«.

2. Rechts abbiegen...

Am 4. August 1914 bewilligt die SPD-Reichstagsfraktion die Kriegskredite. Linke und linkszentristische Abgeordnete fügen sich der Parteidisziplin. Fast alle von ihnen haben in den folgenden Monaten und Jahren den Fehler zu korrigieren versucht: Sie lösten sich von der rechten Mehrheit. Diese aber bekannte sich zur Wende nach rechts. Das radikalste

Bekenntnis legte knapp zwei Wochen nach Kriegsbeginn der *Bureau-Angestellte* ab: »Mit eherner Entschlossenheit, bereit zu allen Opfern an Gut und Blut, voll Vertrauen zu den berufenen Führern, steht das deutsche Volk einig und geschlossen, ohne Unterschied der Partei, in lückenloser Schlachtreihe, um den aufgezwungenen Kampf gegen übermächtige Gegner abzuwehren.«

Es ist unbestreitbar, daß das Pathos dieses SPD-Textes dem Pathos der Kriegsappelle im faschistischen Deutschland seit 1939 strukturell ähnelt. Rosa Luxemburg hat die hier zutage tretende Zerstörung sozialistischer Vernunft und Moral alsbald wie folgt gekennzeichnet: Die Agentur *Reuter* habe berichtet, die in Neuseeland ansässigen Maori seien mit Begeisterung bereit, »sich für den englischen König die Schädel einzurennen.« Damit zeigten sie »just so viel Bewußtsein für die eigenen Interessen wie die [deutsche Sozialdemokratie], welche die Erhaltung der Habsburgischen Monarchie, der Türkei und der Kassen der Deutschen Bank mit der Existenz, Freiheit und Kultur des deutschen Volkes verwechselte. Ein großer Unterschied besteht freilich bei alledem: Die Maori trieben noch vor einer Generation Menschenfresserei und nicht marxistische Theorie.«

Es waren – von Ausnahmen wie Lensch, Cunow, Haenisch abgesehen – nicht die Parteilinken und die Linkszentristen, die nach rechts abbogen. Es war die Parteirechte unter maßgeblicher Beteiligung der gewerkschaftlichen Generalkommission, die den herrschenden Gruppen sowohl Kriegsinszenierung wie Kriegführung ermöglichte. Ein Linkszentrist wie Wilhelm Dittmann hingegen bezeichnete im Mai 1916 in der Öffentlichkeit des Reichstagsplenums den Krieg als das, was er war: als ein »Massenmorden«.

3. Von der marxistischen Analyse zur kapitalistischen Barbarei

Diese Entwicklung kann nur erklärt werden, wenn die Politik der Parteirechten und namentlich der Gewerkschaftsführung besonders seit 1913 berücksichtigt wird. Eine besondere Rolle spielte dabei der Zweite Vorsitzende der Generalkommission der Freien Gewerkschaften, Gustav Bauer. Der war jahrelang auch Erster, dann Zweiter Vorsitzender des Verbandes der Bureau-Angestellten gewesen, dessen Organ die kapitalistische

»Sauerei« besonders scharf attackiert hatte, dann aber besonders scharf abgeschwenkt war zum kapitalistischen Patriotismus.

Bauers Rolle wird besonders deutlich auf einer Sitzung von Parteivorstand, Generalkommission und SPD-Reichstagsfraktion in Berlin am 29. November 1913. Das »Protokoll« dieser Sitzung, das nicht ohne weiteres voll verständlich, aber von größter Bedeutung ist, wird hier zunächst ungekürzt abgedruckt:

Abteilung VII. Exekutive.
3. Kommissariat
Vorgelegt.
Berlin, den 3. Dez. 1913

Sitzung
der sozialdemokratischen Reichstagsfraktion
am 29.11.1913

Anwesend sind außer der Fraktion die Mitglieder des Parteivorstandes und der Generalkommission.

Molkenbuhr *eröffnet die Sitzung mit folgender Tagesordnung:*

1. Unsere Stellung zur Kriegsfrage auf dem internationalen Kongreß in Wien.
2. Diskussion.

Molkenbuhr *teilt mit, daß die einzelnen Punkte der Tagesordnung des internationalen Kongresses einer eingehenden Beratung unterzogen werden sollen. Der Fraktionsvorstand werde zu einem geeignete[n] Zeitpunkt auch die anderen Fragen auf die Tagesordnung setzen. Vorerst habe der Vorstand den Genossen Bauer gebeten, seine Ansicht vom Standpunkte des Gewerkschafters aus darzulegen. In einer der nächsten Sitzungen werde Ledebour den Standpunkt der einen Gruppe in der Fraktion und der Genosse Bernstein den des anderen Teils darlegen. Der Genosse Haase werde dann am Schluß der Aussprache das Resümee geben. Eventuelle Anträge und Beschlüsse sollen vorerst nicht angenommen werden.*

Hierauf erteilt Molkenbuhr dem Genossen Bauer *zu seinem Referat das Wort. Der Gedankengang seines viel widersprochenen Vortrages ist folgender:*

Die Machtverhältnisse der Parteien in allen Ländern sind noch zu unausgeprägt, um irgendwelche sicheren Schlüsse zu rechtfertigen, wie sich im Kriegsfalle die breiten Massen zur Sozialdemokratie verhalten würden. Das heißt, ob sie einer eventuellen Propaganda gegen den Krieg zugänglich wären oder nicht.

Weder die deutschen noch die französischen oder gar die englischen Sozialisten könnten mit irgendwelcher Sicherheit angeben, wie weit bei einem drohenden Kriege, oder im Kriegsfalle selbst, ihr Einfluß reicht. In solchen Zeiten der nationalpatriotischen Erhitzung bis zum Siedepunkte ist mit dem gewöhnlichen Maßstabe nicht zu messen. Aber abgesehen vom nationalen Chauvinismus handelt es sich in dieser Frage auch nicht nur um eine Machtprobe der Sozialdemokratie gegen ihn, sondern um die prinzipielle Frage, ob das klassenbewußte Proletariat überhaupt und unter allen Umständen gegen jeden Krieg sein müsse, oder ob es einem solchen, unter gewissen Umständen, neutral gegenüberstehen könne. Diese Frage ist durchaus nicht so vollständig geklärt, wie man oft annimmt.

Das Proletariat ist an den Kapitalismus gefesselt. Mit seiner Entwicklung entwickelt es sich selbst. Je stärker der Kapitalismus, desto mehr wächst mit der Zahl des Proletariats seine Macht. Bei Kriegen einer europäischen Nation gegen eine andere muß in Betracht gezogen werden, daß es sich um den Kampf geschlossener Wirtschaftsgebiete gegen einander handelt. Es schlägt unserer eigenen Geschichtsauffassung ins Gesicht, wenn oft von Sozialisten behauptet wird, die Kriege seien die Überbleibsel eines barbarischen Zeitalters, das durch unermüdliches Predigen der Allerweltsmenschenliebe sicher tot geredet werde. Dieser Glaube an die gute Menschennatur und die siegende Gerechtigkeit ist es aber nicht, der das Proletariat jemals dazu bringen könnte, gegen einen Krieg zu revoltieren. Solange vielmehr die Proletarier in einem Wirtschaftsgebiete leben, mit ihm in so tausendfältiger Beziehung verknüpft sind, haben sie auch ein mehr oder weniger großes Interesse an seinem Gedeihen und werden demgemäß handeln. Es wäre ganz falsch, wollte man meinen, das Proletariat könne solche Kämpfe zwischen zwei Wirtschaftsgebieten einfach mit der Erklärung abtun, daß es sich hier um den Streit zweier Kapitalistengruppen handle, bei dem es selber nicht beteiligt sei. Jeder Proletarier weiß oder fühlt es, oder es wird ihm schon von den Vertretern der bürgerlichen Parteien erzählt, daß mit dem Siege der Kapitalisten seines Landes deren Industrie emporblühen werde, daß es damit ihm auch relativ besser gehe, daß er mehr Lohn erringen könne, daß die Arbeitslosigkeit sinken werde und so weiter. Solange der Kapitalismus herrscht, wird er noch immer genug Kraft aufbringen, um gegebenenfalls mit den äußersten Mitteln seine Ziele verfolgen zu können. Und solange der Kapitalismus die herrschende Produktionsform ist, wird er auch immer, wenn es sein Interesse unbedingt erheischt, Kriege führen und dazu die Massen durch patriotische Phrasen begeistern können. Es kann eine Reihe von Umständen eintreten, unter denen es das Interesse des Proletariats gebieterisch erheischt, auch in der auswärtigen Politik seine eigene Kapita-

listenklasse zu bekämpfen. Diese Fälle treten insbesondere dann ein, wenn für das Proletariat der bei einem Kriege zu erwartende Gewinn zu klein ist, um die nötigen Blutopfer zu rechtfertigen. Das Proletariat führt ja die Kriege mit seinem eigenen Leibe, es wird daher die Kriege auf das denkbar geringste Maß einzuschränken suchen, um so mehr, als der Ausgang meist äußerst ungewiß ist. Besonders gegen den Krieg zweier europäischer Mächte wird das Proletariat fast stets sich aufzulehnen versuchen.

Die Kriegsfrage ist kein prinzipielles, sondern ein taktisches Problem. Es gilt für das Proletariat der einzelnen Länder abzuwägen, ob der Krieg Vorteile bringen könne oder nicht und danach ist ihr Verhalten einzurichten. (Stürmischer Widerspruch.) Diejenigen sozialistischen Parteien, die versuchen wollten, gegen den Strom zu schwimmen, würden nicht nur nichts ausrichten, sondern auch wahrscheinlich bedeutend an Kraft verlieren. (Anhaltender Widerspruch.) Unrichtig und praktisch undurchführbar erscheint es mir, wenn die sozialistischen Parteien bei einer drohenden Kriegsgefahr sich zusammentun und feststellen sollten, wer der Provokateur gewesen, um dann das ihre dazu beizutragen, solche Freiheitsfeinde und Friedensstörer von den anderen Mächten und dem eigenen Volke zu isolieren. Ganz abgesehen davon, daß niemand uns wird sagen können, wie das geschehen soll, wird es auch ganz nutzlos sein, jemals den Friedensstörer ausfindig zu machen (Unruhe.) Der Störenfried ist nämlich stets der Stärkere oder der sich stärker fühlende, und der wird auch regelmäßig die Massen seines Volkes hinter sich haben, wenn die zu bringenden Opfer gering sind im Verhältnis zu dem zu erwartenden Vorteil für die Gesamtheit. Was nützte es, durch eine Resolution die sozialistischen Parteien der verschiedenen Länder aufzufordern, bei einer drohenden Kriegsgefahr miteinander in Verbindung zu treten (stürmische Unterbrechungen), um ein gemeinsames und übereinstimmendes proletarisches und sozialistisches Vorgehen festzusetzen und zu vereinbaren, das zur Verhinderung oder Verhütung des Krieges dienen kann? (Erneute Unterbrechungen.) Falls der Krieg dem Volksinteresse tiefe Wunden zu schlagen droht, muß man von den Parteien der einzelnen Länder erwarten, daß sie selber die geeigneten Mittel ergreifen. (Zurufe.) Sie vorher darauf aufmerksam zu machen, hat mehr einen demonstrativen als einen praktischen Wert. (Stürmische Zurufe: Das sagt ein Sozialdemokrat! Pfui-Rufe etc., große Erregung.) Ich werde mich weder durch Unterbrechungen noch durch Ihre Zurufe hindern lassen, Ihnen vollauf meine Ansicht mitzuteilen. (Teilweise Zustimmung.) Hat aber der Krieg begründete Aussicht, siegreich zu sein, oder stützt er sich auf eine ökonomische Notwendigkeit von einschneidender Bedeutung, dann halten ihn auch die schönsten Reden nicht auf. (Schluß-Rufe.) Es würde sich vielleicht die Frage aufwerfen lassen, ob es nicht möglich werde, eine bestimmte Sorte (Ledebour: Sozialisten Ihres Kalibers aus der Partei zu entfernen!) von Kriegen zu bezeichnen, die vom Proletarier unter allen Umständen zu bekämpfen wären, und diejenigen anzugeben, die im Interesse des Proletariats liegen. (Lachen und Unruhe, die sich erst legt, nachdem der Vorsitzende mit Vertagung der Sitzung droht.) Über gewisse Kriege ist es möglich, im Vornherein ein Urteil abzugeben. So über die von demokratischen Staaten, wo dem Parlamente die Entscheidung über Krieg und Frieden zusteht. Man könnte auch sagen, daß Staaten mit freiheitlicherer Institution im Kampf gegen rückschrittliche unterstützt werden sollen. In einem Kriege gegen das heutige Rußland wird das Proletariat dem betreffenden Staate schwerlich fahnenflüchtig werden, ein Feldzug gegen die Schweiz hingegen würde nicht so ohne weiteres geführt werden können. Ebenso werden Eroberungskriege, die den nationalen Bestand eines Volkes bedrohen, stets auf den Widerstand des Proletariats stoßen. Ich erinnere an Bebels bekannte Rede, in der er unter anderem sagte: »aber wenn der Krieg ein Angriffskrieg werden sollte, ein Krieg, in dem es sich um die Existenz Deutschlands handelte, dann – ich gebe Ihnen mein Wort – sind wir bis zum letzten Mann und selbst die Ältesten unter uns bereit, die Flinte auf die Schulter zu nehmen und unseren deutschen Boden zu verteidigen.« Im allgemeinen aber lassen sich solche Fragen der Taktik ebensowenig im voraus lösen, als man festsetzen kann, welche Mittel angewendet werden sollen, um eventuell einen Krieg zu verhindern. Wo die rohe Gewalt zu sprechen begonnen, verfangen keine Mittel mehr. Man muß sich vor allem darüber klar werden, daß ein Krieg nur durch Anwendung alleräußerster Mittel verhindert werden kann. (Zurufe.) Jede Staatsgewalt wird jeden Versuch einer wirksamen Beeinträchtigung des Krieges mit allen ihr zu Gebote stehenden Mitteln niederzuschlagen versuchen. Wenn das Proletariat sich wirklich energisch gegen einen Krieg auflehnen wollte, dann müßte es auch bereit sein, das Letzte zu wagen. (Beifall und Zischen.)

Feldmann *regt an, von einer Diskussion abzusehen. Die Erregung ist bereits eine solche, daß eine Diskussion nur die Gegensätze verschärfen wird, statt abzuschwächen. Da alle Richtungen noch zu Wort kommen, ist den betreffenden Genossen Gelegenheit gegeben, gegeneinander zu polemisieren. Sollte sich dann am Schluß der Beratung dieses Punktes herausstellen, daß noch Meinungsverschiedenheiten zu klären sind, so möge dann die Aussprache stattfinden.*

Hoch: *Der Vortrag Bauers darf nicht unwidersprochen bleiben. Eine Zurückweisung ist jetzt notwendig und nicht, wenn andere Eindrücke das Bild bereits verschoben haben; der Antrag Feldmanns sei abzulehnen.*

Molkenbuhr *läßt über diesen geschäftsordnungsmäßigen Antrag abstimmen.*

Der Antrag Feldmann wird mit 57 gegen 48 Stimmen angenommen. Damit wird also von einer Diskussion Abstand genommen.

Die nächste Sitzung wird in der nächsten Woche abgehalten, in der zunächst Ledebour sein Referat halten wird.

Liener

Kr. Ober. Wachtmeister – 307 –

3.1 Zur Erläuterung von Entstehung und Form des »Protokolls«

Das Sitzungs-»Protokoll« befindet sich nicht unter den offiziellen, handschriftlich überlieferten Protokollen der SPD-Reichstagsfraktion. So enthält die im übrigen verdienstvolle, 1966 herausgegebene, vollständige Sammlung aller offiziellen Protokolle der Reichstagsfraktion von 1898 bis 1918 keinen entsprechenden Hinweis. Über den Verlauf der Sitzung informiert lediglich ein vom 3. Dezember 1913 stammendes »Protokoll« des 3. Kommissariats der Preußischen Politischen Polizei (Abt. VII), das den Leitenden Beamten im Preußischen Innenministerium vorgelegt wurde. Dieses »Protokoll«, das erst etwa 1970 aufgefunden wurde, gibt die Rede Bauers offenbar wörtlich wieder, und zwar in gut lesbarer Handschrift, und ist von einem Kriminaloberwachtmeister in anderer Handschrift unterschrieben. Wahrscheinlich hat ein Kanzleiangestellter die Reinschrift angefertigt. Es ist nicht bekannt, wie die Polizei an den Text gekommen ist. Es muß ausgeschlossen werden, daß ein Agent der Politischen Polizei heimlich an der Sitzung teilgenommen und mitstenographiert hat. Die etwa 105 Sitzungsteilnehmer, die sich alle kannten, hätten das wahrnehmen müssen. Wahrscheinlich hat ein offizieller Teilnehmer die Rede stenographisch festgehalten und der Polizei zugespielt. Dies dann mit der Absicht, die preußische Regierung und mithin die Reichsleitung – der Preußische Ministerpräsident war zugleich Reichskanzler – über die gegensätzlichen Auffassungen von Gewerkschaftsführung und linkem Fraktionsflügel authentisch zu informieren. Möglich ist auch, daß Bauer selbst oder das Büro der Generalkommission den vorbereiteten Redetext, verbunden mit nach der Sitzung zusätzlich eingearbeiteten Hinweisen auf deren Verlauf, der Polizei mit derselben Absicht hat zukommen lassen. Fest steht allerdings, daß zwei auf dem äußersten rechten Parteiflügel stehende Genossen perfekt stenographieren konnten: Dr. Eduard David und Dr. Albert Südekum. David hat seine Kriegstagebuch-Aufzeichnungen in Kurzschrift verfaßt, Südekum u. a. seine Mitschriften aus Sitzungen der Reichstagsfraktion. Diese Mitschriften haben den Charakter von *Verlaufsprotokollen* und geben dementsprechend auch Zwischenrufe wieder. David und Südekum stimmten weitgehend mit den konservativ/opportunistischen Auffassungen der Generalkommission überein. Sollten sie oder einer von ihnen die Preußische Politische Polizei informiert haben, so dürfte das im Einvernehmen mit Bauer und der Generalkommission geschehen sein. Mehr als Vermutungen, wenn auch begründete, sind das jedoch nicht. Tatsache ist lediglich, daß sich das polizeiliche *Verlaufs-»Protokoll«* auffällig von den offiziellen Protokollen der Fraktionssitzungen dieser Zeit unterscheidet: Das waren nämlich durchweg nichts als relativ knappe *Beschlußprotokolle*. Das gilt im übrigen entsprechend auch für weitere Polizeiberichte über Sitzungen der SPD-Reichstagsfraktion

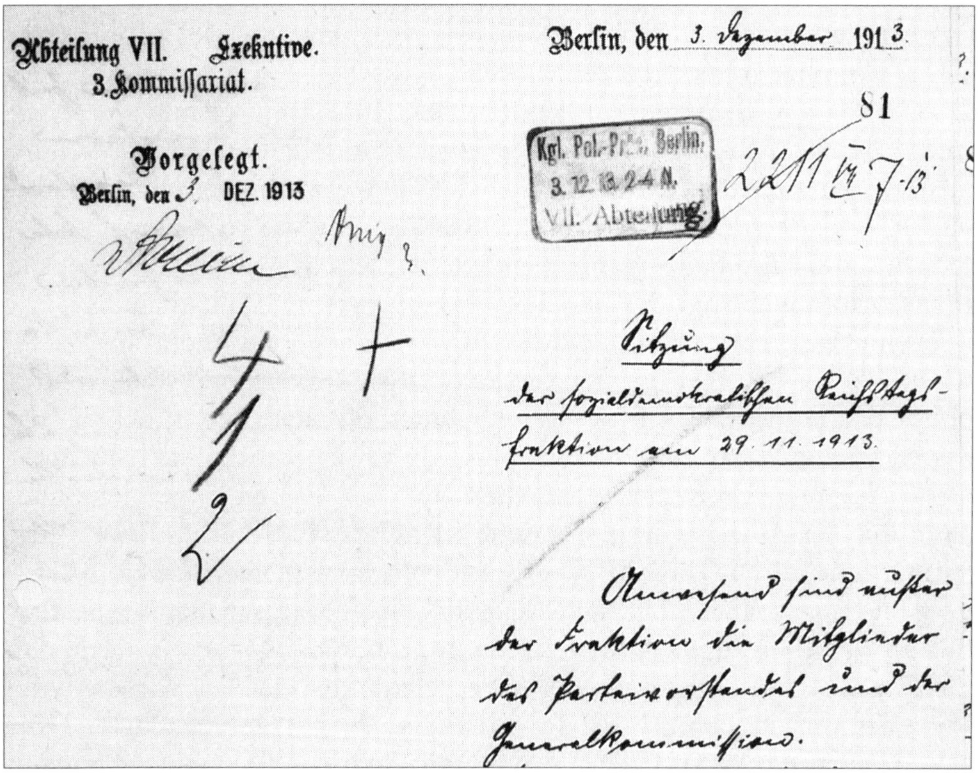
Abteilung VII. Exekutive.
3. Kommissariat.

Berlin, den 3. Dezember 1913.

Vorgelegt.
Berlin, den 3. DEZ. 1913

Sitzung
der sozialdemokratischen Reichstags-
fraktion am 29. 11. 1913.

Anwesend sind außer
der Fraktion die Mitglieder
des Parteivorstandes und der
Generalkommission.

Ausschnitt der ersten Seite des Protokolls (Staatsarchiv, Potsdam)

aus den Jahren 1914 und 1916. Ein vom 21. Januar 1916 stammender Bericht gibt ebenfalls präzis Auskunft über die Spannungen zwischen Linken und Rechten in der Fraktion, namentlich zwischen Ledebour und den Gewerkschaftsführern. Der Berliner Polizeipräsident, Traugott von Jagow, bezeichnet diesen Bericht in seinem Anschreiben an den Preußischen Minister des Innern als »streng vertraulich beschafft«.

3.2 Zur Erläuterung des Inhalts

Es sollte beraten werden, welche Stellung Partei und Gewerkschaften auf dem für August 1914 in Wien geplanten Internationalen Sozialistenkongreß beziehen sollten zu einer Beschlußvorlage der Linkssozialisten Keir Hardie (England) und Vaillant (Frankreich). Diese Beschlußvorlage war von den beiden angesehenen Parteiführern bereits im September 1910 auf dem Internationalen Sozialistenkongreß in Kopenhagen eingebracht, aber vertagt worden. Sie erklärte den »allgemeinen Streik der Arbeiter« als am besten geeignet, Kriege zu verhindern; dieser Massenstreik sollte bei drohender Kriegsgefahr hauptsächlich die Industrien lahmlegen, »welche für den Krieg die Materialien liefern (Waffen, Munition, Transport usw.)«.

Inzwischen waren die europäischen Gesellschaften, zumal die deutsche, immer stärker militarisiert worden. Wirkungsvollste Kritik daran hatte noch im April 1913 Karl Liebknecht geübt, indem er profitmaximierende Korruption namentlich der Rüstungsfirmen DWM – Deutsche Waffen- und Munitionsfabriken/Berlin – und Krupp/Essen nachwies. Die Heeresvorlage der Reichsregierung vom selben Monat, die auf weitere Truppenverstärkungen mit entsprechenden Steuererhöhungen zielte, war ein weiteres Beispiel für den »Rüstungswahnsinn«. Jüngster Höhepunkt der Demonstration deutscher militaristischer Torheit war schließlich, seit Ende Oktober 1913, die Zabern-Affäre: Deutsche Soldaten und Offiziere hatten in diesem elsässischen Städtchen, das seit 1871 zum Deutschen Reich gehörte, einheimische Bürger wiederholt und infam gekränkt. Sie hatten Demonstrationen der Bevölkerung mit Gewalt aufgelöst und Verhaftungen vorgenommen. Sie hatten kriegstreiberische Reden gehalten, waren aber von der Reichsleitung gedeckt worden und unbehelligt geblieben. Dies alles hatte zu breitem öffentlichen Protest in Frankreich und auch in Deutschland geführt.

In dieser Situation also treten die SPD-Führungsgremien zusammen. Nun war das Problem, wie sich die Arbeiterbewegung bei drohender Kriegsgefahr verhalten solle, oft in den sozialistischen Parteien Europas diskutiert worden; in der deutschen Partei ausführlich auf dem Essener Parteitag im September 1907. Es gab da gegensätzliche Auffassungen: Parteilinke Genossen erklärten, in keinem Fall dürfe sich bei drohender Kriegsgefahr die Sozialdemokratie »den herrschenden Klassen zur Verfügung stellen«. Denn es verstehe sich bei solchen Heuchlern ganz von selbst, daß von ihnen »Friedensliebe markiert« werde. Andere sagten, im Falle eines Angriffs von außen müsse das Vaterland auch von Sozialdemokraten verteidigt werden. Ob aber bei drohender Kriegsgefahr »Angriff« und »Verteidigung« unterschieden werden könnten, war umstritten. Die Parteirechte, aber auch Bebel, bejahten das. Andere, darunter Kautsky, hatten lebhafte Zweifel. Zu einem allgemein akzeptierten Ergebnis hatte die Diskussion nicht geführt.

Diese allgemeine Unsicherheit spiegelt sich in Bauers Rede wider; genauer: Er nutzt sie, um die Auffassung der Generalkommission zwar verklausuliert, aber im Ergebnis eindeutig vorzutragen. Dabei gelingt es ihm immer wieder, »links zu blinken«: So stellt er das »Proletariat« als an den »Kapitalismus gefesselt« dar, spricht von »unserer eigenen Geschichtsauffssung«, womit er die materialistische meint. Oder er stellt den »Kapitalismus« als eine nur *vorübergehend* »herrschende Produktionsform« dar. »Solange« es allerdings Kapitalismus gebe, werde er Kriege führen und »die Massen durch patriotische Phrasen begeistern« können. Dementsprechend spricht er kritisch von »nationalpatriotischer Erhitzung bis zum Siedepunkt« und von »nationalem Chauvinismus«.

Im Ergebnis jedoch nimmt Bauer die Kriegskreditbewilligung des August 1914 vorweg. Seine Rede stellt mithin – mit massenmörderischen Folgen – das denkbar reaktionärste Nach-Rechts-Abbiegen eines mächtigen Sozialdemokraten, nämlich des Sprechers der größten europäischen Gewerkschaftsorganisation, vor der Inszenierung des Ersten Weltkriegs dar. Zusammengefaßt:

– Krieg im Kapitalismus sei für die Arbeiterbewegung akzeptabel, wenn er ein Verteidigungskrieg ist, zumal gegen Rußland. Damit folgt Bauer einem Argument, das spätestens seit Bebels »Flintenrede« vom März 1904, die er selbstverständlich zitiert, bei der Parteirechten hochgeschätzt war.

– Darüber hinaus trägt Bauer bisher noch nicht Übliches vor: Krieg im Kapitalismus sei für die Arbeiterbewegung akzeptabel, wenn er dem nationalen Proletariat materielle Vorteile bringe; genauer: »wenn die zu bringenden Opfer gering sind im Verhältnis zu dem zu erwartenden Vorteil für die Gesamtheit.« Vorteile solcher Art seien – nach gewonnenem Krieg – eine emporblühende Industrie, höhere Löhne, sinkende Arbeitslosigkeit »und so weiter«.
– Schließlich – und das blieb bisher unbeachtet – beendet Bauer für die Generalkommission die Diskussion über Angriffs- und Verteidigungskrieg. Er funktioniert nämlich Kautskys Zweifel, ob im Ernstfall Angriffskriege von Verteidigungskriegen unterschieden werden könnten, ebenso radikal wie reaktionär um: Krieg im Kapitalismus muß von der Arbeiterbewegung akzeptiert werden, weil bei drohender Kriegsgefahr *unmöglich erkannt werden könne*, wer der Angreifer – in Bauers Worten: der »Provokateur«, »Freiheitsfeind oder »Friedensstörer« – sei. Und selbst wenn man das könnte, es wäre nutzlos, weil der »Friedensstörer« oder »Störenfried«, »stets« [!] der politisch und propagandistisch Stärkere sei. Da hülfen auch internationale Resolutionen nichts und auch nicht der Massenstreik.

Die dritte der von Bauer genannten Begründungen für die Akzeptanz von Kriegen im Kapitalismus ist die umfassendste und greift in *jedem* Fall. Das bedeutet: Bauer erklärt die bedingungslose Kooperationsbereitschaft mit den herrschenden Gruppen und weist zugleich darauf hin, daß ein möglicher künftiger Krieg zweckmäßigerweise als Verteidigungskrieg erscheinen möge, dessen »Aussicht, siegreich zu sein«, als begründet erscheinen müsse und daher den Arbeitern und der »Gesamtheit« Vorteile verheiße.

Der scharfsichtige Linkszentrist Georg Ledebour hatte sich bereits auf dem Jenenser Parteitag zwei Monate zuvor überzeugt gezeigt, daß Bauers damalige Ablehnung des Massenstreiks, die er in einer schroffen und ironischen Rede gegen Luxemburg begründet hatte, verhängnisvolle Folgen haben werde: Wenn die herrschenden Gruppen zu glauben beginnen sollten, Bauers Ansichten entsprächen denen der Partei, »dann brauchen sie die Partei nicht zu fürchten, dann könnten sie sich alles erlauben, dann würden wir die wunderbarsten Dinge [!] erleben.« Jetzt aber, am 29. November, ist Ledebours Sorge noch größer: Während der immer turbulenter werdenden Sitzung, die wiederholt von »stürmischen Zurufen« linker

Genossen – »Pfui!«; »Das sagt ein Sozialdemokrat!« – unterbrochen wurde, verlangt er, man solle doch »Sozialisten« des Bauerschen »Kalibers aus der Partei entfernen.«

3.3 Zu den Auswirkungen

Die leitenden Beamten in Preußen waren sehr zufrieden. Das »Protokoll« der Sitzung wurde von einem von ihnen mit dem Vermerk an den Preußischen Innenminister weitergeleitet, die Generalkommission – also nicht etwa nur Bauer – teile offensichtlich nicht den »phrasenhaften Doktrinarismus der Partei«, sondern bewahre sich trotz des Zusammenwirkens mit ihr den »nüchternen Blick [...] für die tatsächlichen Machtverhältnisse.«

Diese Information war wichtig. Die Reichsleitung nämlich, insbesondere der Kreis um den Kanzler Bethmann Hollweg mit dessen persönlichem Referenten und Vertrauten Kurt Riezler, hatte die Bedeutung der sozialdemokratischen Massen für die Führung künftiger Kriege seit längerem erkannt und bemühte sich in Wort und Tat, die Voraussetzungen dafür zu schaffen, die Sozialdemokratie im Kriegsfall – wie es hieß – »mitzukriegen«, sie also möglichst vollständig in die »nationale Einheitsfront« einzureihen.

Riezler war in diesem Punkt alsbald optimistisch: Alle Kriege der letzten Zeit, so schrieb der im übrigen aggressive Sozialdarwinist erstaunlich realitätsnah im Sommer 1914, seien durch das »Kapitalsinteresse« eingeleitet worden. Das werde auch künftig so bleiben. Da nun aber die Sozialdemokratie immer nationaler werde, sich schließlich vor den »nationalen Tendenzen [...] verbeug[e]«, brauchten die kapitalistischen Regierungen von den internationalen Manifestationen der Sozialisten nichts mehr zu befürchten. Die Regierungen sollten allerdings mit Rücksicht auf die »Friedenstheorien des Sozialismus« bei künftigen kriegerischen Aktivitäten »sorgfältig auf die Deckung durch das nationale Gefühl bedacht« sein. Der Linkszentrist Wilhelm Dittmann, jener, der den Krieg öffentlich als »Massenmorden« bezeichnete, hat auf der SPD-Reichskonferenz von 1916 diese Äußerung Riezlers voll Abscheu zitiert und sie als wesentliches Element der Kriegsinszenierung bezeichnet: »Diese Regie, die ›Deckung durch das nationale Gefühl‹, durch die Parole gegen den Zarismus ist meisterhaft gelungen.«

Wie berechtigt Riezlers Optimismus war, findet im übrigen eine Bestätigung auch darin, daß Bauer selbst – im September 1915 – in öffentlicher Rede sich erstaunlich ungehemmt geäußert hat: Die Gewerkschaften hätten vor dem Krieg *»bei jeder Gelegenheit«* erklärt, sie hätten nicht die Absicht, »die Massen in ihren Bann zu bekommen, um zu geeigneter Zeit, etwa beim Ausbruch eines Krieges, das Wirtschaftsleben zu stören und so eventuell die Mobilmachung zu hintertreiben.«

In der Tat: Bauers Unterstützungsbereitschaft und die Politik der aggressiven Repräsentanten der herrschenden Gruppen lagen im Ergebnis auf derselben Linie: Der parteirechte Gewerkschaftsführer denkt und handelt auf seiner Ebene – mutatis mutandis – ähnlich wie auf ihrer Ebene Leute wie Wilhelm II., Gottlieb von Jagow, Heinrich von Tschirschky, die Leitenden Offiziere des Generalstabs und deren Freunde, die die Warnungen vorsichtiger oder besonnener Repräsentanten der herrschenden Klassen – wie die des Fürsten Lichnowsky – in den Wind schlagen.

4. Wirklichkeit und Zwecklegende

Die Wirklichkeit war dadurch gekennzeichnet, daß die Vorstellungen der von Bauer repräsentierten Generalkommission sich durchsetzten. Carl Legien beispielsweise, deren alkoholabhängiger Erster Vorsitzender, oder Eduard David variierten das Thema, in *jedem* Falle habe die Sozialdemokratie den Herrschenden zur Verfügung zu stehen, eindrucksvoll. Und die parteirechte Politik vom November 1913 bis zum Beginn des Krieges entsprach dieser Linie. Zwar gab es in diesen Monaten ein oft verwirrendes Hin und Her von »linkem Blinken« und »rechtem Abbiegen«. So fallen die seit längerem aggressivsten Attacken der Gewerkschaftsführung gegen die herrschenden Gruppen erstaunlicherweise auf Ende Juni 1914. Schließlich jedoch, am 2. August 1914, also nur etwa vier Wochen später und zwei Tage *vor* der Kreditbewilligung durch die Reichstagsfraktion, bekundet die Gewerkschaftsführung definitiv den herrschenden Gruppen ihre Hilfsbereitschaft. Dies zu einem Zeitpunkt, da die russische Gesamtmobilmachung in Berlin noch gar nicht bekannt war. Dies wurde dann verschleiert, so daß behauptet und bis heute geglaubt werden konnte, die Bereitschaft der Gewerkschaftsführung, ihre Organisationen zur Verfügung zu stellen, sei *Folge* dieser Gesamtmobilmachung gewesen. Und dies wiederum war die Grundlage für die Zwecklegende, *die* Sozialdemokratie habe gehandelt im festen Glauben, es gelte, dem bedrohten Vaterland zu Hilfe zu eilen.

Das mögen, manipuliert von der offiziellen Propaganda, tatsächlich viele geglaubt haben. Die maßgeblichen Arbeiterführer jedoch wußten es besser. Diese Oligarchen verfolgten ohne nationales Pathos, ohne »patriotischen Klimbim« im wesentlichen zwei Ziele. Erstens, und das ist eine sozialpsychologische Deutung, wollten sie endlich integriert sein in die bestehende Gesellschaftsordnung, endlich von den Herrschenden als möglichst gleichberechtigte Partner angesehen werden. Sie wollten damit auch – ob bewußt oder nicht – ihren erstaunlichen sozialen Aufstieg dauerhaft sichern. Sie waren im Begriff, sich sogar in einer Phase beginnenden Massenmordens, also in einer Phase *totaler* Anarchie der kapitalistischen »Sauerei«, wie zu Hause zu fühlen. Zweitens aber, und das ist belegbare Tatsache, sahen sie, wie Bauer das ausdrückte, den Krieg als »warmes Eisen« an, das, »solange es warm ist« geschmiedet werden müsse. Zu »schmieden« waren dabei in dieser Sicht vorrangig sozialpolitische Reformen im Interesse der Arbeiterklasse. Zugleich aber wurden die kriegsverwendungsfähigen und nicht reklamierbaren Mitglieder dieser Klasse mit Hilfe ihrer reformfreudigen Führer in den massenmörderischen Krieg geschickt.

Neben Bauer/Legien und anderen Gewerkschaftsführern waren es besonders die sozialdemokratischen Doktoren Südekum und David, die Ende Juli/Anfang August 1914 mit taktischem Geschick der aggressiven Fraktion der herrschenden Gruppen dabei halfen, zunächst die Führungsgremien und alsdann die Partei insgesamt »mitzukriegen«.

Einzelbelege sowie eine detaillierte Darstellung der Politik von Gewerkschafts- und Parteiführung seit Bauers Rede bis zum Beginn des Krieges und darüber hinaus finden sich in:

Karlludwig Rintelen, Arbeiterführer und Reichsleitung vor und bei Inszenierung des Ersten Weltkrieges, in: Beiträge zur Geschichte der Arbeiterbewegung (BzG), 33. Jg. (1991), Heft 6, S. 723-735.

Ders., Ein undemokratischer Demokrat: Gustav Bauer. Gewerkschaftsführer – Freund Friedrich Eberts – Reichskanzler. Eine politische Biographie, Frankfurt am Main, 1993.

Kurt von Schleicher

Die Erfindung der Dolchstoßlegende

Brief an einen unbekannten Empfänger

»Es kann bekanntgegeben werden, daß die OHL [Oberste Heeresleitung] mit dem Reichskanzler Ebert, dem bisherigen Führer der gemäßigten Sozialdemokratischen Partei, zusammengehen will, um die Ausbreitung des terroristischen Bolschewismus in Deutschland zu verhindern.«

Telegramm General Hindenburgs an die Offiziere des kaiserlichen Heeres.

Kurt von Schleicher (1882 – 1934), General. Einer der Organisatoren der Gegenrevolution 1918/19, 1932 Reichswehrminister. Von Dezember 1932 bis Januar 1933 letzter Reichskanzler vor Hitler, der ihn 1934 ermorden läßt. Das hier dokumentierte Schreiben richtet sich an einen nicht identifizierbaren Vertrauten in der Nähe des Volksbeauftragten Friedrich Ebert. Ebert befolgte die in diesem Brief gegebenen Anweisungen (»Kein Feind hat Euch überwunden!« – Friedrich Ebert am 10. Dezember 1918 beim Empfang der heimkehrenden Truppen am Brandenburger Tor).
Bei dem Dokument handelt es sich um eine maschinenschriftliche Abschrift, die nicht gezeichnet ist. Das Original wurde im Heeresarchiv in Potsdam aufbewahrt und ist 1945 durch Kriegseinwirkungen vernichtet worden.

Abbildung vorige Seite:
10. Dezember 1918, am Brandenburger Tor: Begrüßungsrede des Volksbeauftragten Friedrich Ebert zum Einzug der Gardetruppen in Berlin. (Landesbildstelle Berlin)

1.12.1918

Lieber Freund!

Wir hatten kürzlich ein Gespräch über die Wege, die aus der Unordnung und Verwirrung, in welche die Begleitumstände der Revolution uns gebracht haben, hinausführen könnten. Eines ist klar, finden wir diese Wege nicht, so geraten wir in ganz kurzer Zeit in die schlimmsten Verpflegungs- und Kohlennöte, die einen Zusammenbruch des gesamten deutschen Wirtschaftslebens und den Bolschewismus zur sicheren Folge haben werden. Unsere wirtschaftliche Demobilmachung und die Wiederaufrichtung unserer Friedenswirtschaft – kurz die Zukunft eines jeden von uns – hängen aber gerade davon ab, daß allen Störungen im Wirtschaftsleben möglichst vorgebeugt wird und die jetzt schon eingetretenen schleunigst beseitigt werden. Hierzu ist es notwendig, daß jedermann arbeite und nochmals arbeite, daß Ordnung herrsche, daß die Gesetze und Verordnungen rückhaltlos wieder Geltung bekommen. Das alles ist augenblicklich *nicht* der Fall. Über den ganzen schweren Ernst der Lage orientieren Sie sich bitte beim Staatssekretär des Demobilmachungsamtes, Oberstleutnant Koeth, ein in wirtschaftlichen Fragen ganz außergewöhnlich klar- und weitblickender Mann.

Nun die Wege, die aus dem Chaos herausführen könnten. Ich sehe nur einen: *die Regierung muß* sich unbedingt durchsetzen, so daß sie tatsächlich regiert und ihre Anordnungen nicht nur auf dem Papier stehen, sondern überall durchgeführt werden. Dazu bedarf sie absoluter Autorität und wirklicher Macht. Hat sie sich diese aber erst geschaffen, so ist sie glücklicher daran als seit einem Menschenalter irgend eine der früheren. Sie ist noch nicht kompromittiert, sie ist ohne Schatten und dabei ist sie getragen vom guten Willen der Arbeiterschaft und des weitaus größten Teils der Bürgerschaft und nicht zuletzt des ganzen Feldheeres. Eine die Regierung *kontrollierende* Körperschaft, die nicht vom Vertrauen des ganzen Volkes getragen ist, wünscht das deutsche Volk *nicht*. Auf den Berliner A.[rbeiter]- und S.[oldaten]-Rat ist man wütend – mit Recht – denn ein törichteres und unwissenderes Parlament gab es noch nie. Ein erweiterter Rat würde der gleichen Mißachtung verfallen. Bis zur Nationalversammlung soll nach dem Willen und Wunsch aller guten, verantwortungsbewußten Elemente eben *nur* die Regierung führen und Deutschland in Ordnung bringen.

Hierzu fehlt ihr, wie gesagt, noch die Macht.

Diese Macht hat die Regierung mit dem Beginn des Einzuges der Berliner Truppen in der Hand. Ihnen werden, um den Zusammenhalt des deutschen Reiches zu bekräftigen, Verbände aller deutschen Stämme und preußischen Provinzen voranzugehen haben.

Über Wert, inneren Halt und Stimmung der Truppen habe ich Ihnen kürzlich meine Ansicht gesagt. Sie werden alles tun, was die Regierung fordert. Nur eine Gefahr besteht: Das Auseinanderlaufen, um nach Hause zu kommen, Eltern, Frau und Kind zu sehen. Je größer einerseits die Autorität der Offiziere – die jetzt an der *Front* in vollem Ansehen stehen – gehalten wird und je schneller andererseits die Einzugstruppen von einer aus guten Elementen des Feldheeres gebildeten nationalen Sicherheitstruppe abgelöst werden, um so geringer ist diese Gefahr. Diese Truppe zu bilden, kann keine Schwierigkeiten machen. Die Wiederherstellung der Autorität der Offiziere muß aber erfolgen, wenn die Regierung eine Macht hinter sich bekommen will. Das Zerren an ihren Abzeichen und Waffen – bildlich und tatsächlich – *muß aufhören*. Es ist an der Zeit, einmal wieder zu sagen, wie unendlich viel das aktive Offizierskorps geleistet hat, welch [sic] Regierung nicht gewillt ist, es brotlos auf die Straße zu setzen. Das deutsche Volk wäre das undankbarste der Erde, wenn es sein Offizierskorps im Stich ließe. Man unterschätze andererseits aber auch die Aufopferungsfähigkeit des Offizierskorps nicht bis zu dem Maße, daß man von ihm verlangt, es solle Demütigungen und Beschimpfungen des Kaisers und des alten Regimes als selbstverständlich hinnehmen. Wenn die Offiziere dauernd in ihren Gefühlen unnötig verletzt werden, so werden sie der Neuerung der Dinge mit dem größten Mißtrauen entgegensehen, während sie sich andererseits völlig in den Dienst der Regierung stellen und für diese eine zuverlässige Stütze sein würden. Ohne die Offiziere sind die Truppen ein willenloses Gemenge. Auch glaube man nicht, daß die überwiegende Menge der guten Truppen des Feldheeres eigentlich revolutionär seien. Das Feldheer hält die Regierung Ebert für legal nach dem Willen des deutschen Volkes. Nichts wissen will das Feldheer von Spartakusleuten und anderen radikalen Elementen, die die Regierung hemmen und hindern. Bitte beachten Sie dies als objektive Wahrheit, die zu verkennen unheilvoll wäre. Alles kommt m. E. nur darauf an, daß die Regierung entschlossen und geschickt die Tage des Einmarsches zur Stärkung ihrer Stellung und zur Schaffung von Ordnung ausnützt. Sie muß *rasch* zugreifen, denn es handelt sich um eine einmalige nicht wiederkehrende Gelegenheit.

Sie werden fragen, wie soll sie das machen. Ich will es wagen, mich auf dies Feld zu begeben.

Es wäre m. E. falsch, wenn die Regierung am ersten Tage mit allen Forderungen und Befehlen herauskäme. Die werden sich m. E. nach Maßgabe des Eintreffens der Truppen steigern müssen.

Am ersten Tag wird eine Proklamation an die einziehenden Truppen zu erlassen sein, in der ich folgende Gedanken ausführen würde:

»Ihr habt in beispiellosem Opfermut 4 1/2 Jahre den Feind von deutschen Landen ferngehalten und Heimat, Haus und Hof mit Euren Leibern vor den äußeren Schrecken des Krieges geschützt. Die Menge der Feinde hat uns erdrückt, aber ihr kehrt unbesiegt heim. Nie war ein Ruhmeskranz strahlender als der Eure, Euer dankbares Vaterland empfängt Euch, Offiziere (sie müssen genannt werden) und Mannschaften, und gedenkt der Toten und Verwundeten, die für das Vaterland ihr Blut vergossen haben. Nie soll unser Dank erlöschen!

In ein neues Vaterland kehrt Ihr heim. Durch den Willen des Volkes sind die alten Gewalten (keine Beschimpfungen) abgelöst durch eine Volksregierung. Sie will für Euch und Eure Kinder ein freies friedliches und glückliches Dasein schaffen, sie will den Wohlstand heben und sorgen, daß innere Zwiste verschwinden. Wir alle wollen Brüder sein.

Aber dies ist nur möglich, wenn eine Schranke im Leben und Tun jedes einzelnen bestehen bleibt und zwar stärker und höher als bisher: die völlige Unterordnung unter den Willen der Gesamtheit, unter das Interesse aller, unter das, was des Vaterlandes Wohl erfordert. Dafür sollt Ihr, das Feldheer, uns allen ein Vorbild sein. Ihr, die Ihr seit 4 1/2 Jahren jede Selbstsucht, jeden Wunsch unterdrückt habt, um Euch unter Aufopferung Eures Lebens und qualvollen Entbehrungen in den Dienst des Vaterlandes zu stellen.

Ihr sollt uns ein Vorbild, aber auch eine Hilfe sein.

Eure Führer, an der Spitze der Generalfeldmarschall von Hindenburg, haben sich und das Feldheer uns wieder zur Verfügung gestellt. Die Regierung ist aus dem Vertrauen des Volkes entstanden und wird vom Vertrauen des Volkes getragen. Sie hat die Nationalversammlung einberufen, die das Friedenswerk und den Neubau des Reiches schaffen soll. Bis zu ihrem Zusammentritt braucht die Regierung für ihre unendlich schwierige Aufgabe das Vertrauen des Volkes. Schenkt auch Ihr Euer Vertrauen der Regierung, schafft mit uns und stellt Euch in unseren Dienst. Übertragt Euren Sinn für Ordnung und Unordnung auf das Volk, damit es aus den Tagen der Not auferstehe zu hoher Blüte. Sorgt selbst für Ordnung, Sicherheit und Ruhe und schafft und arbeitet. Die Regierung muß es von Euch und dem ganzen Volk fordern, daß man sich ihr fügt. Helft uns dazu, diesen Willen durchzusetzen.

Das sei der letzte und beste Dienst, den Ihr dem Vaterland leistet«.

Diese Gedanken sollen m. E. im Aufruf erscheinen.

Dazu an den Einzugstagen Regierungsverordnungen über:

1. Nochmaliger Regierungserlaß über Zuständigkeit der Soldatenräte (wie s. Z. von K[riegs] M[inisterium] und Regierung herausgegeben) in Truppe. Feldräte ersetzen die Heimaträte der Soldaten mit ihrem Eintreffen. Alle Räte sind Provisorium, bis Nationalversammlung Verfassung bestimmt.
2. Exekutive überall nur Regierung und Behörden. A.- u. S.-Räte bei Behörden nur zur Unterarbeit da. Alle Räte sind Provisorium, bis Nationalversammlung Verfassung und neue Verwaltungsordnung bestimmt.
3. Zweckmäßig wäre ein Kabinettszwist, der zum Ausscheiden Dittmann-Barth führte. Die Regierung ist durch diese Elemente stark belastet.
4. *Waffentragen:* Hierzu nur Feldheer, Polizei und bestimmte Sicherheitsorgane berechtigt. Alles andere hat Waffen in kurzer Zeit abzugeben.
5. *Alle Deserteure und Drückeberger* zu ihrem Ersatzbataillon innerhalb 10 Tagen.
6. *Abgabe allen Herresgutes* an die nächste militärische Behörde.
7. Polizeiliche Anmeldepflicht sofort durchführen.
8. Allmähliche Besetzung der Bahnhöfe und öffentlichen Gebäude Berlins durch K[omman]dos der Einzugstruppen.
9. Arbeitsaufnahme dringend befehlen. Die wahnsinnig hohen Löhne müssen verschwinden.
10. Hetzer festnehmen, nicht unnötige Weichheit.
11. Razzias in Berlin durch Kommandos der Einzugs-Divisionen.
12. Offiziere und Mannschaften des Feldheeres gehen in Waffen, Grußpflicht.

Krönung dieser Maßnahmen durch ein zusammenfassendes allgemeines Regierungsprogramm.

Näheres sage ich Ihnen, wenn Sie es verlangen, gern mündlich.

Kurt Tucholsky

Die Ebert-Legende

Antwort auf eine Antwort

Prost Noske! — — das Proletariat ist entwaffnet!

»… die politisch wie persönlich untadeligen Politiker Ebert (Reichspräsident) und Noske (Wehrminister) …«

aus: »Deutsche Nationalzeitung« vom 21. Januar 1994

Kurt Tucholsky (1890 – 1935), Schriftsteller. Veröffentlichte u.a. in der »Weltbühne« unter den Pseudonymen Theobald Tiger, Peter Panter, Kaspar Hauser und, im vorliegenden Fall, Ignaz Wrobel.
In der erwähnten Nr. 50 der »Weltbühne« hatte Tucholsky Friedrich Ebert vorgeworfen, daß er »mit Hilfe der übelsten Erscheinungen des Militärs eine Heeresmacht« wiederaufrichte, »die die Pest dieses Landes gewesen ist: das ist Verrat an der Arbeiterklasse und an der Idee der Revolution.« Daraufhin wurde Ebert von Robert Breuer in Schutz genommen, weil jener klug genug gewesen sei, im November 1918 das Mögliche zu sichern, statt eine Umwälzung vergleichbar der französischen Revolution voranzutreiben.

Erstveröffentlichung in »Die Weltbühne«, 12. Januar 1926

Abbildung vorige Seite:
George Grosz, »Prost Noske! Das Proletariat ist entwaffnet!«
(aus: »Die Pleite«, Malik-Verlag, April 1919)

Ich habe hier, in Nummer 50 des vorigen Jahrgangs [der *Weltbühne*], daran erinnert, wie Ebert im Jahre 1918 seine Aufgabe verkannt, seine Auftraggeber verraten und uns den jetzigen herrlichen Zeiten entgegengeführt hat. Einer seiner früheren Pressechefs ist, in Nummer 52, anderer Meinung.

Jeder Vergleich der Jahre 1789 und 1918 ist unhaltbar und lenkt von der Sache ab. Der 9. November hat uns niemals die völlige Umgestaltung der Wirtschaftsform, der Verwaltung und der Arbeitergesetzgebung eines Landes bringen können, das dazu weder reif noch präpariert gewesen ist. Von Ebert die Taten der echten französischen Revolutionäre verlangen, heißt der Geschichte und dem Mann Unrecht tun.

Es war aber im Jahre 1918 im Keim etwas da, das der beflissene Volksbeauftragte im Keim bekämpft hat: der energische demokratische Wille, in Verwaltung und Gerichtswesen, in Diplomatie und Universität Schluß zu machen und neu zu beginnen. Dieser Reformsinn war keineswegs bolschewistisch: er war auch auf Seiten der Arbeiter recht bürgerlich und wäre niemals imstande gewesen, etwa große Sozialisierungen durchzuführen.

Der Verräter Ebert hat zweierlei mißgetan: Er hat diesen latenten, immanenten Willen nicht begriffen und nicht aufgefangen. Er hat ihn abgefangen. Er war so verstrickt in den allerübelsten Vorstellungen von der Unentbehrlichkeit der »Spezialisten«, daß er sein Amt lieber von seinem etwas verwunderten reaktionären Inhaber verwalten ließ, als diesen zu entfernen und einen Gewerkschaftsmann einzusetzen, dessen Kollegen sich, wie die Beispiele zeigen, überraschend gut eingearbeitet haben. Es gibt keine revolutionäre Bewegung, die eine fix und fertig ausgebildete Schar von Beamten zum Beginn ihrer Machtentfaltung vorweisen kann. Der da übersetzte »revolvere« wörtlich mit »zurückwälzen«. Die immense antimilitaristische Bewegung wurde von ihm niemals verstanden; die neuaufglänzenden bürgerlichen Ideale der Demokratie auch nicht. Daß er die Revolution des Vierten Standes nicht machen konnte, mag sein geschichtliches Verhängnis gewesen sein. Daß er nicht einmal die des Dritten gemacht hat, ist seine Schuld.

Die Gereiztheit der Parteigenossen, die dieser geborene Regierungsrat »Bolschewisten« nannte, rührte ja eben daher, daß in den entscheidenden Tagen um den 9. November nichts, nichts und noch einmal nichts von den Ebert-Leuten unternommen wurde. Der Instinkt der Masse fühlte vollkommen richtig: Jetzt ist der Augenblick da; kein Gutsbesitzer wunderte sich, wenn er expropriiert wurde, kein Offizier, kein Richter, wenn er abgesetzt, keine Verwaltung, wenn man ihr das Oberste zu unterst kehrte. Es geschah nichts. Da muckten sie auf.

Und als hier Ebert das böse Gewissen schlug, da wurde seine Schuld positiv. Wer so wenig politisches Gefühl hat, um nicht zu sehen, daß es in diesem Moment das Äußerste an verbrecherischem Wahnsinn war, einen Staat, der grade an seinen Lastern zusammengebrochen war, mit eben diesen Lastern wiederaufzubauen, dem ist nicht zu helfen. Hinter Ebert standen wenige Tage lang Millionen von Arbeitern – er holte sich entlaufene Offiziere und baute mit denen etwas auf, was er die Ordnung nannte, und was die Arbeiter bald als Gefängnis erkannten. Hinter ihm standen wochenlang zahllose Studenten, Rechtsanwälte, selbst Beamte – er beließ die Richter und Landräte in ihren Stellungen und baute auf. Was dann begann, ist frisch in aller Erinnerung.

Es ist ja nicht wahr, wenn gesagt wird: der 9. November konnte keine Entscheidung bringen. Er hat eine gebracht. Den vollständigen Sieg der deutschen Reaktion. Und das ist Eberts Schuld, von der ihn niemand reinwaschen kann. Die allereinfachsten Reformen aus Angst versäumen, die simpelsten Notwendigkeiten verkennen, das Sinnfällige nicht tun, seine Rücksicht noch auf die Symbole der alten Herrschaft ausdehnen – das heißt nicht: ein Experiment vermieden haben, das heißt: ein Feigling und ein Verräter an der eignen Sache sein, die man also umsonst, vergebens, sinnlos ein Leben lang geführt, um sie wegzuwerfen, als man die Möglichkeit hatte, sie wenigstens stückweise durchzusetzen.

In dieser Sache gibt es keine Diskussion. Hier heißt es nur die Augen aufmachen. Wo stehen wir heute? Wo stehen wir nach fünfzig Jahren Sozialdemokratie? Auf dem Land die niemals geduckte Herrschaft der Amtsvorsteher und der Gutsbesitzer; in den Gerichten dieselben Richter wie unter dem Kaiser, nur: grausamer, nur kälter, nur rücksichtsloser; in der Verwaltung abgesprengte und halb verlachte Einschiebsel, die sich zu assimilieren oder zu verschwinden haben – und oben drüber, wie Öl auf dem Wasser, hier und da ein sozialistischer Minister, der bestenfalls tut, was er kann, und das ist nicht viel. Auf den Universitäten und in den Schulen die böseste Vorbereitung zu einer imperialistischen Revanche, ungeistig, aber mit organisierten Freiübungen. Das ist das Resultat von Eberts Wirken.

Man hat uns so oft das Wort »Realpolitiker« entgegengeschleudert. Wir wollen es sein. Die realpolitische Lage Deutschlands ist trostlos, und sie hätte es nicht zu sein brauchen, wenn Eberts »Verdienst« nicht eben bodenlose Charakterlosigkeit gewesen wäre. Angst vor dem Wagnis ist noch keine Abkehr von der Romantik. Und weil wir hier nicht in der Pressekonferenz sind: Arbeitermorde kann man ableugnen – aus der Welt schaffen kann man sie nicht.

Niemals wäre unter dem Kaiser ein Militäreinmarsch in Thüringen und Sachsen möglich gewesen, obgleich er möglich gewesen wäre – niemals hätte das kaiserliche Imperium gewagt, die Rechte der Bundesstaaten derart zu zerstören. Niemals war das Leben Oppositioneller unter dem Kaiser so wohlfeil – »sie haben uns doch wenigstens nicht totgeschlagen«, sagte mir Harden eines Tages. Unter Ebert war es möglich. Lügen hilft da nicht.

Im Bürgertum und in einem Teil der Arbeiterschaft waren im November 1918 alle Voraussetzungen zu einem Umschwung gegeben, und unterstützt wurden sie durch die fast einheitliche Gesinnung des müden Heeres. Herr Scheidemann schmeichelte am Brandenburger Tor den niedrigsten Kino-Instinkten der Zurückkehrenden und begrüßte sie als »Unbesiegte«. Sie waren in Wahrheit so besiegt wie er.

Es steht also fest: Ebert hat nicht nur den vorhandenen Voraussetzungen keine Wirklichkeit verliehen – er ist noch weiter gegangen und hat bis ins Mark das oppositionelle Bürgertum, die Indifferenten und die eigne Partei zur Reaktion hinübergezogen. Daran können wir jahrzehntelang knabbern. Und von vorn anfangen. Weil wir aber von Ebert nichts Unmögliches erwartet, sondern nur Mögliches verlangt haben, deshalb darf unter keinen Umständen die Legende bestehen bleiben, als hätten diese verschlafenen Wichtigmacher um ihn etwa dem Vaterlande genützt, als sei das der naturgewollte Ablauf einer Bewegung, die in unsrer Generation zum ersten – und wahrscheinlich auch zum letzten – Mal den preußischen Boden hat wanken lassen. Wer nicht fühlt, was damals in den Straßen für ein Wind geweht hat, der soll sich nicht mit Politik beschäftigen.

Erfahrungsgemäß ist ja nun niemand ideologischer als jene Sorte von Menschen, die die »materialistische Geschichtsauffasung« gepachtet haben und im tiefsten deutschen Elend den Umfang ihrer Niederlage noch nicht einmal sehen. Daß der Fall Wandt, diese Rache eines blamierten Militarismus, heute ohne die Leisetreter des November nicht möglich wäre, sehen sie nicht. Daß und wie heute allüberall Sozialdemokraten behandelt werden, fühlen sie nicht. Auf Warnungen hören sie nicht. Ihnen ist »Evolution« eine schöne Entschuldigung für ein gedeihliches Bürowirken mit langsamer Arbeitererziehung durch Schreibmaschinenerlasse. Und wenn sie an der Laterne hängen, so zappeln sie erlöschend mit den Beinen, und ihr letztes Wort heißt: »Ein historisch belangloser Einzelfall.«

Um in Zukunft Fehler zu vermeiden, muß man die der Vergangenheit erkannt haben: Die Männer des November haben nicht erreicht, was zu erreichen war: Personalreform an allen Gliedern des Staates; Aufhebung des Militarismus; demokratische Erziehung der Jugend, und – vor allem – die Unterstützung einer neuen geistigen Atmosphäre, deren Ansätze vorhanden waren. Sie haben sie zerstört.

Die Männer des November haben den Ungeist der andern Seite mit allen ihren Machtmitteln unterstützt, mit Geld, mit Ämterverleihung, mit staatlicher Hilfe jeder Art; in der Wahl ihrer Mittel waren sie unbedenklich – bis zum Mord. Dieses Blut wischt kein noch so gelehrter Aufsatz von ihnen ab. Manche Mörder sind Oberpräsidenten geworden, manche sind gestorben. Ihr Andenken sei verflucht – aber Kleinbürger kann man nicht verfluchen. Jeder Anhänger dieser Männer hat das Recht verwirkt, auf Herrn Cuno, Herrn Luther und Herrn Helfferich zu schelten – sie haben es weitaus schlimmer getrieben als diese drei, und wenn sich heute jeder nationale Minierer im Amt in Sicherheit fühlen darf, so kann er sich bei ihnen bedanken.

Zuviel verlangt, daß auch wir es tun. Haben wir eine Klassenjustiz: Ja oder Nein? Haben wir ein antirepublikanisches Heer? Ja oder Nein? Haben wir eine reaktionäre Verwaltung? Haben wir eine schändliche Jugenderziehung auf den Universitäten? Hier gibt es keine Jahreszahlen zu memorieren – hier gibt es eine, nur eine Antwort.

Und wenn wir die erteilt haben, laßt uns nicht länger bei dem Andenken von Männern verweilen, die das nicht wert sind. Geht weiter in der Zeit, fangt von vorn an und führt euch, wenn ihr je wieder an die Macht kommt, anders und wahrhaft revolutionär auf. Veröffentlicht Akten und enteignet die Fürsten. Werft die Richter auf die Straße und ersetzt mißliebige Beamte. Baut das Haus neu auf, aber nicht die Abtritte. Und laßt nicht zu, daß Feigheit historisch entschuldigt wird.

Von der französischen Revolution ist heute noch etwas übrig geblieben: ihre Siege. Von Ebert ist heute noch etwas übrig: seine Niederlagen, sein Mangel an Mut, sein Verrat der Genossen.

Und so lebte er fort, wenn er fortlebte.

Neue Taten über sein Andenken – !

Volker Ullrich

Die verratene Revolution

Anmerkungen zu den Erinnerungen Wilhelm Dittmanns

»Es ist gegen Noske von der deutschen Linken bittere Kritik geübt worden, und er ist einer von denen, die den Erzähler nötigen, Farbe zu bekennen. Aber er war ein kräftiger, praktischer Mann und hatte das Herz auf dem rechten Fleck.«

Golo Mann (in: »Deutsche Geschichte des 19. und 20. Jahrhunderts«)

Volker Ullrich leitet das Ressort »Politisches Buch« bei der Hamburger Wochenzeitung »Die Zeit«.

Abbildung vorige Seite:
Fotopostkarte von 1919. Der »Rat der Volksbeauftragten« mit den USPD-Mitgliedern Barth, Haase, Dittmann und den SPD-Mitgliedern Ebert, Landsberg und Scheidemann. In dieser Zusammensetzung existierte der Rat allerdings nur vom 10. November bis 29. Dezember 1918.

Am Abend des 5. November 1918 erlebte die Freie und Hansestadt Hamburg eine der denkwürdigsten Stunden ihrer Geschichte. Ein hochgewachsener Mann mit schwarzer Mähne, vollem Spitzbart, kühn geschwungenem Schnauzer und blitzenden Augen betrat das Podium des überfüllten großen Saales im Gewerkschaftshaus am Besenbinderhof und forderte das atemlos lauschende Publikum auf, dem revolutionären Beispiel der Kieler Matrosen und Arbeiter zu folgen: »Das Alte stürzt, und das Proletariat sieht sich über Nacht vor die Aufgabe gestellt, die politische Macht zu ergreifen ... Hamburg muß sich seinen guten alten Ruf in der Arbeiterbewegung zurückerobern.«

Tags darauf hatte die Revolution in Hamburg gesiegt, hatten sich die militärischen Machthaber aus dem Staube gemacht und dem Arbeiter- und Soldatenrat kampflos das Feld überlassen. Über dem Hamburger Rathaus wehte bald die rote Fahne.

Der Redner, der mit seinen feurigen Worten die Revolution in Hamburg ausgelöst hatte, war Wilhelm Dittmann, Reichstagsabgeordneter der Unabhängigen Sozialdemokratischen Partei Deutschlands (USPD) – jener Gruppierung, die sich 1917 von den der kaiserlichen Kriegspolitik mit Haut und Haaren verschriebenen Mehrheitssozialdemokraten (MSPD) getrennt hatte. Als Dittmann am Morgen des 6. November, nach Berlin zurückgekehrt, die große Wandelhalle des Reichstags betrat, stürzte der alte Parteiverleger und MSPD-Abgeordnete Dietz auf ihn zu: »In Hamborg is Revolutschon, o Dittmann, in Hamborg is Revolutschon ... Datt ich datt noch erleben kann, datt freut mi!« Dittmann kommentiert: »Bei dem alten Mehrheitsmann war der Revolutionär seiner jungen Jahre wieder zum Durchbruch gekommen.«

Nachzulesen ist diese Episode (neben vielen anderen) in den Erinnerungen Wilhelm Dittmanns. Er schrieb sie im Exil in Zürich, in das er im März 1933 geflohen war, nachdem die Nazis gedroht hatten, »Novemberverbrecher« wie ihn verhaften und öffentlich hinrichten zu lassen. Einen Verleger hat er für sein fast 4.000 Manuskriptseiten zählendes Werk nicht gefunden, auch nicht, als er im Herbst 1950 nach Bonn übersiedelte, wo er bis kurz vor seinem Tode 1954 im Archiv der SPD tätig war.

Der sozialdemokratische Parteivorstand weigerte sich, die Memoiren zu publizieren – warum, wird einem rasch klar, wenn man die Kapitel über die Kriegs- und Revolutionszeit gelesen hat. Sie enthalten eine überaus scharfe Kritik an Ebert und Scheidemann, die völlig quer lag zu den

Bemühungen der historischen Forschung in der frühen Bundesrepublik um eine Rehabilitierung der MSPD-Führer.

Mitte der fünfziger Jahre entledigten sich die SPD-Oberen des brisanten Manuskripts, indem sie es dem Internationalen Institut für Sozialgeschichte (IISG) in Amsterdam übergaben. Dort ruhte es wohlverwahrt, und nach mehreren gescheiterten Editionsversuchen schien alle Hoffnung vergebens, daß es jemals veröffentlicht werden könnte. Nun endlich, über vierzig Jahre nach Dittmanns Tode, hat ein Mitarbeiter des IISG, Jürgen Rojahn, in Zusammenarbeit mit dem Campus Verlag das umfängliche Dokument, versehen mit einer fast 300 Seiten zählenden Einleitung und einem über 400 Seiten umfassenden Anhang mit Anmerkungen, Dokumenten und Register, herausgebracht.*

Man mag sich fragen, ob hier nicht des Guten zuviel getan wurde, das Ganze nicht etwas bescheidener und damit auch benutzerfreundlicher hätte ausgeführt werden können. Aber was wiegen solche Bedenken gegen den Vorzug, Dittmanns Niederschrift nun in voller Länge, ergänzt um viele sachdienliche Hinweise und kommentierende Erläuterungen, studieren zu können?

Wilhelm Dittmanns Erinnerungen sind eine wichtige historische Quelle, und dies in erster Linie wegen ihres Informationsgehalts und nicht wegen der Qualität der Darstellung. Der Stil ist betont sachlich, fast anspruchslos gehalten. Manchmal wünschte man sich, der Autor hätte die vielen interessanten Figuren der deutschen und internationalen Arbeiterbewegung, denen er im Laufe der Jahrzehnte begegnete, lebensvoller portraitiert. Doch Dittmann beschränkt sich auf die Rolle des Chronisten, der Bericht erstattet – schnörkellos und unprätentiös, so wie er selber war.

Persönliches bleibt weitgehend ausgespart; die Sache, der Kampf für soziale Gerechtigkeit und demokratischen Sozialismus, steht ganz im Vordergrund. Dazu gehört, daß er in die Darstellung immer wieder ausführliche Zitate aus seinen Artikeln für die Parteipresse oder seinen Reden auf Parteitagen oder im Reichstag einfließen läßt. Das liest sich manchmal etwas mühsam, ist aber nicht ohne Reiz, weil man dadurch viel erfährt

---

* Wilhelm Dittmann, Erinnerungen. Bearbeitet und eingeleitet von Jürgen Rojahn; Quellen und Studien zur Sozialgeschichte Bd. 14; Campus Verlag, Frankfurt a. M./ New York 1995; 3 Bde.

über das sozialdemokratische Milieu vor 1914 und die Ursachen für die Spaltung der Partei. Allein die protokollartigen Aufzeichnungen über die Sitzungen der sozialdemokratischen Reichstagsfraktion vom November 1914 bis zum März 1916 sind für sich genommen von unschätzbarem Wert, weil sie weit über die offiziellen, von Erich Matthias und Eberhard Pikart 1966 veröffentlichten Protokolle der SPD-Reichstagsfraktion hinausgehen.

Wilhelm Dittmann wurde 1874 im holsteinischen Eutin als Sohn eines Stellmachermeisters geboren. Er gehörte zur zweiten Generation sozialdemokratischer Funktionäre, die erst nach dem Fall des Sozialistengesetzes 1890 in die Partei eingetreten waren.

Dem ungewöhnlich aufgeweckten, von einem unstillbaren Bildungshunger erfüllten jungen Tischlergesellen boten in der wilhelminischen Klassengesellschaft allein die Organisationen der Arbeiterbewegung eine Möglichkeit, seine Gaben zur Entfaltung zu bringen. Der Sozialdemokratie diente er von der Pike auf – zunächst als Mitglied des Holzarbeiterverbands und des Arbeiterbildungsvereins in Eutin, danach als Lokalredakteur der *Norddeutschen Volksstimme* in Bremerhaven. Von der Wasserkante ging er 1902 an den Niederrhein, wo er als Redakteur der *Bergischen Arbeiterstimme* und Vorsitzender der Solinger Parteiorganisation tätig war. 1904 wurde er als Parteisekretär nach Frankfurt am Main berufen. Von 1909 bis 1917 war er Chefredakteur der *Bergischen Arbeiterstimme* und seit 1912 Abgeordneter im Reichstag.

Die Schilderung dieses Aufstiegs innerhalb der Organisation ist verknüpft mit der Darstellung des jeweiligen lokalen Milieus und der besonderen Parteiverhältnisse vor Ort. Wie mühevoll, wie entbehrungsreich der Alltag eines sozialdemokratischen Parteiarbeiters vor 1914 war, das wird im Spiegel dieser Erinnerungen deutlich: »Monatelang war ich Abend für Abend in irgendeiner Sitzung oder Versammlung und kam selten vor Mitternacht ins Bett«, heißt es an einer Stelle.

Robert Michels' immer wieder unkritisch nachgebetete These von der Bürokratisierung der Vorkriegs-SPD erweist sich im Spiegel dieser Erinnerungen als schlichter Unfug. Als Redakteur und Parteisekretär verdiente Dittmann kaum mehr als ein Facharbeiter, und vor allem: Er agierte nicht losgelöst von der Basis, sondern blieb von deren Vertrauen und Unterstützung abhängig. Es gehörte viel Idealismus und Überzeugungstreue dazu, sich der Ochsentour zu unterziehen, zumal die Behörden mit kleinlichsten Schikanen nicht geizten. Allen, die neuerdings über die angebliche Liberalität des Kaiserreichs ins Schwärmen geraten, sei empfohlen nachzulesen, was Dittmann über seine zahlreichen »Preßprozesse« mitzuteilen weiß.

In den innerparteilichen Richtungskämpfen vor 1914 galt Dittmann als »Radikaler«, also als ein Anhänger des linken Parteiflügels. Dennoch stimmte er in der entscheidenden Fraktionssitzung am 3. August 1914 für die Bewilligung der Kriegskredite. Wie viele andere wurde er ein Opfer der Desinformationspolitik des deutschen Reichskanzlers von Bethmann Hollweg, dem es gelungen war, Rußland als vermeintlichen Aggressor darzustellen.

Es dauerte eine geraume Zeit, bis Dittmann begriff, was im Juli 1914 wirklich gespielt worden war. Wenn erst einmal alle Akten zugänglich sein würden – erklärte er im Herbst 1916 –, könne »darüber kein Zweifel sein, daß es sich um einen freventlich von der deutschen Militärkamarilla vom Zaune gebrochenen Krieg gehandelt hat und daß wir von Bethmann schmählich düpiert worden sind«. Es dauerte noch einmal ein halbes Jahrhundert, bis diese Erkenntnis, dank der Forschungen Fritz Fischers, in der Öffentlichkeit sich Bahn brechen sollte.

Die Konsequenz, die Dittmann zusammen mit anderen Mitgliedern aus seiner Einsicht zog, lautete: Schluß mit der Unterstützung der Regierung, Kampf gegen den Annexionismus und für einen Verständigungsfrieden. Doch davon wollte die Mehrheit in der SPD-Reichstagsfraktion nichts wissen. Sie suchte die Dissidenten zu disziplinieren und, als das nichts fruchtete, aus der Partei hinauszudrängen. Dittmanns Aufzeichnungen belegen, daß es nicht die Linke, sondern die Rechte war, welche die Spaltung der SPD betrieb und Anfang 1917 entschlossen durchsetzte.

Dabei scheute sie – ein schlimmes, bis heute beschwiegenes Kapitel der SPD-Geschichte – nicht vor einer Zusammenarbeit mit den Polizei- und Militärbehörden zurück. Oppositionelle Sozialdemokraten, unter anderem Dittmanns Bruder Paul, USPD-Vorsitzender in Hamburg, wurden von ihren eigenen Genossen denunziert, damit sie zum Heeresdienst eingezogen und den Herrschenden nicht mehr gefährlich werden konnten. Oder sie wurden verhaftet und verschwanden hinter Gittern – wie Rosa Luxemburg, Karl Liebknecht und Tausende anderer Kriegsgegner. In der Mentalität, die sich unter dem »Belagerungszustand«

1914 bis 1918 ausbildete, erkannte Dittmann rückblickend eine der Wurzeln jenes totalitären Gewaltregimes, das die Nazis nach 1933 errichteten.

Auch Wilhelm Dittmann wurde verhaftet, und zwar während des Massenstreiks gegen den Krieg Ende Januar 1918. Als einer der Berliner USPD-Streikführer wurde er von einem »außerordentlichen Kriegsgericht« im Schnellverfahren zu fünf Jahren Festungshaft und zwei Monaten Gefängnis verurteilt. Mitte Oktober 1918, als das Kaiserreich bereits in seinen Grundfesten wankte, wurde er aus der Festungshaftanstalt Groß-Strehlitz in Oberschlesien entlassen – gerade noch rechtzeitig, um die zur Revolution drängende Entwicklung mit zu beeinflussen.

Eigentlich hatte Karl Liebknecht als einer der drei USPD-Vertreter in die »Regierung der Volksbeauftragten« eintreten sollen. Als der jedoch am 10. November 1918 einen Rückzieher machte, wurde an seiner Stelle Dittmann ernannt. In seinen Erinnerungen schildert er, wie schwierig sich die Zusammenarbeit mit den drei MSPD-Vertretern in der Revolutionsregierung – Ebert, Scheidemann, Landsberg – vom ersten Tage an gestaltete.

Statt gemeinsam mit der USPD grundlegende Strukturreformen in die Wege zu leiten, hatten sie – getrieben von »pathologischer Bolschewistenfurcht« – nichts anderes im Sinn, als sich kaiserlichen Militärs und konservativen Bürokraten an den Hals zu werfen, um im Bunde mit diesen »Ruhe und Ordnung« wiederherzustellen. Dabei war, wie der Autor betont, die Revolution des November 1918 »ein unerhört günstiger geschichtlicher Augenblick, mit einem gewaltigen Ruck die politische, wirtschaftliche und soziale Entwicklung vorwärtszustoßen«. Diese einmalige Chance nicht »mit Kühnheit und Energie« genutzt zu haben – darin sah Dittmann noch aus der Rückschau des Exils »die große historische Schuld« der MSPD-Volksbeauftragten unter Führung Eberts und zugleich die Ursache für die »schleichende Krankheit« der Weimarer Demokratie.

Die Folgen des Versäumnisses zeigten sich bereits Ende Dezember 1918 in der »Wende von der Revolution zur Konterrevolution«. Zu ihrem Vollstrecker wurde Gustav Noske, der nach dem Ausscheiden der USPD-Vertreter in die Regierung eintrat – eine der furchtbarsten Gestalten, welche die deutsche Sozialdemokratie hervorgebracht hat. Dittmann vergleicht ihn mit dem Schlächter der französischen Kommune, dem General Gallifet. Und in der Tat: Auf das Konto der von Noske entfesselten Gewaltorgie gehen die Morde an Rosa Luxemburg und Karl Liebknecht am 15. Januar 1919, gehen die blutigen Pazifizierungsfeldzüge der Freikorps gegen Bremen, München und – am schlimmsten – Berlin im Frühjahr 1919. »Standrechtliche Erschießungen und feige Meuchelmorde an wehrlosen Gefangenen waren an der Tagesordnung«, so lautet die traurige Bilanz.

Die Geister, die Ebert und Noske gerufen hatten, wurden sie nun nicht mehr los. Längst vor dem Kapp-Putsch im März 1920 herrschte in Deutschland die Militärreaktion. »Die Freikorpsführer fühlten sich als Herren der Lage und der Macht im Staate. Die Regierung war ihnen gegenüber völlig ohnmächtig.« Führende Politiker der Unabhängigen und der Kommunisten waren Freiwild für rechte Mordkommandos. Der Pogromstimmung fiel im Herbst 1919 auch der USPD-Vorsitzende Hugo Haase zum Opfer, und auch Dittmann entging während der Kapp-Putsches nur durch Zufall dem Schicksal, »auf der Flucht erschossen« zu werden, wie die damals übliche Formel für politischen Mord lautete.

Die Erbitterung über den Terror der Noske-Soldateska führte im Laufe des Jahres 1919 zu einer regelrechten »Massenflucht von der SPD zur USPD« und in dieser – sehr zum Leidwesen Dittmanns – zu einem Aufschwung des linken Parteiflügels, deren Exponenten sich, wie er klagt, einem »mystischen Glauben an das Rätesystem« und einer »blindgläubigen Schwärmerei für Sowjetrußland« hingaben. So hart Dittmann mit der Politik der MSPD-Führer ins Gericht ging, so eindeutig grenzte er sich von den »Ultralinken« ab, die den Anschluß an die Kommunistische Internationale propagierten. Über dieser Frage zerbrach die USPD im Herbst 1920 – just zu einem Zeitpunkt, als sie nach dem phänomenalen Erfolg in den Reichstagswahlen vom 6. Juni 1920 auf dem besten Wege war, die SPD zu überflügeln und zur stärksten politischen Kraft in Deutschland zu werden.

Es ist spannend, den kometenhaften Aufstieg der USPD und ihren ebenso raschen Abstieg in die politische Bedeutungslosigkeit anhand der Erinnerungen Wilhelm Dittmanns zu verfolgen. Besonders zur Lektüre empfohlen sei sein Bericht über die Reise der USPD-Delegation zum

II. Kongreß der Komintern in Petrograd und Moskau im Juli/August 1920. Denn daraus geht hervor, daß, wer die Dinge ohne Scheuklappen betrachtete, schon damals erkennen konnte, wie schlecht es um das sozialistische Experiment in Sowjetrußland stand.

Dittmanns Versuche, nach seiner Rückkehr in mehreren Artikeln abkühlend auf die Rußlandschwärmerei in den eigenen Reihen einzuwirken, blieben ohne Erfolg. Auf dem USPD-Parteitag in Halle im Oktober 1920 fiel die Entscheidung für die von Lenin formulierten 21 Aufnahmebedingungen, welche die Unterwerfung der Partei unter das Moskauer Diktat verlangten. Der linke USPD-Flügel, der diese Entscheidung herbeigeführt hatte, schloß sich mit der (bis dahin unbedeutenden) Kommunistischen Partei Deutschlands (KPD) zusammen. Dittmann verblieb als einer der drei Parteivorsitzenden bei der Rest-USPD, die im September 1922 in die SPD zurückkehrte.

Nach der Vereinigung gehörte Dittmann dem SPD-Parteivorstand an, und er übernahm – zusammen mit Hermann Müller – den Vorsitz der Reichstagsfraktion, ohne sonderlich hervorzutreten. Es blieb ein Gefühl der Fremdheit gegenüber jenen, die die Novemberrevolution verraten hatten. Größere Aufmerksamkeit erzielte Dittmann noch einmal im Januar 1926 mit einer sechsstündigen Enthüllungsrede vor dem Parlamentarischen Untersuchungsausschuß des Reichstags über die Marinejustizmorde von 1917 und die Admiralsrebellion vom Oktober 1918.

In den letzten Kapiteln der *Erinnerungen* tritt Dittmanns eigene Rolle in den Jahren bis 1933 ganz hinter der Darstellung des Untergangs der Weimarer Republik zurück. Keinen Zweifel läßt der Autor daran, wen die Hauptschuld am Scheitern der ersten deutschen Demokratie trifft: die konservativen Eliten in Großindustrie, Großlandwirtschaft und Reichswehr, die glaubten, den Trommler der NSDAP für ihre Zwecke einspannen zu können. Aber er findet auch scharfe Worte der Verurteilung für die »Irrsinnstaktik« der KPD, die »wie verrannt und verbohrt« nicht in den Nationalsozialisten, sondern in den Sozialdemokraten den »Hauptfeind« zu erkennen meinte.

Im Vorwort seiner Erinnerungen, welches das Datum vom 1. August 1947 trägt, schreibt Dittmann: »Wenn ich auch die Idee des demokratischen Sozialismus, der ich vier Jahrzehnte gedient, durch das nationalsozialistische Gewaltregime in das Dunkel der Illegalität und in die Emigration getrieben, ihre Träger grausam verfolgt und zu Tausenden dem Märtyrertode überantwortet sehen mußte, so habe ich doch nie daran gezweifelt, daß die Idee gleich dem Christentum in seiner Märtyrerzeit aus den Katakomben wieder ans Licht steigen werde. Eine neue Generation ist berufen, das Werk der Verwirklichung des Sozialismus wieder aufzunehmen.«

Holger Becker und Volker Külow

»Nach wie vor heißt die Alternative Sozialismus oder Barbarei«

Ein Gespräch mit Robert Liebknecht

»Hätte Liebknecht durch die Demonstration am 1. Mai und die dadurch provozierte Verhaftung den Stein nicht ins Rollen gebracht, er würde auch weiterhin ungeschoren sein Unwesen haben treiben können.
Die Regierung hatte nicht die Absicht, Karl Liebknecht die Märtyrerkrone zu verschaffen. Nachdem er aber nun einmal verhaftet und schwer belastendes Material bei ihm gefunden war, konnte sie ihn nicht gut wieder laufen lassen.«

Gustav Bauer (in einem Brief an Paul Löbe, Mai 1916)

Robert Liebknecht (1903 – 1994), Maler, jüngster Sohn von Karl Liebknecht.
Das Gespräch führten Holger Becker und Volker Külow.

Abbildung vorige Seite:
Robert Liebknecht: Portrait Karl Liebknecht, 1930,
Öl auf Leinwand, 75 x 59,5 cm.
(Institut für die Geschichte der Arbeiterbewegung, Berlin)

Herr Liebknecht, Sie haben sehr früh Ihren Vater verloren, große Teile Ihres Lebenswerkes sind durch Krieg und mehrmalige Vertreibung zerstört worden. Im Katalog zu Ihrer jüngsten Ausstellung[1] *findet man in einem Brief wohl den Schlüssel für den ungebrochenen Mut zum wiederholten Neuanfang: »Man lebt und muß versuchen, stets vorwärts zu sehen«, schrieben Sie 1947 an Ihren Freund Herbert Tucholski*[2]*: »Man darf nicht zurückblicken, in diesen seelischen Abgrund von nie verheilenden Wunden. Ich versuchte in meiner Arbeit immer die Brücke über diesen Abgrund zu finden. Lange war mir meine Arbeit der einzige Halt und es gelang mir, mich so zu stabilisieren, daß ich in meinem Schaffen auch zu einem objektiven Ergebnis kam und weiterhin komme, nicht nur zur subjektiven Ergänzung. Sonst versucht man ja wie Münchhausen, sich an seinen eigenen Haaren herauszureißen.« Liegt in dieser Richtung auch die Antwort für Ihr sehr aktives künstlerisches Schaffen bis ins hohe Alter?*

Auch hier können Sie die Antwort im Katalog finden, wo ich an einer Stelle sage: Meine Malerei soll nicht die Aufgabe haben, mir im Augenblick zu helfen, sondern sie soll den anderen helfen, soll Schönheit und Harmonie geben, etwa wie die Musik. Dies war vielleicht von Anfang an die Grundidee meiner Malerei, heute hat sie jedoch gewiß vorrangige Bedeutung.

Es liegt natürlich nahe, in einem Gespräch mit Ihnen zuerst Fragen nach den ereignisreichen Wochen der Novemberrevolution, die sie als 15jähriger erlebten, zu stellen.

Bevor Sie konkret werden, möchte ich die damalige politische Situation kurz skizzieren. Im Herbst 1918 war der Krieg militärisch für Deutschland verloren, da die Alliierten die Balkanfront durchbrochen hatten. Die politische Macht in Deutschland lag während der vier Kriegsjahre fast ausschließlich in den Händen der obersten militärischen Führung, die nun aber nicht zu ihrer Niederlage stehen wollte und für die Unterzeichnung eines Waffenstillstandes eine zivile Regierung suchte. Die »Dolchstoßlegende« war ein weiteres Mittel, mit der das Militär versuchte, die Ver-

---

1 Robert Liebknecht: Ölbilder, Grafiken und Texte zu Leben und Werk. Hrsg. von Michael Janitzki. Gießen 1991.

2 Herbert Tucholski (1896-1984), Grafiker, seit den zwanziger Jahren mit Robert Liebknecht befreundet, ab 1957 Mentor für Grafik an den Zentralen Werkstätten des Instituts für Bildende Kunst Berlin. Verfasser zahlreicher autobiographischer Texte über seine Begegnungen mit anderen Künstlern.

antwortung abzuschieben. Dagegen versuchte der Spartakusbund mit seinen begrenzten Mitteln verzweifelt zu wirken und aufzuklären.

An welche Ereignisse können Sie sich aus den Tagen vor Ausbruch der Revolution besonders gut erinnern?

Besonders deutlich steht vor mir eine Episode, als mein Vater am 23. Oktober 1918 aus dem Zuchthaus in Luckau entlassen wurde und meine Mutter zusammen mit Ernst Meyer und mir ihn dort abholten. Gemeinsam fuhren wir nach Berlin, wo am Anhalter Bahnhof sich Zehntausende zum Empfang versammelt hatten. Mein Vater übergab mir den Koffer, der sämtliche im Gefängnis angefertigten Aufzeichnungen enthielt und den ich im Trubel dem nächststehenden Gepäckträger übergab. Aus dem Bahnhof herausgewirbelt merkte ich, daß ich den Koffer nicht mehr besaß. Wie von der Tarantel gestochen, rannte ich zurück, und zum Glück erkannte mich der Gepäckträger sofort wieder, und ich erhielt den Koffer zurück.

Als ich mit dem Koffer zu Hause in der Bismarckstraße 75 in Steglitz ankam, stieß ich auf eine sowjetische Delegation, die auch zum Empfang meines Vaters gekommen war. Besonders beeindruckte mich, den 15jährigen, Bucharin, der Mitglied der Delegation war. Ich zeigte ihm eines meiner ersten Ölbilder, eine Skizze einer Orchidee. Er zeigte dafür ein mich überraschendes Interesse. Aus der weiteren Unterhaltung ist mir sein Rat in Erinnerung geblieben, daß wir uns vor allem mit Cézanne beschäftigen sollten. Die ganze Tragweite dieses Gedankens ist mir erst Jahre später aufgegangen.

Sie haben bereits auf die politische Konstellation im Herbst 1918 verwiesen; Ihr Vater trat in dieser Zeit als rastloser Warner vor dem Angriff der Konterrevolution in Erscheinung.

In den politischen Gedanken meines Vaters Ende 1918 findet sich der Satz: Wenn dieser Krieg nicht mit einer Umwälzung des militärisch-administrativen Machtapparates endet, wird in kurzer Zeit eine neue Welle von Kriegen ausbrechen; diese Befürchtung äußerte in seinen Memoiren übrigens auch der damalige USA-Gesandte in Deutschland, Gerard, nach seiner Rückkehr nach Amerika. Die Führung des Spartakusbundes hatte ja keine Ahnung von militärischen Belangen. Rosa Luxemburg war Bemühungen, in diesen Kreisen Einfluß zu gewinnen, gegenüber sehr skeptisch, und Clara Zetkin hat wohl aus der Stuttgarter Sicht am klarsten und nüchternsten die isolierte Stellung des Spartakusbundes gesehen. Mit der militärischen Organisation war damals Wilhelm Pieck betraut. Die bewaffneten Kräfte des Spartakusbundes waren allerdings vom Geheimdienst des Militärs durchsetzt. In Prozessen, die mein Onkel Theodor[3] später zu führen hatte, tauchten solche Agenten auf. Auf allen letzten Fotos meines Vaters klebt beispielsweise ein junger Soldat mit schief aufgesetzter Mütze an ihm, das war auch ein solcher Agent.

Wie betrachteten die Führer des Spartakusbundes aus Ihrer Sicht die internationale Konstellation für die deutsche Revolution, speziell die Lage in Rußland?

Was die Perspektiven der Russischen Revolution angeht, äußerten sich alle sehr hoffnungslos, daß sie sich ohne eine wirkliche Revolution in Deutschland würde halten können. Mein Vater wußte, wenn in Deutschland die Revolution nicht siegt, wird sie auch in Rußland keinen Erfolg haben und etwas ganz Schreckliches nach sich ziehen; Gestalten wie Hitler und Stalin hatte er damals bereits im gewissen Sinne vorausgeahnt.

Natürlich war die Situation in Rußland für die Linke seinerzeit viel günstiger, denn sie brachte zumindest Frieden und auch etwas Land und Brot, während in Deutschland die Spartakusleute als Bürgerkriegshetzer und Unruhestifter verleumdet wurden. Darin war die herrschende Klasse sehr geschickt, genauso wie bei der langfristigen Vorbereitung der »Dolchstoßlegende«; es ist kein Zufall, daß bei der Unterzeichnung des Waffenstillstandes nur deutsche Zivilisten anwesend waren.

Ich bin im übrigen der sicheren Überzeugung, daß die damals herrschenden Militärs wie General Groener, der Vorgesetzte des später für die Ermordung verantwortlichen Hauptmanns Waldemar Pabst, bereits gleich nach der Freilassung meines Vaters aus dem Zuchthaus ein Mordkomplott geschmiedet hatten. Am 9. November 1918 sollte er per Flugzeug zur Abschließung des zwei Tage später unterzeichneten Waffenstillstandes nach Compiègne geflogen werden, möglicherweise um ihn bereits auf dem Rückweg umzubringen, zumindest aber, um ihn vor den Augen der Soldaten als Kapitulant zu diskreditieren. Natürlich ging mein Vater nicht darauf ein. Matthias Erzberger[4], der das Abkommen schließ-

---

3 Theodor Liebknecht (1870-1948), älterer Bruder von Karl Liebknecht, Rechtsanwalt; Mitglied der USPD, 1931 Gründungsmitglied der SAP.

4 Matthias Erzberger (1875-1921), deutscher Zentrumspolitiker, trat seit 1917 für innere Reformen und Verständigungsfrieden ein, unterzeichnete am 11. November

lich unterzeichnete, wurde ja bekanntlich später auch ermordet. Beweise für meine Behauptung finden sich in einem Artikel des in Zürich erscheinenden *Tagesanzeigers*, in dem erstmals eine Reihe von Pabst betreffenden Dokumenten, der von 1943 bis 1955 in der Schweiz lebte, ausgewertet wurden.[5] Erst als er in seinem Asylantrag zugab, »pflichtgemäß« den Mord an Rosa Luxemburg und meinem Vater organisiert zu haben, wurde ihm Asyl gewährt. Die Schilderung von Pabst nach dem unmittelbaren Sieg der Nazis ist dahingehend außerordentlich aufschlußreich.[6] Er verschweigt die wirkliche Rolle des Armeegeheimdienstes und deckt die Mörder-Offiziere, die mit Hilfe von Canaris während des ersten Prozesses ungestraft davonkamen.

Das war ja am 9. November alles noch nicht abzusehen?

Nein, natürlich nicht, ganz im Gegenteil. Ich möchte dazu eine Episode schildern, die bis heute weitgehend unbekannt geblieben ist. Am 9. November abends kämpften noch zahlreiche kaisertreue, zumeist sehr junge Offiziere und schossen aus Gebäuden auf revolutionäre Arbeiter. Nach ihrer Festnahme sollten sie erschossen werden.

Ihre Familien kamen völlig aufgelöst zu meinem Vater und baten eindringlich um seinen Einspruch, und er hat mit viel Einsatz diese Exekutionen verhindert. Wie ihm das gedankt wurde, ist ja hinlänglich bekannt.

Was erlebten Sie unmittelbar vor der Ermordung Ihres Vaters?

In den ersten Januartagen herrschte schon eine regelrechte Pogromstimmung gegen meinen Vater. Um uns wimmelte es von Spitzeln und Achtgroschenjungs. Überall wo wir Freunde und Bekannte besuchten, fanden hinterher Razzien und Hausdurchsuchungen statt.

1918 den Waffenstillstand von Compiègne; 1919/1920 Reichsfinanzminister und Vizekanzler, als »Erfüllungspolitiker« ständig attackiert, wurde er am 26. August 1921 von Angehörigen der rechtsgerichteten »Organisation Consul« ermordet.

5 Siehe Hansjörg Zumstein: Waldemar Pabst. Mann der flinken Ausrede. In: *»Das Magazin. Wochenbeilage des Zürcher Tagesanzeigers«*. Nr. 12 vom 23./24. März 1990. S. 41-48.

6 Siehe Waldemar Pabst: Spartakus. In: Revolutionen der Weltgeschichte. Zwei Jahrtausende Revolutionen und Bürgerkriege. Hrsg. von Wulf Bley. München 1933. S. 750-762.

Meine Mutter und ich wurden am Sonntag, dem 12. Januar 1919 von Offizieren verhaftet und unter Druck gesetzt, den Aufenthaltsort meines Vaters zu verraten. Auf dem Weg zum Armeequartier wurden wir auch ein Stück mit der Straßenbahn transportiert, einzelne Leute, die uns erkannten, trommelten gegen die Scheiben oder bespuckten sie, es war ein beängstigender Haß, dem zur Lynchjustiz nicht mehr viel fehlte. Die Offiziere drohten einerseits und versprachen andererseits unter Offiziersseid, daß meinem Vater nichts passieren würde, wenn wir seinen Aufenthaltsort verraten würden, den wir im übrigen natürlich selbst nicht wußten.

In der Mordnacht vom 14. auf den 15. Januar[7] hatte ich bei Julius Goldstein[8] geschlafen, einer befreundeten Familie. Spät am Abend war ich noch über die Brücke am Tiergarten gelaufen und hatte in der Nähe Schüsse gehört. Ich bin mir ziemlich sicher, daß es die Todesschüsse waren, die meinen Vater trafen.

Welche Erinnerungen haben Sie noch an Rosa Luxemburg und Ihren Vater aus den letzten Wochen vor deren Ermordung?

Am zweiten Tag des Gründungsparteitags der KPD war ich Zeuge, wie mein Vater und auch Rosa Luxemburg wiederholt für eine Beteiligung an den Wahlen zur Nationalversammlung eintraten, aber dabei überstimmt wurden; daß sie nicht zurücktraten, ist schwer verständlich. Rosa Luxemburg traf ich das letzte Mal zur Neujahrsfeier bei einem befreundeten Arzt am Lützowplatz; etwa 20 Leute waren anwesend, die Stimmung war schon recht gedrückt. Meinen Vater habe ich noch einmal kurze Zeit später gesehen, vor Erschöpfung schlafend auf einem Billardtisch.

Wissen Sie etwas über das Zusammentreffen Ihres Vaters mit dem Führer der Bayrischen Räterepublik, dem ebenfalls später ermordeten Kurt Eisner?

Ich kann mich an einen Besuch Eisners in Berlin erinnern, bei dem er sich mit meinem Vater über kurz zuvor von ihm veröffentlichte Dokumente zur deutschen Kriegsschuld unterhielt; es ging um die Berichte des bayrischen Gesandten in Wien, Graf Lerchenfeld. Mein Vater sagte wörtlich: »Ich habe ja gewußt, daß ich mit meinen Anklagen recht hatte, aber

7 Der Mord geschah in der Nacht vom 15. auf den 16. Januar 1919 (Anm. d. Verlages).

8 Julius Goldstein (1901-1981), Bruder von Robert Liebknechts Frau Herta; nach seiner Auswanderung Musiker, Pädagoge und Dirigent in den USA.

nie hätte ich gedacht, daß ich die Beweise schwarz auf weiß würde sehen können. Es ist ja fast alles noch schlimmer, als ich seinerzeit befürchtet hatte«, so mein Vater weiter.

Können Sie sich, um einen noch weiteren Sprung in die Vergangenheit zu wagen, auch noch an die Wochen vor der Ablehnung der Kriegskredite durch Ihren Vater am 2. Dezember 1914 erinnern?

Am 4. August hatte mein Vater sich bekanntlich noch der damals fast heiligen Fraktionsdisziplin gebeugt. Eine wichtige Rolle in seinem Umdenkungsprozeß spielte dann aber zweifellos seine Reise Anfang September ins belgische Kriegsgebiet, wo er das ganze Grauen des Krieges kennenlernte und viele Gespräche mit führenden belgischen Genossen hatte.

Nach seinem berühmten »Nein!« war ja Karl Liebknecht weitgehend isoliert?

Neben der *Leipziger Volkszeitung*, die leicht USPD-mäßig angehaucht war und einige Sympathie für die deutsche Linke signalisierte, wurde mein Vater während des Krieges nur durch Franz Pfemferts *Aktion*[9] unterstützt, die später auch als erste Material aus seinem Nachlaß veröffentlichte; Pfemfert ließ auch 1916 Rosa Luxemburgs berühmte Junius-Broschüre illegal drucken. *Die Aktion* galt als künstlerisches, weniger als politisches Blatt, und war daher nicht verboten. Zeichnungen vieler bedeutender Künstler wurden in der Zeitschrift erstmals veröffentlicht, darunter Egon Schiele, Otto Freundlich und Conrad Felixmüller.

Neben Ihrer Mutter, damit möchten wir wieder auf die Kunst zurückkommen, hatten auch zahlreiche mit der Familie befreundete Künstler Anteil an Ihrem Werdegang, darunter am stärksten offensichtlich Käthe Kollwitz. In ihrem Tagebuch befindet sich am 27. Januar 1919 nach einem Besuch von Ihnen, bei dem Sie einige Skizzenbücher zeigten, folgende Eintragung: »Der Junge ist sehr begabt. Von ungeheurem Temperament, Liebknechtschem Ungestüm, sind seine Zeichnungen ... Er macht einen nervösen, etwas gepeinigten Eindruck.«

Käthe Kollwitz besuchte ich öfter, und sie hat mich immer ermutigt, war stets sehr nett und zeigte mitunter auch eigene Arbeiten. Leider sind

9 Franz Pfemfert (1879-1954) Schriftsteller und Verleger, nach frühzeitigem Kontakt mit sozialistischen und anarchistischen Ideen gab er von 1911-1932 die politisch-literarische Zeitschrift *Die Aktion* heraus, die unter seiner Leitung zu einem Forum der expressionistischen Generation wurde.

alle meine Skizzenbücher aus dieser Zeit restlos verbrannt. In ihnen waren Zeichnungen von vielen mir bekannten Politikern, aber auch von dem Dichter Rilke, der mit meiner Mutter befreundet war. Darunter waren besonders viele Skizzen anläßlich des 70. Geburtstages von Franz Mehring Ende Februar 1916. Insbesondere einige russische Sozialisten haben meine ersten Zeichnungen von Mehring damals gern mitgenommen.

Käthe Kollwitz sah ich mit meiner Frau im Februar oder März 1933 bei Otto Nagel das letzte Mal, sie arbeitete gerade an einer Plastik für das Grab ihres Anfang des Weltkrieges gefallenen Sohnes Peter; leider verlor sie auch noch ihren gleichnamigen Enkel dann später im Zweiten Weltkrieg.

Käthe Kollwitz war über den Mord, um wieder auf das Jahr 1919 zu kommen, an meinem Vater zutiefst erschüttert, in ihrem Tagebuch findet sich am 25. Januar 1919 folgende Eintragung: »Um die zerschossene Stirn rote Blumen gelegt, das Gesicht stolz, der Mund etwas geöffnet und schmerzhaft verzogen. Ein etwas verwunderter Ausdruck im Gesicht. Die Hände im Schoß übereinandergelegt, ein paar rote Blumen auf dem weißen Hemd. Es waren noch mehrere mir fremde Leute da. Ich ging mit den Zeichnungen nach Haus und versuchte eine bessere zusammenfassende Zeichnung zu machen.« Wie sie im Tagebuch angedeutet hat, fertigte sie zunächst eine Fülle von Zeichnungen an. Später begann sie einen Steindruck, aber auch der befriedigte sie nicht. Nach einer Radierung fand sie in einem Holzschnitt die endgültige Formulierung dieses Themas.

Sie haben Ihren Vater später ja gemalt?

Ich malte dieses Portrait Anfang 1930 im Atelier von Heinrich Vogeler in Britz, auf Anregung eines Moskauer Kunstverlages, der mich zwei Jahre zuvor während einer Sowjetunionreise dazu anregte. Ich malte aus dem Gedächtnis und nach Fotos ein Bild, das weniger der Heroisierung diente, als der persönlichen Erinnerung. Das Bild ist übrigens in der Weddinger Ausstellung als Leihgabe des Berliner Instituts für die Geschichte der Arbeiterbewegung zu sehen.[10]

---

10 Im Walther-Rathenau-Saal des Kunstamtes Wedding fand vom 25. Februar bis 28. März 1992 die bis dahin umfassendste Werkpräsentation Liebknechtscher Bilder, Zeichnungen und Grafiken statt.

Neben Käthe Kollwitz' bekannter Arbeit, das vergaß ich vorhin zu erwähnen, wollte auch Lovis Corinth ein Portrait meines Vaters malen; er versuchte deshalb einige Male die Redaktion der *Roten Fahne* zu besuchen, aber es hat nicht geklappt; später machte er nach der Totenmaske, die leider erst nach der Obduktion angefertigt wurde, eine Lithographie.

Von Ihren frühesten Versuchen aus der Zeit des Ersten Weltkrieges ist absolut nichts mehr überliefert?

Leider nein. Aber nicht nur meine Skizzenbücher, sondern, was viel schlimmer ist, auch die gesamte Bibliothek meines Vaters, die im Büro meines Onkels Theodor in der Chausseestraße stand, fiel einer Bombennacht zum Opfer.

Meine Mutter mußte in den 20er Jahren in eine kleinere Wohnung ziehen, und die Bibliothek ging dorthin in das Rechtsanwaltsbüro, wo mehr Platz war, wie übrigens auch die Geschenksammlung zum 70. Geburtstag meines Großvaters Wilhelm Liebknecht aus dem Jahre 1896.

Erhielten Sie eigentlich materielle Unterstützung in den schweren Studienjahren Anfang der sogenannten goldenen Zwanziger?

Mein Studium wurde hauptsächlich durch meine Onkel mitfinanziert, daneben erhielt ich eine winzige Parteirente, die Eduard Fuchs vermittelt hatte, es langte insgesamt gerade so.

Eduard Fuchs gehörte auch zum Freundeskreis der Familie?

Mit Eduard Fuchs, dem mit meinem Vater etwa gleichaltrigen Verfasser der bekannten Sitten- und Kulturgeschichte, war unsere Familie nicht direkt befreundet, er wohnte später in einer Villa in Zehlendorf, und ich besuchte ihn dort einmal. Er vermittelte übrigens auch, daß Mies van der Rohe Mitte der zwanziger Jahre den Auftrag für das Denkmal der ermordeten Januaropfer erhielt, das die Nazis später zerstörten. Die vorherrschende Ästhetik in der Arbeiterklasse war ja zum Teil damals noch sehr konservativ geprägt.

Die bereits erwähnten Geschenke für meinen Großvater trugen oft Eichenlaub und Schwerter, ein derartiger Bierseidel zählte ebenfalls dazu. In den 70er und 80er Jahren herrschte nicht nur in Deutschland ein schlimmer Kunststil, ein schlechter Geschmack, der alles bestimmte und lange nachwirkte. Noch viele Jahre später fand man die herrlichsten Bilder der Impressionisten in den schrecklichsten Rahmen.

Sie geben damit das Stichwort, nochmals zu Ihrem Schaffen unmittelbar überzuleiten. Welche Einflüsse wirkten während des Studiums auf Sie am stärksten?

Diese Frage läßt sich gewiß nur ganz bruchstückhaft beantworten und ohne jeden Anspruch auf Vollständigkeit. 1921 fiel endgültig die Entscheidung zur Künstlerlaufbahn, nachdem ich vorher noch ein Semester Medizin in Berlin studiert hatte und dabei unter anderem auch Vorlesungen bei Max Planck hörte. Zwei Bewerbungen an der Berliner und Wiener Kunstakademie wurden abgelehnt; nach dem Besuch der renommierten Berliner Malschule von Arthur Lewin-Funcke, in der Lovis Corinth gelehrt und Heinrich Zille zu Anfang des Jahrhunderts regelmäßig Akt gezeichnet hatte, wurde ich zu Beginn des Sommersemesters 1923 an der Dresdner Kunstakademie immatrikuliert. Hier fand ich nach kurzem Suchen in Max Feldbauer und Robert Sterl entscheidende Anreger und Lehrer.

Vor allem Sterls Interesse an sozialen Themen, aber auch seine Nähe zur Natur und Musik, die Fähigkeit zum skizzenhaft-koloristischen Erfassen von Gegenstand und Licht zogen mich an und prägten mich stark in jener Zeit. In den letzten beiden Dresdner Jahren entstanden viele Landschaften, aber auch immer mehr Arbeiten über Stadt und Menschen, darunter zahlreiche Portraits, zumeist von Freunden und Bekannten.

Die Stadt im allgemeinen, Paris im besonderen, nehmen in Ihrem Werk einen zentralen Platz ein?

In den Pariser Straßen und Vorstadtlandschaften fand ich schnell eine Fortsetzung meiner in Berlin gefundenen Themen.

Sie erhielten ja schon frühzeitig Anstöße aus Frankreich?

Dem Rat von Käthe Kollwitz »Paris, nur Paris!« folgend, reiste ich bereits während meines Studiums in Dresden 1926 nach Frankreich, studierte die Sammlungen der französischen Hauptstadt und verbrachte den Winter in Cagnes-sur-Mer, wo Renoir sein Alterswerk geschaffen hatte. Leider ist von diesen Aufenthalten nur ein Selbstbildnis übriggeblieben, alle anderen Werke wurden im Krieg vernichtet, auch die vom Dresdner Museum angekauften.

Zu Ihren vielseitigen künstlerischen Neigungen hatten sich auch stets bibliophile Neigungen gesellt?

Oft zum Ärger meiner Frau, war unsere Wohnung neben Bildern auch stets mit Büchern vollgestopft. Immer auf der Suche nach Sammelnswertem gelang mir übrigens 1965 ein sehr erfreulicher Fund. In einem

Zürcher Verlag entdeckte ich damals eine Kiste unbekannter Herkunft, die ein Anonymus dreißig Jahre zuvor dort in Sicherheit gebracht hatte. In ihr befanden sich die lange vermißten Radierplatten der Grundigs[11]; Sie können sich vorstellen, wie glücklich Lea Grundig über diese Entdeckung war.

Haben Sie neben dem bisher Gesagten eigentlich noch weitere Maximen für Ihr Schaffen?

Ich möchte mit einer Anekdote antworten. Max Liebermann hat mal in jungen Jahren zu mir über eines meiner Werke gesagt: »Das ist zu drei Vierteln gut!« Seitdem versuche ich, an dem fehlenden Viertel zu arbeiten.

Herr Liebknecht, Sie stehen in einer großen Familientradition?

Dazu möchte ich eigentlich nicht viele Worte machen. Wie mein Großvater und Vater bin auch ich Sozialist, und ich glaube heute, daß die Menschheit mehr denn je vor der Alternative Sozialismus oder Barbarei steht.

---

11 Hans Grundig (1901-1958), Maler und Grafiker, wie Robert Liebknecht in den zwanziger Jahren Student an der Kunstakademie in Dresden, 1933 mit Berufsverbot belegt, elf Jahre im KZ eingesperrt, seit 1947 Rektor der Hochschule für Bildende Künste Dresden. – Lea Grundig (1906-1977), Malerin und Grafikerin, Frau von Hans Grundig, studierte ebenfalls in den zwanziger Jahren in Dresden, 1930 Mitglied der ASSO, seit 1950 Professorin an der Hochschule für Bildende Künste Dresden.

Gustav Strübel

»Ich habe sie richten lassen«

Vor 70 Jahren: Offiziere morden, Richter versagen, die SPD zahlt den Preis

Wie der Staatsgerichtshof aussehen müßte!

»... einen geschichtlichen Rückblick – wenn auch etwas trüberer Art – gibt Parteifunktionär Albert Konzowski (Leipzig) über die traurigen Tage um den 9. November. Nach ihm habe die Sozialdemokratie das Verdienst, den Bolschewismus zurückgedämmt zu haben; so berichtet Konzowski von einer Äußerung Eberts, der im Januar 1919 zu ihm (Konzowski) gesagt habe: ›Albert – noch zwei solcher Siege wie die über Liebknecht und Luxemburg, und wir haben gesiegt!‹ Ein lehrreiches Büchlein.«

Kurt Tucholsky (in: »Die Weltbühne« vom 24. November 1925)

Gustav Strübel produzierte 1968/69 das Fernsehspiel »Der Fall Liebknecht-Luxemburg – Darstellung eines Offizierskomplotts« von Dieter Ertel (siehe dazu auch dessen Text auf Seite 123 ff.), das jene gerichtliche Auseinandersetzung zur Folge hatte, die letztendlich zur Aufklärung der Morde vom 15. Januar 1919 führte.

Abbildung vorige Seite:
George Grosz: Wie der Staatsgerichtshof aussehen müßte!
(aus: »Der blutige Ernst«, Nr. 3/1919)

Die Erschießung Liebknechts, die Ermordung der Luxemburg durch Pöbel in Berlin sind Tatsachen. Angewidert.« Mit diesem knappen Tagebucheintrag registriert Thomas Mann die Nachricht, daß die beiden Spartakus-Führer in der Nacht vom 15. zum 16. Januar 1919 umgebracht worden sind. Das Ärgernis für ihn ist offenbar nicht der Tod der Spartakisten, sondern es sind die Umstände des Todes.

Thomas Mann steht hier repräsentativ für das deutsche Bürgertum, dessen Seelengeschichte er so meisterlich beschrieben hat. Es hatte sein antisozialistisches Ressentiment besonders an Karl Liebknecht und Rosa Luxemburg festgemacht. Sie wurden zu negativen Symbolfiguren hochstilisiert: Mit ihrem Pazifismus und Internationalismus hätten sie noch aus dem Gefängnis heraus die deutsche Kriegspolitik torpediert; ihnen sei jedes Mittel recht, die Weltrevolution durchzusetzen; als »Agenten Lenins« hätten sie den Auftrag, die Bolschewisierung Deutschlands zu erzwingen.

Das konservative Lager konnte sich in diesem Falle mit seinen Ängsten und Verdächtigungen sogar auf die Sozialdemokratie berufen: Der böse Satz von den »unlauteren Elementen«, deren Ziel »die Aufrichtung einer asiatischen Hunger- und Schreckensherrschaft wie in Rußland« sei, stammt aus einem Artikel von Friedrich Stampfer, dem Chefredakteur des *Vorwärts*. Die Hetztiraden des Parteiblatts gegen die Exgenossen unterschieden sich kaum von den Haßparolen der Rechtspresse.

Die obsessive Fixierung der SPD auf die Dissidenten war noch stärker als die ihrer rechten Gegner. Sie reichte weit in die gemeinsame Vergangenheit zurück, wurzelte tief im Biographisch-Persönlichen. Ihre mokante Äußerung über die »Parvenü-Gestalt« des Parteivorsitzenden Friedrich Ebert ist Rosa Luxemburg nie verziehen worden. Aber hinter Animositäten und oft unfaßlicher menschlicher Entfremdung zwischen den marxistischen Intellektuellen und den Traditionssozialdemokraten standen fundamentale ideologische und politische Gegensätze, die sich nach der Novemberrevolution 1918 bis zum Haß steigerten.

Der Spartakus-Bund in der USPD (Unabhängige Sozialdemokraten) und die norddeutschen Linksradikalen, die den Kern der am Jahresende 1918 gegründeten Kommunistischen Partei bildeten, wollten umgehend die »soziale Revolution« durchführen. Sie warfen den Mehrheitssozialdemokraten vor, daß durch ihr Kompromißlertum die historische Chance, die Arbeiterklasse an die Macht zu bringen, vertan würde. Tatsächlich ließ die neue Regierung Ebert die gesellschaftlichen Grundlagen des Kaiserreichs unangetastet. Sie wollte die Entwicklung zur Demokratie mit einem Höchstmaß an Legalität und Kontinuität verbinden. Ein Rätesystem, wie es den Spartakisten vorschwebte, paßte in diese Linie nicht hinein.

Da war es nebensächlich, ob die Betroffenen das russische Revolutionsmodell kopieren oder einen eigenen deutschen Weg zum Sozialismus gehen wollten, wie es vor allem Rosa Luxemburg im Sinn hatte. Die Mehrheitssozialdemokratie wollte sich nicht noch einmal täuschen lassen. Sie hatte im Oktober 1917 geglaubt, daß in Rußland jetzt die Demokratie verwirklicht werde, und es war ein böser Schock für sie, als Lenin und Trotzki die sowjetische Parteidiktatur etablierten. Der Zustand der Sozialdemokraten in jenen Wochen und Monaten ließe sich mit den pathologischen Begriffen Spaltungstrauma und Putschsyndrom beschreiben. Aber auch die Gegenseite hatte ihre Neurosen. Willy Brandt hat einmal von den »zänkischen Attitüden« der hochintellektuellen Rosa Luxemburg gesprochen; der zuweilen blinde Aktionismus Karl Liebknechts läßt vermuten, daß er um jeden Preis aus dem Schatten seines großen Vaters Wilhelm, der zusammen mit August Bebel die SPD gegründet hatte, heraustreten wollte. Die USPD versuchte vergeblich, zwischen den verhärteten Fronten zu vermitteln. Liebknecht erteilte ihren Bemühungen eine höhnische Absage.

Auch die Regierung war schließlich zu keinem Entgegenkommen mehr bereit. Sie sah hinter den Streiks und Unruhen, die überall im Lande aufbrachen, die Hand der spartakistisch-kommunistischen Führung, auch wenn dort oft nur die örtlichen Arbeiter- und Soldatenräte am Werk waren. Und in diesen hatten meist die Sozialdemokraten die Mehrheit. Nach dem Ausscheiden der USPD-Mitglieder aus der Regierung, dem Rat der Volksbeauftragten, am 27. Dezember 1918 und dem Eintritt von Gustav Noske in das Kabinett als Volksbeauftragter für Heer und Marine war man entschlossen, es notfalls auf eine bewaffnete Auseinandersetzung mit der linken Opposition ankommen zu lassen. Besonders Noske, bekannt für eine bornierte Härte und seine Vorliebe fürs soldatische Metier, drang auf entschiedenes Handeln.

Gleich nach dem 9. November 1918 hatte Feldmarschall Paul von Hindenburg der Revolutionsregierung die Dienste der Heeresleitung angeboten, »um die Ausbreitung des terroristischen Bolschewismus in Deutschland zu verhindern«. Nach knapp zwei Monaten war es soweit:

das sozialdemokratische Kabinett rief die alte Armee zu Hilfe. Niemand hatte ernstlich an Bürgerkrieg gedacht, als Linkssozialisten und Kommunisten den 5. Januar zum Aktionstag erklärten, um gegen die Absetzung des von der USPD gestellten Berliner Polizeipräsidenten Emil Eichhorn zu protestieren. Die Massendemonstration auf dem Alexanderplatz verlief diszipliniert und friedlich.

Aber dann zogen ein paar Hundert Demonstranten in das Zeitungsviertel, besetzten Verlagsgebäude, Redaktionen und Druckereien. Putschstimmung breitete sich plötzlich aus, und die Führung des Linksbündnisses, die im Polizeipräsidium tagte, ließ sich davon mitreißen. Ein Revolutionskomitee wurde ausgerufen; man forderte den Sturz der Regierung. Ungewollt und ungeplant kam der sogenannte Spartakusaufstand in Gang.

Das Ganze sei ein »Narrenspiel« gewesen, wird Richard Müller, der als USPD-Mann an der Konferenz teilnahm, später schreiben. Der revolutionistische Dilettantismus von Karl Liebknecht, Georg Ledebour, Wilhelm Pieck und Genossen projizierte seine eigenen Schwächen auf die verhaßte »Gegenrevolution« und verstieß gegen alle Regeln des Volkskampfes. Rosa Luxemburg, die am 5. Januar nicht dabei war, verurteilte die »Erhebung«: »Karl, ist das unser Programm?« Grundsätzlich lehnte sie jeden Spontanradikalismus ab – überdies wußte sie, daß die aufständischen Arbeiter verloren waren, wenn sie unvorbereitet der Militärmacht konfrontiert wurden.

Aber die Ereignisse gingen über sie hinweg. Während Liebknecht die nächsten Tage von einem Brennpunkt zum andern eilte, schrieb sie in der *Roten Fahne*, dem Parteiblatt der Kommunisten, Rechtfertigungs- und Aufmunterungsartikel, allerdings ohne die jetzt üblichen blutrünstigen Akzente. Sie erlitt mehrere Zusammenbrüche.

Um so mehr war Noske in seinem Element. »Einer muß der Bluthund werden; ich scheue die Verantwortung nicht«, hatte er seinen Kabinettskollegen erklärt, als er aufgefordert wurde, wieder »geordnete Verhältnisse in Berlin« herzustellen. Am 7. Januar bezog der »Oberbefehlshaber der Marken«, wie sich der ehemalige »Frontberichterstatter« nun nannte, im Luisenstift in Dahlem sein Hauptquartier. »Scharen von Freiwilligen kamen, um sich Truppeneinheiten zuweisen zu lassen ... Nach drei Tagen glich die Gegend einem Kriegslager ... Einer der rührigsten Offiziere war der Hauptmann Waldemar Pabst, Generalstabsoffizier der 1. Garde-Kavallerie-Schützen-Division«, erinnert sich Noske in seinen Memoiren.

Hier tritt erstmals der Akteur auf den Plan, der in den nächsten Tagen und Wochen der stärkste Mann in Berlin sein wird. Generalquartiermeister Erich Ludendorff hatte Pabst schon im Krieg als einen seiner fähigsten Generalstabsoffiziere bezeichnet; der wird nun diesem Ruf auch in der Heimat gerecht werden. Zum Beispiel, indem er sich persönlich des Falles Liebknecht-Luxemburg annimmt. Dabei braucht die Garde-Kavallerie-Schützen-Division in die eigentlichen Kampfhandlungen gar nicht mehr einzugreifen. Die bereits in Berlin anwesenden Truppen genügen, um den Aufstand niederzuschlagen.

Am 13. Januar sind die Kämpfe praktisch beendet. In einem von Pabst formulierten Geheimbefehl wird Berlin in Wehrbereiche aufgeteilt und unter Militärrecht gestellt. Die Kerntruppe des Generalkommandos Lüttwitz, in dem alle Berliner Korps zusammengefaßt werden, bildet die Garde-Kavallerie-Schützen-Division. Als diese Eliteeinheit am 14. Januar mit klingendem Spiel durch das Brandenburger Tor zieht, reitet Pabst an der Seite des Divisionskommandeurs, des Generalleutnants Heinrich von Hofmann. Stabsquartier wird das Eden-Hotel. Der General, schwerkrank, überläßt Pabst die Aufräumungsarbeit.

Und es wird aufgeräumt mit dem »bolschewistischen Gesindel«. Ganze Wohnviertel werden durchkämmt: es wird verhaftet – und liquidiert. Journalistische Schreibtischtäter der verschiedensten Couleur bestärkten Pabst in seiner Entschlossenheit, den »Rädelsführern des Aufstands«, wie Liebknecht und Luxemburg jetzt in Steckbriefen genannt werden, keinen Pardon zu geben. Am 15. Januar werden die beiden von einer Patrouille der Wilmersdorfer Bürgerwehr in der Wohnung eines befreundeten Ehepaars, Mannheimerstraße 43, entdeckt und ins Eden-Hotel eingeliefert.

Im Laufe des nächsten Tages teilt der Divisionsstab in einem amtlichen Bericht mit, daß Liebknecht bei einem Fluchtversuch im Tiergarten erschossen und Rosa Luxemburg von einer Volksmenge vor dem Eden-Hotel gelyncht und entführt worden sei. Das *Wolffsche Telegraphenbüro* und die Zeitungen halten sich an diese Version. So unwahrscheinlich und widerspruchsvoll die Darstellung auch klingt, sie wird kritiklos hingenommen. Man ist sich weithin einig, daß – so die liberal-konservative *Vossische Zeitung* – »an den beiden terroristischen Führern eine Art Volksgericht vollstreckt worden ist«. Auf diese Interpretation legt der Volksbeauftragte Philipp Scheidemann auch die Regierung fest, als er in einer Rede in Kassel die Toten als Spießgesellen von Verbrechern und Wahnsinnige bezeichnet, gegen die man im Interesse der Arbeiterklasse zur Notwehr habe greifen müssen. Da kann sich der Leitartikler des *Vorwärts* nicht lumpen lassen. Liebknecht und Luxemburg, kommentiert er das Ende der einstigen Weggefährten, seien »Opfer ihrer eigenen blutigen Terrortaktik geworden ... Die Niederwerfung des Spartakusaufstandes bedeutet für unser Volk, ganz besonders auch für die Arbeiterklasse, einen Akt der Rettung, den zu vollbringen wir vor der Geschichte verpflichtet waren.«

Unisono wird von den Zeitungen noch einmal die bolschewistische Gefahr beschworen. So bombastisch das alles klingt, angesichts des kleinen schlecht bewaffneten Putschistenhaufens, der von einem vielfachen Truppenaufgebot im Handumdrehen eliminiert wurde (unter den 156 Toten befanden sich fast nur Arbeiter): Das Schlagwort von der »bolschewistischen Gefahr« war längst zur Totschlagwaffe gemacht worden. Die Furcht vor der Bolschewisierung Deutschlands – darüber sind sich auch die meisten Historiker heute einig – war unbegründet. Denn die Radikalen hatten keine Massenbasis. Die Dynamik des linken Utopismus wurde maßlos überschätzt.

Aber die Ausschaltung der Linken ist doch nicht so komplett, wir man es sich im Eden-Hotel gewünscht hätte: Sensationelle Details über den Mordfall veröffentlicht die kommunistische *Rote Fahne* nach ihrer Wiederzulassung am 12. Februar. Sie beschreibt Tatplan und Ausführung, klagt an: den Kapitänleutnant Horst von Pflugk-Harttung und seine Begleiter des Mordes an Karl Liebknecht, Oberleutnant Kurt Vogel des Mordes an Rosa Luxemburg, den Hauptmann Pabst der Begünstigung der Mörder. Die Umrisse eines Mordkomplotts werden sichtbar.

Doch das Eden-Hotel hat vorgesorgt. Im Zusammenspiel mit dem Genossen Otto Landsberg, dem neuen Reichsjustizminister, wird nicht die Strafjustiz mit der Strafverfolgung beauftragt, sondern das Feldgericht der Garde-Kavallerie-Schützen-Division. Man kommt nicht umhin, die Begleitkommandos, die Liebknecht und Luxemburg abgeführt hatten, zu verhaften. Es findet sogar ein Prozeß vor dem Feldkriegsgericht statt. Die Höchststrafe liegt bei zwei Jahren und vier Monaten für Oberleutnant Vogel, den Führer des Luxemburg-Transportes. Er wird verurteilt wegen »erschwerten Wachverbrechens« und »Beiseiteschaffung einer Leiche sowie ... vorsätzlich unrichtiger Abstattung einer dienstlichen Meldung«. Von der Anklage des gemeinschaftlichen Mordes und rechtswidrigen Waffengebrauchs im Dienst wird Vogel freigesprochen.

Zwei Tage danach fährt vor dem Moabiter Zellengefängnis ein Offizier vor, der sich ausweist als »Oberleutnant Lindemann« (wir werden noch sehen, welch berühmter Name sich dahinter verbirgt!) und einen Befehl vorzeigt, nach dem er den verurteilten Transportführer in ein anderes Gefängnis überbringen soll. Der Befehl trägt die Unterschrift des Kriegsgerichtsrats Paul Jorns, der als Untersuchungsrichter und Ankläger in diesem Verfahren tätig war. Jener Mann, der nach allen damals vorliegenden Indizien Rosa Luxemburg erschossen hat, wird mit einem falschen Paß auf den Namen Kurt Velsen nach Holland verfrachtet.

Daß die Verhandlung, bei der Pabst lediglich als Zeuge auftrat, eine Farce war, konnte auch wohlmeinenden Betrachtern nicht verborgen bleiben. Nur, außer der Linkspresse regte sich niemand darüber auf. Kurioserweise meldeten nach dem Feldgerichtsprozeß die unteren Chargen der Begleitkommandos ihren Anspruch auf Täterschaft an: Ein Jäger Friedrich ließ sich als Mörder von Karl Liebknecht feiern; ein gewisser Krull behauptete öffentlich, er sei der Todesschütze, der die »rote Rosa« umgelegt habe. Dadurch sah sich der Staatsanwalt am Berliner Landgericht gezwungen, 1922 noch einmal in die Ermittlung einzusteigen. Dabei kam es zu einer sensationellen Enthüllung. Durch Zeugenaussagen war bekannt geworden, daß der Marineleutnant Hermann Wilhelm Souchon am Luxemburg-Transport beteiligt war. War er der große Unbekannte, von dem während des Prozesses immer wieder die Rede gewesen ist? Souchon sagte aus, er sei lediglich im Wagen mitgefahren. »Plötzlich hörte ich neben mir einen Schuß, und zwar muß er auf ganz kurze Entfernung von mir, wahrscheinlich im Auto selbst, gefallen sein. Ich drehte mich um und sah, wie Frau Luxemburg nach hinten übergefallen war. Vogel hatte eine Pistole in der Hand, die Parabellumdienstpistole.« Die Berliner Staatsanwaltschaft leitete gegen Souchon ein Ermittlungsverfahren wegen Meineids und Beihilfe zum Mord ein, das 1932 aufgrund einer Amnestie eingestellt wurde. Souchon hat bis zu seinem Tod bestritten, mit dem Mord etwas zu tun zu haben, und noch 1969 erreicht, daß der *Süddeutsche Rundfunk* zum Widerruf der Behauptung, er habe Rosa Luxemburg erschossen, verurteilt wurde.[1]

---

1 Anm. des Verlages: Daß Souchon tatsächlich der Todesschütze war, kann durch neue Dokumente belegt werden. Siehe Klaus Gietinger, Eine Leiche im Landwehrkanal – die Ermordung der Rosa L. Verlag 1900 Berlin, Berlin 1995

Im Jahre 1929 schrieb Berthold Jacob in der Zeitschrift *Das Tagebuch*, der inzwischen zum Reichsanwalt beim Staatsgericht avancierte Kriegsgerichtsrat a. D. Jorns habe den Mördern von Liebknecht und Luxemburg Vorschub geleistet. Bei dem von Jorns angestrengten Verleumdungsprozeß gelang es Rechtsanwalt Paul Levi, den Reichsanwalt als notorischen Rechtsbrecher zu entlarven (eine glänzende Voraussetzung für dessen spätere Berufung zum Ankläger beim Nazi-Volksgerichtshof). Und es kamen atemberaubende Vorgänge aus der Mordnacht zur Sprache.

So wurde der ehemalige Reserveleutnant Rudolf Liepmann, inzwischen Rechtsreferendar in Potsdam, zum »Fluchtversuch« Liebknechts vernommen: Er sei in der letzten Reihe des Begleitkommandos gegangen, als auf den Spartakistenführer geschossen wurde, darum habe er nichts Genaues gesehen; aber dann fielen die enthüllenden Sätze: »Die Ereignisse dieses Abends spielten sich wie im Rausch ab. Wir hatten vier Jahre einander getötet, es kam auf einen mehr nicht an.«

Das Schlußplädoyer Paul Levis wurde zu einer bitteren Anklage gegen das »System Noske, das die Freiheit der jungen Republik mit den Landsknechten der alten Armee verteidigen wollte«: »Der Fall Jorns und Liebknecht-Luxemburg, das war das Proton Pseudos [»die erste Lüge» – *Die Zeit*], das war der erste Fall, in dem Mörder mordeten und wußten, die Gerichte versagen. Da begann jener schauerliche Zug von Toten, fortgesetzt im März 1919 schon und ging weiter die ganzen Jahre und Jahre, Gemordete und Gemordete …«

Von Pabst aber ist die ganze Zeit über kaum noch die Rede. Bis er im Januar 1962 (!) im rechtsradikalen *Deutschen Studenten-Anzeiger* erklärt: »Ich habe richten lassen.« Seine Begründung: »Es lag nicht nur im Interesse unseres Deutschlands, daß wir es damals vor dem Schicksal bewahrten, das ihm heute Herr Ulbricht [erster Staatsratsvorsitzender der DDR – *Die Zeit*] und seine Drahtzieher bereiten möchten, sondern der Sieg des Kommunismus in Deutschland hätte bereits 1919 das gesamte christliche Abendland zum Einsturz gebracht. Die Beendigung dieser Gefahr wog bestimmt wesentlich mehr als die Beseitigung von zwei politischen Verführern.«

Das ist der Jargon, den man auch in den fünfziger und sechziger Jahren – noch oder wieder – versteht. Das regierungsamtliche Bulletin in Bonn spricht von einer »standrechtlichen Erschießung« der Aufrührer, als es Pabsts Bekenntnis wohlwollend kommentiert. Nach kurzer heftiger Diskussion um diese Fehlleistung des Bundespressechefs Felix von Eckardt wird der Vorfall vergessen. Es lohnt sich jedoch, einmal in die Vita des »brillanten Generalstäblers« Pabst zu schauen, um zu sehen, welche Figuren 1919 Geschichte machten.

Die Zeugen im Jorns-Prozeß nannten den militärischen Kopf im Eden-Hotel einen Autokraten, dem sich niemand zu widersetzen wagte. Bei den Berliner Unruhen im März 1919 wurde Minister Noske von Pabst gedrängt, einen Schießbefehl zu unterzeichnen. Um die Bedenken zu überwinden, setzte Pabst eine Greuelgeschichte über die Abschlachtung von 60 Polizisten durch Spartakisten in die Welt. »Nunmehr endlich war Noske innerlich so weit, daß er meinen Entwurf als Oberbefehlshaber herausgab«, hat der Hauptmann danach konstatiert. Seiner extensiven Auslegung zufolge gab der Schießbefehl den Militäreinheiten das »Recht, jeden Zivilisten, der mit einer Waffe in der Hand angetroffen wird, auf der Stelle zu erschießen.« Am Schluß der Kämpfe wurden rund 1.200 Tote gezählt, darunter 75 Soldaten.

Ein paar Monate später ernannte der Befehlshaber des Reichswehrgruppen-Kommandos I, General Walther von Lüttwitz, Pabst zum Major; die Herrschaften brauchten einen Bürgerkriegsspezialisten. Pabst wurde Chefplaner und Koordinator des Kapp-Lüttwitz-Putsches, einer Verschwörung von Generalstäblern, Freikorps-Brigaden und bankrottem Junkertum.

Als ein Generalstreik der deutschen Arbeiter diese reaktionäre Koalition im März 1920 wie einen Spuk wegfegte, setzte sich der Putschstratege nach Österreich ab. Er half dem Fürsten Ernst Rüdiger von Starhemberg, die klero-faschistische Heimwehr aufzubauen – einen paramilitärischen Verband, der 1927 die sozialistischen Arbeiter in Wien zusammenkartätschte. Im »Dritten Reich« hatte der Major a. D. das Pech, daß er auf den falschen Mann abonniert war. Pabst war noch aus alten Umsturztagen mit Hauptmann Ernst Röhm, jetzt Stabschef der SA, befreundet. Als Hitler Ende Juni 1934 hohe SA-Führer und gleichzeitig eine Reihe politisch mißliebiger Persönlichkeiten ermorden ließ, stand auch Pabst auf der Abschußliste. Doch er wurde noch rechtzeitig von seinem Freund, dem nachmaligen Abwehrchef Admiral Canaris, gewarnt und konnte sich vorübergehend verbergen. Später arbeitete er für die Firma Rheinmetall-Borsig in der Schweiz; seine Spezialität: Waffengeschäfte. Erst 1955 kehrte Pabst nach Deutschland zurück.

Mitte der sechziger Jahre kamen Fernsehmitarbeiter des *Süddeutschen Rundfunks* mit Pabst ins Gespräch. Der Sender plante eine Dokumentarspielreihe »Befangene Justiz«; dem Historiker Joseph Wulf war es gelungen, im Preußischen Staatsarchiv die Akten des Feldkriegsgerichtprozesses vom Mai 1919 nebst weiteren, bisher verschollenen Materialien zum Fall Liebknecht-Luxemburg auszugraben. Nach einer Zusammenkunft Anfang 1966 in Pabsts Düsseldorfer Wohnung schrieb der als Autor vorgesehene Dokumentarfilmer Dieter Ertel in einem Gedächtnisprotokoll: »Wir hatten noch nie einen so quicken und quirligen Mittachtziger gesehen. Diesem kleinen, alten Herrn nahm man die große Rolle ab, die er in den Memoiren von Noske und anderen Zeitgenossen nach dem Ersten Weltkrieg in Berlin spielte. Sein Temperament lag in ständigem Widerstreit mit der Vorsicht, die er sich den beiden Fremden vom Fernsehen gegenüber auferlegte.«

Nach vielen Gesprächen faßte Pabst Vertrauen und fing an, von sich aus über Dinge zu sprechen, die man bisher nur ahnen konnte. »Wir müssen uns endlich zu unserer Vergangenheit bekennen«, argumentierte er, »niemand braucht sich zu schämen für das, was er getan hat. Ich habe den Männern den Auftrag gegeben. Sie haben ihn ordnungsgemäß ausgeführt. Die Leute haben sich um Deutschland verdient gemacht.«

Pabst erinnerte sich auch an Gestalten, die ihm ins Handwerk pfuschten, beispielsweise einen Hauptmann Petri, der hinter seinem Rücken den Jäger Otto Runge anstiftete, die beiden Gefangenen beim Abtransport mit dem Gewehrkolben zusammenzuschlagen. Damit seien ihm fast seine Pläne vermasselt worden. »Selbstverständlich hat Frau Luxemburg als gesunder Mensch das Auto besteigen sollen. Und dann kommen solche Idioten ... Es war ein Saupech, daß gerade dieser Kerl da unten Posten stand. Den Petri habe ich sofort aus meinem Stab entfernt.«

Das Gedächtnis des 85jährigen funktionierte hervorragend; er hatte noch die unglaublichsten Details parat. So berichtete er, Rosa Luxemburg habe nach dem ersten Verhör erst einmal ihr Nähzeug hervorgeholt, um einen beim Transport ins Eden-Hotel heruntergerissenen Rocksaum festzunähen. Und dann nicht ohne einen gewissen Respekt: »Wie sie abgeholt wurde zum Transport, hat sie im ›Faust‹ gelesen, ›Faust II‹ sogar.«

Unwillkürlich fragten die Interviewer: »Und warum haben Sie diese Frau töten lassen? Sie hat im ›Spartakusaufstand‹ doch eine eher passive Rolle gespielt.« Da erzählte Pabst eine merkwürdige Story: Eines Tages sei ein Regimentskommandeur, adelig und katholisch, zum Divisionsstab gekommen und habe um die Erlaubnis gebeten, Rosa Luxemburg vor der Truppe sprechen zu lassen. Der Offizier habe sie reden gehört, war von ihr begeistert und »hielt sie für eine Heilige«, »einen neuen Messias«. Pabst: »In diesem Augenblick erkannte ich die ganze Gefährlichkeit dieser Frau. Sie war schlimmer als alle anderen, auch die mit der Waffe. Ich habe den Entschluß gefaßt, diese Demagogin, die sogar einen Regimentskommandeur verführen konnte, ausschalten zu lassen.«

Nach einem Kabinettsbeschluß vom Dezember 1918 hätten die Spartakisten an die ordentlichen Gerichte ausgeliefert werden müssen. Da Pabst jedoch fürchtete, daß sie früher oder später wieder freikämen, entschloß er sich zur Selbstjustiz. Er ließ durch seinen Adjutanten, Hauptmann Heinz von Pflugk-Harttung, ein Freiwilligenkommando von fünf Mann aus der Marine-Eskadron zusammenstellen, angeführt von dessen Bruder Horst; außerdem wurde noch Oberleutnant Vogel, Verbindungsoffizier der Wilmersdorfer Bürgerwehr, einbezogen, weil er über Wagen und Fahrer verfügte. Der Auftrag für die erste Mannschaft lautete genau so, wie später in der *Roten Fahne* vermutet wurde: Bei der angeblichen Überführung Liebknechts ins Untersuchungsgefängnis wird im Tiergarten eine Autopanne fingiert; die Offiziere sind genötigt, mit dem Gefangenen zu Fuß weiterzumarschieren; dabei wird ein Fluchtversuch inszeniert, der die Begleitwache zwingt, von der Schußwaffe Gebrauch zu machen.

Für Rosa Luxemburg mußte eine andere Lösung gefunden werden, da, so Pabst, »bei einer fast fünfzigjährigen verkrüppelten Frau ein Fluchtversuch nicht in Frage kam«. Statt dessen sollte der Wagen von einer »empörten Menschenmenge« aufgehalten werden, ein Unbekannter auf das Trittbrett springen, die Verhaftete erschießen und so schnell wie möglich in der Dunkelheit verschwinden. Auch hierfür stand, nach Darstellung Pabsts, ein Marineoffizier[2] bereit. Pech war nur, daß nicht alles so glatt ablief: Es gab nachweislich nachts keine »Menschenmenge« vor dem Hotel, höchstens ein Dutzend Soldaten; durch die Kolbenschläge des Jägers Runge war Rosa Luxemburg bewußtlos geworden; nach ihrer Erschießung verlor Transportführer Vogel die Nerven; statt die Tote wie vorgesehen im Leichenschauhaus abzuliefern, ließ er sie in den Landwehrkanal werfen.

---

2 Anm. des Verlages: Hermann W. Souchon

Dem Oberleutnant Vogel wurde klargemacht, daß er allein diese Situation verschuldet hatte. Doch konnte Vogel sicher sein, daß man ihn nicht im Stich lassen würde. Richter Jorns erlaubte Pabst Einblick in die Untersuchungsakten. Es wurde mit Zeugenabstimmungen und Schmiergeldern, mit Pressionen und Fälschungen jeder Art gearbeitet; die Untersuchungshaft bot den Tätern die Gelegenheit, sich in einem verteilten Rollenspiel für das Gerichtsverfahren zu präparieren.

Synchronisiert wurden die Manipulationen von einem Offizier, der als Beisitzer des Feldkriegsgerichts amtierte und dem eine große Karriere bevorstand: »Mein bester Helfer war mein Freund Canaris«, erzählte Pabst den Fernsehjournalisten. Und 1969 erklärte er dem ehemaligen Flottenrichter Otto Kranzbühler: »Die beiden einzigen Offiziere, die am 15. Januar über alles Bescheid wußten, waren Canaris und ich. Wir allein waren auch über die zu erteilenden Befehle unterrichtet.«

Kapitänleutnant Wilhelm Canaris, der gleichzeitig zum persönlichen Stab Gustav Noskes und zur Führungsspitze der Garde-Kavallerie-Schützen-Division gehörte, war es dann auch, der als »Oberleutnant Lindemann« – eine Einübung in sein künftiges Aufgabengebiet bei der Abwehr – Vogel mit gefälschten Papieren aus dem Gefängnis herausholte. Die Untersuchung der Flucht wurde von der Regierung der – Garde-Kavallerie-Schützen-Division übertragen.

Bleibt noch die Frage, wieso die SPD-Regierung dieses üble Spiel mitspielte oder ob sie es nicht durchschauen wollte und konnte. Pabst wurde am 16. Januar mit dem Divisionskommandeur zum Rapport ins Reichskanzlerpalais bestellt: »Es herrschte dort ziemliche Aufregung. Ebert meinte ärgerlich, wir hätten aus den beiden Märtyrer gemacht. Landsberg und Scheidemann verlangten Verhaftungen, um die Unruhe in der Arbeiterschaft zu beschwichtigen. Nur einer von den Herrschaften hat richtig begriffen, was wir für unser deutsches Vaterland getan hatten. Noske. Er hat mir die Hand gedrückt.«

Gleichzeitig aber erwähnt Pabst, daß die Volksbeauftragten gar keine andere Wahl gehabt hätten, als zu akzeptieren, was in der Nacht geschehen war. Er hatte entsprechend vorgesorgt, »um eventuellen Schritten gegen die Division zuvorzukommen. Alle wichtigen Punkte waren von meinen Einheiten zerniert. Die Regierung saß in der Falle.«

Stillschweigendes Wohlverhalten, das war der Preis, den die Führung der Sozialdemokratie für die unheilige Allianz mit der monarchistischen

Militärmacht zahlen mußte. Und diese Macht wurde in diesem Augenblick von einem omnipotenten Hauptmann verkörpert.

»Pabst soll komplett größenwahnsinnig geworden sein … Er will den kleinen Napoleon spielen«, notierte General Wilhelm Groener am 8. Juli 1919 in sein Tagebuch, als man in der Obersten Heeresleitung über Putschpläne Lüttwitz' sprach. Doch als Pabst in der Mordnacht des 15./16. Januar dem Hauptquartier den Tod der Spartakisten-Führer meldete, hatte Groeners nächster Mitarbeiter, Major Kurt von Schleicher (der spätere Reichskanzler), ausgerufen: »Pabst, das haben Sie großartig gemacht!« Und dieser größenwahnsinnige Condottiere konnte sich wochenlang, während die Heeresleitung noch in Kassel saß, in Berlin austoben – gefördert von abgewirtschafteten Feldherrn, unterstützt von fanatisierten jungen Offizieren, die es den »Novemberverbrechern« heimzahlen wollten. Ihm fiel eine revolutionäre Bewegung zum Opfer, die das Gegenstück von dem war, was sich aus dem Zusammengehen von konservativer Reaktion und annexionistischem Militarismus in Deutschland entwickeln sollte.

Dieter Ertel

Einer aus dem Tiergarten

Besuch bei einem der Mörder Karl Liebknechts

»Die Ereignisse dieses Abends spielten sich wie im Rausch ab. Wir hatten vier Jahre einander getötet, da kam es auf einen mehr nicht an.«

Reserveleutnant Rudolf Liepmann, auch »einer aus dem Tiergarten«

Dieter Ertel war Leiter der Abteilung Dokumentarfilm beim Süddeutschen Rundfunk. Später wurde er Fernsehdirektor des Südwestfunks. Heute ist er pensioniert und Vorsitzender vom Haus des Dokumentarfilms Stuttgart. Autor des Fernsehspiels »Der Fall Liebknecht-Luxemburg – Darstellung eines Offizierskomplotts« (Süddeutscher Rundfunk 1969).

Abbildung vorige Seite:
Käthe Kollwitz, »Abschied von Karl Liebknecht«, Holzschnitt,
(aus: Annemarie Lange, »Berlin in der Weimarer Republik«.
Dietz Verlag, Berlin 1987)

Ein schwärzlicher Frühwintertag. Gegen das Abteilfenster schlägt der Regen. Eine halbe Stunde vor dem Ziel ist die Strecke jetzt eingleisig. Der Zug verpustet sich länger auf den Stationen, wartet den Gegenverkehr ab. Ich blättere in meinen Papieren, um mir die Daten einzuprägen.

Der Mann, der mich erwartet, ist 72 Jahre alt, damals im Tiergarten war er also 23. Er hat 1916 die Skagerrakschlacht mitgemacht. »Ein besonders frischer und beweglicher Offizier, der sich weit über den Durchschnitt erhebt und besondere Beachtung verdient«, hat sein Kommandant über ihn geschrieben, doch dann mahnend hinzugefügt: »Nur muß seine Haltung, im besonderen vor der Front, noch eine straffere werden.« Das EK I bekam er nicht.

Wir halten in I. Schulmädchen steigen aus, lange bunte Wollstrümpfe an festen Beinen, und schlendern ohne Eile zum Ausgang. Sie reden im gutturalen Dialekt ihrer Heimat, wie Fagottöne kollern die Vokale.

Was werde ich ihn fragen? Ich mache mir Notizen. Nachdem unser Brief ihn belehrt hatte, daß er entdeckt war, rief H. mich sofort an[1]. Der Mann, der auf dem Linienschiff besonders frisch und beweglich war, sprach mit einer Stimme, die Nachdenklichkeit und Zweifel, Resignation und auch wohl Angst kennen gelernt hatte. Er formulierte sehr sorgsam. Er sagte, er habe eine große Familie, und ob es sich vermeiden lasse, daß er wieder an die Öffentlichkeit gezerrt werde nach fast 50 Jahren. Als ich ihm anbot, sich schriftlich zu äußern, zögerte er. Dann erst merkte ich, ihm lag an meinem Besuch, er wollte sehen, mit wem er es zu tun hätte und was wir im Schilde führten.

Im Menschenknäuel an der Bahnschranke wartet ein Motorradfahrer im kunstledernen Wams, ein Bauernkrieger, den das technische Zeitalter domestizierte, die Kappe klebt über dem breiten Gesicht, es schaukeln die Lederbeine. Offene, selbstsichere Mienen überall. Deutsche Provinz, wer liebt, wer fürchtet dich nicht.

Es ist nicht, wie H. vermutet hatte – der Taxifahrer weiß mit seinem Namen nichts anzufangen. Aber das Baugeschäft, an dem wir nach H.s Angaben vorbeikommen sollen, ist ihm bekannt. Nur, wohin jetzt? Im Gasthof, wo Engelbräu vom Faß geschenkt wird, entsinnt sich der Wirt, der gerade beim Mittagbrot sitzt. Seine zwei Kellner – oder Söhne? – helfen ihm bei der Beschreibung: ganz oben links das vorletzte Haus.

---

1 Anm. des Verlages: Gemeint ist Heinrich Stiege (1895-1968), Leutnant zur See.

Der Wirt bringt mich an die Tür und sagt laut und herzhaft Grüß Gott.

Das Haus ist richtig, wie H. mir sagte, an den großen Fenstern zu erkennen. Es liegt am Hang. Mein Taxifahrer fährt daran vorbei, auf die Spitzkehre zu. Er weiß, daß bei diesen Häusern die Eingänge hinten sind.

Halb drei hatten wir abgemacht, und man hat nach mir Ausschau gehalten, denn Frau H. erwartet mich in der offenen Haustür. Während ich das Taxi bezahle, spüre ich ihren Blick. Was für eine herrliche Lage, sage ich, als ich mir die Schuhe abtrete. Ja, aber zu hoch, antwortet sie, wir müssen umziehen wegen unserer Herzen. Dann sagt sie unvermittelt, seien Sie milde mit meinem Mann, er kommt gerade aus dem Krankenhaus. Ihre engstehenden Augen lassen nicht den geringsten Zweifel, daß sie meinen Besuch mißbilligt. Ich überlege mir, ob die Personen in Priestleys Stück den Inspektor hassen, der die Vergangenheit nicht Vergangenheit sein läßt.

H. hatte schon am Telefon von seiner Krankheit gesprochen, von einem Herzblock, der ein Andenken an den Krieg sei, und einem Nierenleiden. Ich hatte angeboten, er solle selbst bestimmen, wie lange das Gespräch dauern könne, und er hatte geantwortet, Sie sollen soviel Zeit haben, wie Sie brauchen. Wenn Sie abends keinen Zug mehr kriegen, können Sie auch bei mir übernachten.

Als ich ins Wohnzimmer trete, sehe ich gegen das Fenster von H. nicht viel mehr als das Profil mit der mächtigen Nase. Er sitzt in einem Ohrensessel, vor ihm auf dem kleinen Tisch stehen drei Kaffeetassen und eine Schale mit Weihnachtsgebäck, daneben liegt ein Adventskranz, auf dem eine Kerze brennt. Ich erinnere mich, daß wir Nikolaustag haben, und kann mich kaum des Gefühls erwehren, dies sei für mich so arrangiert. Wer adventlich-mild und nachsichtig ist, so signalisiert man mir dringend, der ist willkommen. Nur, wie soll einer noch ungezwungen freundlich sein, wenn er soviel Besorgnis spürt?

Ich sage zu H., er solle sitzen bleiben, er stemmt sich ungelenk aus den Polstern und gibt mir die Hand. Er ist sehr groß und sieht dem Gewerkschaftsführer Rosenberg ähnlich. Ich gehe ans Fenster. Gegenüber, jenseits der Straße, liegt, von den hängenden Regenwolken halb verhüllt, ein Höhenzug. Sie sehen heute nicht viel, sagt H., an einem klaren Tag sollten Sie das sehen.

Der Mann in der Steirerjacke hat mich für besser informiert gehalten. Als ich ihm gegenübersitze, wundert er sich, daß ich nicht wußte, was ein

Vierteljude ist. Ja, sagt er, mein Großvater hat eine bildhübsche Jüdin geheiratet. Im Dritten Reich sei er um Reaktivierung eingekommen, obwohl er inzwischen Direktor eines Industriewerkes geworden war. Er schrieb schließlich an Generaladmiral Raeder persönlich, der ein Freund seines Vaters, des Konteradmirals, war. Raeder bedauerte, er sei an den Arierparagraphen gebunden, vertröstete H. aber auf den Kriegsausbruch. Der Krieg kam, und H. durfte das begehrte blaue Tuch wieder anlegen. Er wurde Abteilungsleiter unter Canaris, doch im Büro hielt es ihn nicht, wieder schrieb er Gesuche und kam als Korvettenkapitän ans Kaspische Meer, wo seine Funktion ihm einen ausufernden Titel bescherte: Küstenüberwachungsstellenleiter.

Nach Kriegsende wollte ihn dann ein kommunistischer Funktionär wegen der alten Geschichte einsperren lassen. H. kam ihm zuvor, erstattete Anzeige gegen sich selbst und fand mitfühlende Richter. Das Verfahren wurde eingestellt, weil H. schon 1919 wegen der Sache vor Gericht gestanden habe und rechtskräftig freigesprochen worden sei.

H. sagt, die Kerle haben meinen Brief an Raeder gefunden. Darin hatte ich angeführt, daß ich damals im Tiergarten dabei war, und das haben sie so gedreht, als ob ich mich damit gebrüstet hätte. – Ich denke, ob er 1945 wohl von seinem vierteljüdischen Blut Gebrauch gemacht hat.

H. spricht langsam und leise, dabei so angespannt ernst, als ob viel auf dem Spiel stände. Seine Frau, die Kaffeetasse aus rotgemustertem Porzellan in der Hand, läßt ihn nicht aus den engstehenden Augen. Beim ersten Telephongespräch hatte er gesagt, lassen Sie uns unter vier Augen reden, ich verspreche mir nichts davon, wenn jeder seinen Adjutanten mitbringt. Beim zweiten: Sie haben sicher nichts dagegen, wenn meine Frau dabei sitzt, sie ist schließlich mein Weggefährte seit 45 Jahren.

Übrigens, sagt H., ein Nazi bin ich nie gewesen, ich bin konservativrevolutionär. Die klassische *contradictio in adiecto* führt mich einen Augenblick lang irre. Erst allmählich stellen sich Gedankenverbindungen ein: Oswald Spengler und Ernst Jünger, die beiden weltanschaulichen Quellen, aus denen dann Hans Zehrer und sein Tat-Kreis schlürften – so ungefähr. Diesen Geistern also fühlte H. sich verbunden und tut es wohl noch. Man kommt nicht umhin, Golo Mann zu zitieren, den bis zur Selbstzerfleischung gerechten:

»Das aber muß man sagen, daß die jungen und halbjungen Männer von der ›Konservativen Revolution‹ sich eine ungewöhnliche Wirrnis ihres

Wollens gestatteten ... Sie waren ein lebendiges Zeichen der Zeit, und manches war schön, was sie taten. Aber zur begrifflichen Klärung leisteten sie nichts und wollten auch gar nichts dazu leisten. Sie spielten nicht mit, denn das ganze öffentliche Spiel gefiel ihnen nicht; genug, wenn sie seine Regeln erschütterten, seine Steine durcheinanderwarfen. Ihr Beitrag lag im Protest gegen Staat und Gesellschaft, so wie sie waren.«

Ich frage H., wie kamen Sie eigentlich damals dazu? Sind Sie mit der Marinebrigade aus Kiel gekommen? Nein, sagt H., ich war schon im Krieg krankheitshalber entlassen worden und hatte angefangen, in Berlin zu studieren. Eines Tages, es muß Januar 19 gewesen sein, geriet ich in eine Kundgebung in der Siegesallee. Auf dem Sockel eines dieser Denkmäler, ich sehe es noch wie heute, stand Karl Liebknecht und hielt eine Rede, eine schreckliche Rede. Von Aufhängen hat er gesprochen. In diesem Augenblick habe ich angefangen, ihn zu hassen.

Auf den gerichtsmedizinischen Fotos, sage ich, hat Liebknechts Leiche einen langen Stoppelbart. Ist der erst dem toten Liebknecht gewachsen, das soll es ja geben, oder ist er so unrasiert ins Eden-Hotel gekommen?

Ich weiß nicht, warum Sie mich das fragen, sagt H.

Ich möchte mir die Sache gern vorstellen können, antworte ich. Ich habe den Eindruck, daß Liebknecht überreizt und übernächtigt war. Wenn er nicht mehr zum Rasieren kam, wäre das ein Indiz.

Ich weiß es nicht mehr genau, aber ich könnte mir denken, daß es so war, sagt H.

Nach der Einrichtung müßte das Haus in den frühen Fünfzigerjahren gebaut worden sein, denke ich. Sie haben einige alte Stücke mitgebracht, aus Frankfurt vermutlich, wo er Direktor war, und sich redlich bemüht, mit der Zeit zu gehen, indem sie das Mobiliar mit gemilderter oder knapp verfehlter Moderne ergänzten. Vielleicht hatten sie einmal einen Nierentisch wie damals jeder, der auf sich hielt. Wo nur all die Nierentische geblieben sind.

Im Auto saßen Sie links neben Liebknecht, sage ich. Das weiß ich nicht mehr, da wissen Sie mehr als ich, sagt H. Aber das eine kann ich mit aller Bestimmtheit sagen: es ist oft angezweifelt worden, daß Liebknecht nach dem Kolbenhieb überhaupt noch laufen konnte. Er war aber durchaus noch fähig zu laufen.

Im Tiergarten haben Sie ihn aber doch gestützt, sage ich.

Da wissen Sie wieder mehr als ich.

Das haben Sie selbst vor Gericht bekundet. Sie haben dem Gericht sogar vorgemacht, wie Sie ihn gestützt haben. Ich habe es hier. Soll ich es vorlesen, oder wollen Sie es selber lesen?

Geben Sie mal her, sagt H.

Ich reiche ihm die Fotokopien über den Tisch. Er liest Zeile für Zeile, was er damals ausgesagt hat, und sein Gesicht verfärbt sich etwas, wird bläulich-rosa. Wortlos gibt er mir die drei Seiten des Gerichtsprotokolls zurück. Ich habe mir ausgerechnet, sage ich, daß sieben oder acht Schüsse auf Liebknecht abgegeben worden sind. Er ist aber nur von drei Kugeln getroffen worden. Sie und Ihre Kameraden müssen also auch in die Luft geknallt haben.

H. murmelt etwas, das ich nicht verstehe, und macht eine knappe Bewegung. Sie selbst haben vor Gericht angegeben, Sie hätten zweimal geschossen, sage ich. H. antwortet nicht.

1919 hatte ihn der Richter gefragt, wohin er gezielt habe, und H. hatte wörtlich gesagt: Auf den Körper, vielleicht auf das Kreuz, wenn man davon sprechen kann. Mir wird klar, warum er das jetzt nicht wiederholt: Vor fünf Jahren hat ein Mann namens Pabst, ehemals Erster Generalstabsoffizier der Garde-Kavallerie-Schützen-Division, öffentlich bekannt, daß Karl Liebknecht und Rosa Luxemburg auf seinen Befehl getötet wurden, und damit indirekt zugegeben, daß der Fluchtversuch fingiert war.

Plötzlich redet H. von selbst. Ich weiß nicht mehr genau, sagt er, ob wir Liebknecht zugerufen haben Lauf! oder ob wir Offiziere zurückgesprungen sind.

Das ist ein Gedanke, der mir noch gar nicht gekommen war: daß man den Kommunistenführer zwei oder drei aberwitzige Sekunden lang hätte glauben lassen, er solle davonlaufen, damit die Sache ein wenig waidmännisch ablief; daß man in ihm vielleicht sogar den Funken einer Hoffnung erweckte, bevor man ihn erlegte.

Frau H. fragt, möchten Sie noch eine Tasse Kaffee? Ich sage nein danke, lieber nicht, ich bin Kaffee überhaupt nicht gewohnt. Schweigend hören sie mich an, es ist so still, daß man eine Motte fliegen hören würde, die dem durchdringenden Blick der Hausfrau entging.

Ich sage, als man Sie aus Ihrem Quartier holte, Sie, die fünf Marineoffiziere, hat man Ihnen gesagt, worum es ging? Ich weiß es nicht mehr, sagt H., es kann auch sein, daß nur von einem Sonderauftrag gesprochen wurde. Sonderaufträge waren damals an der Tagesordnung, unter der Bezeichnung lief viel, auch Haussuchungen zum Beispiel. Herr Pabst hat gesagt, Sie hätten Bescheid gewußt, sage ich. Ich weiß es nicht mehr, sagt H.

Was hat Ihnen denn Hauptmann Pabst im Eden-Hotel gesagt, in seiner Befehlsausgabe, frage ich. Ich weiß nicht mehr, sagt H., ich weiß nur noch, daß von standrechtlicher Erschießung die Rede war.

Standrechtliche Erschießung?

Ja, aber die könne nicht auf die normale Weise vollstreckt werden, damit aus den beiden keine Märtyrer gemacht würden.

H. greift sich mit der rechten Hand an die Brust. Ich muß mich bald verabschieden, sage ich. Sollen wir Ihnen ein Taxi rufen, fragt H. Ja, sage ich, es müßte spätestens viertel vor fünf hier sein. Sofort steht Frau H. auf und geht ans Telefon. Währenddessen fragt mich H. nach der Fernsehsendung über den Fall Liebknecht-Luxemburg, die ich schreibe. Zurückkommend sagt Frau H., ich finde es nicht richtig, daß das gemacht wird; daß das alles wieder aufgerührt wird. Ihre Stimme klingt immer, wohl ungewollt, spitz und vorwurfsvoll.

Vielleicht sind Sie ja stolz auf Ihre Tat, sage ich zu H. Statt zu antworten, erhebt er sich aus seinem Ohrensessel, das geht langsam und nicht ohne Mühe, und verschwindet durch einen Vorhang im Nebenraum. Mit einem Buch voll handschriftlicher Aufzeichnungen, das er offenbar bereitgelegt hat, setzt er sich wieder an den Tisch. Dann liest er etwas vor, das er vor vielen Jahren niedergeschrieben hat, ein Zitat, in dem es heißt, Liebknecht sei von »landsknechthafter Soldateska« erschossen worden. Das stammt, verwunderlich genug, aus dem *»Dritten Reich«* von Moeller van den Bruck. (Den Titel haben die Nazis ihm gestohlen, sagt H.)

Ich will es ganz genau wissen und frage, haben Sie mir das vorgelesen, um sich davon zu distanzieren? Er sagt nein, es ist ganz richtig, wir waren eine landsknechthafte Soldateska. Ich denke, wer bin ich, daß ich ihn verurteile, das Recht hätte doch nur, wer absolut sicher sein könnte, daß er so etwas mit 23 Jahren nicht mitgemacht hätte.

Der Taxifahrer läutet. Als wir an der Wohnzimmertür stehen, gibt H. selbst eine Erklärung dafür, daß er mir so oft gesagt hat, er wisse es nicht mehr. Ganz unvermittelt spricht er von dem Plan des Bundesjustizministers, die Verjährung für Mord aufzuheben.

Draußen hat der Regen wieder eingesetzt. Ehe ich die paar Schritte zur Gartenpforte zurückgelegt habe, ist die Haustür schon hinter mir geschlossen.

Karl Kraus

Antwort an Rosa Luxemburg von einer Unsentimentalen

»Heute erzählte Haase, wie es zur Verhaftung Rosas gekommen sei. Danach liegt noch eine viel größere polnisch-galizische Frechheit vor, als ich annahm. Die superkluge Genossin ist nämlich zur Polizei gegangen und hat ersucht, ihr einen Paß nach Holland auszustellen, sie wolle dort eine Freundin besuchen. Da hat man ihr denn gesagt, sie habe doch noch ein Jahr Gefängnis zu verbüßen.«

Otto Braun (SPD-Politiker), Tagebucheintrag vom 20. Februar 1915

Karl Kraus (1874 – 1936), österreichischer Schriftsteller. Herausgeber der Zeitschrift »Die Fackel«.

Abbildung vorige Seite:
Rosa Luxemburg im Frauengefängnis Berlin-Barnimstraße.
(Ausschnitt aus einem Spartakus-Flugblatt)

Innsbruck 25. August 1920

Geehrter Herr Kraus,

Zufällig ist mir die letzte Nummer Ihrer Fackel *in die Hände gekommen (ich war bis 4./II. 1. J. Abonnentin) u. ich möchte mir gestatten Ihnen betreffs des von Ihnen so sehr bewunderten Briefes der Rosa Luxemburg Einiges zu erwidern, obwohl Ihnen eine Zuschrift aus dem ominösen Innsbruck vielleicht nicht sehr willkommen ist. Also: der Brief ist ja wirklich recht schön u. rührend u. ich stimme ganz mit Ihnen überein, daß er sehr wohl als Lesestück in den Schulbüchern für Volks- u. Mittelschulen figurieren könnte, wobei man dann im Vorwort lehrreiche Betrachtungen darüber anstellen könnte, wieviel ersprießlicher und erfreulicher das Leben der Luxemburg verlaufen wäre, wenn sie sich statt als Volksaufwieglerin etwa als Wärterin in einem Zoologischen Garten od. dgl. betätigt hätte, in welchem Fall ihr wahrscheinlich auch das »Kittchen« erspart geblieben wäre. Bei ihren botanischen Kenntnissen u. ihrer Vorliebe für Blumen hätte sie jedenfalls auch in einer größeren Gärtnerei lohnende u. befriedigende Beschäftigung gefunden u. hätte dann gewiß keine Bekanntschaft mit Gewehrkolben gemacht.*

Was die etwas larmoyante Beschreibung des Büffels anbelangt, so will ich es gern glauben, daß dieselbe ihren Eindruck auf die Tränendrüsen der Kommerzienrätinnen u. der ästhetischen Jünglinge in Berlin, Dresden u. Prag nicht verfehlt hat. Wer jedoch, wie ich, auf einem großen Gute Südungarns aufgewachsen ist, u. diese Tiere, ihr meist schäbiges, oft rissiges Fell u. ihren stets stumpfsinnigen »Gesichtsausdruck« von Jugend auf kennt, betrachtet die Sache ruhiger. Die gute Luxemburg hat sich von den betreffenden Soldaten tüchtig anplauschen lassen (ähnlich wie s. Z. der sel. Benedikt mit den Grubenhunden) wobei wahrscheinlich noch Erinnerungen an Lederstrumpf, wilde Büffelherden in den Prärien etc. in ihrer Vorstellung mitgewirkt haben. – Wenn wirklich unsere Feldgrauen, abgesehn von den schweren Kämpfen, die sie in Rumänien zu bestehen hatten, noch Zeit, Kraft und Lust gehabt hätten, wilde Büffel zu Hunderten einzufangen u. dann stracks zu Lasttieren zu zähmen, so wäre das aller Bewunderung wert, u. entschieden noch erstaunlicher, als daß die urkräftigen Tiere sich diese Behandlung hätten gefallen lassen.

Nun muß man aber wissen, daß die Büffel in diesen Gegenden seit undenklichen Zeiten mit Vorliebe als Lasttiere (sowie auch als Milchkühe) gezüchtet u. verwendet werden. Sie sind anspruchslos im Futter u. ungeheuer kräftig, wenn auch von sehr langsamer Gangart. Ich glaube daher nicht, daß der »geliebte Bruder« der Luxemburg besonders erstaunt gewesen sein dürfte, in Breslau einen Lastwagen ziehn zu müssen u. mit »dem Ende des Peitschenstieles« Eines übers

Fell zu bekommen. Letzteres wird wohl – wenn es nicht gar zu roh geschieht – bei Zugtieren ab u. zu unerläßlich sein, da sie bloßen Vernunftgründen gegenüber nicht immer zugänglich sind, – ebenso wie ich Ihnen als Mutter versichern kann, daß eine Ohrfeige bei kräftigen Buben oft sehr wohltätig wirkt! Man muß nicht immer das Schlimmste annehmen u. die Leute (u. die Tiere) prinzipiell nur bedauern, ohne die näheren Umstände zu kennen. Das kann mehr Böses als Gutes anrichten. – Die Luxemburg hätte gewiß gerne, wenn es ihr möglich gewesen wäre, den Büffeln Revolution gepredigt u. ihnen eine Büffel-Republik gegründet, wobei es sehr fraglich ist, ob sie imstande gewesen wäre, ihnen das – von ihr – geträumte Paradies mit »schönen Lauten der Vögel u. melodischen Rufen des Hirten« zu verschaffen u. ob die Büffel auf Letzteres so besonderes Gewicht legen. Es gibt eben viele hysterische Frauen, die sich gern in Alles hineinmischen u. immer Einen gegen den Anderen hetzen möchten; sie werden, wenn sie Geist und einen guten Stil haben, von der Menge willig gehört u. stiften viel Unheil in der Welt, so daß man nicht zu sehr erstaunt sein darf, wenn eine solche, die so oft Gewalt gepredigt hat, auch ein gewaltsames Ende nimmt.

Stille Kraft, Arbeit im nächsten Wirkungskreise, ruhige Güte u. Versöhnlichkeit ist, was uns mehr not tut, als Sentimentalität u. Verhetzung. Meinen Sie nicht auch? Hochachtungsvoll *Frau v. X–Y.*

Was ich meine, ist: daß es mich sehr wenig interessiert, ob eine Nummer der *Fackel* »zufällig« oder anderwegen einer derartigen Bestie in ihre Fänge gekommen ist und ob sie bis 4. II. 1. J. Abonnentin war oder es noch ist. Ist sie's gewesen, so weckt es unendliches Bedauern, daß sie's nicht mehr ist, denn wäre sie's noch, so würde sie's am Tage des Empfangs des Briefes, also am 28. VIII. 1. J. nicht mehr sein. Weil ja bekanntlich die *Fackel* nicht wehrlos gegen das Schicksal ist, an solche Adresse zu gelangen. Was ich meine, ist: daß mir diese Zuschrift aus dem ominösen Innsbruck insofern ganz willkommen ist, als sie mir das Bild, daß ich von der Geistigkeit dieser Stadt empfangen und geboten habe, auch nicht in einem Wesenszug alteriert und im Gegenteil alles ganz so ist, wie es sein soll. Was ich meine, ist, daß neben dem Brief der Rosa Luxemburg, wenn sich die sogenannten Republiken dazu aufraffen könnten, ihn durch ihre Lesebücher den aufwachsenden Generationen zu überliefern, gleich der Brief dieser Megäre abgedruckt werden müßte, um der Jugend nicht allein Ehrfurcht vor der Erhabenheit der menschlichen Natur beizubringen, sondern auch Abscheu vor ihrer Niedrigkeit und an dem handgreiflichsten Beispiel ein Gruseln vor der unausrottbaren Geistesart deutscher Fortpflanzerinnen, die uns das Leben bis zur todsichern Aussicht auf neue Kriege verhunzen wollen und die dem Satan einen Treueid geschworen zu haben scheinen, eben das was sie anno 1914 aus Heldentodgeilheit nicht verhindert haben, immer wieder geschehen zu lassen. Was ich meine, ist – und da will ich einmal mit dieser entmenschten Brut von Guts- und Blutsbesitzern und deren Anhang, da will ich mit ihnen, weil sie ja nicht deutsch verstehen und aus meinen »Widersprüchen« auf meine wahre Ansicht nicht schließen können, einmal deutsch reden, nämlich weil ich den Weltkrieg für eine unmißdeutbare Tatsache halte und die Zeit, die das Menschenleben auf einen Dreckhaufen reduziert hat, für eine unerbittliche Scheidewand – was ich meine, ist: Der Kommunismus als Realität ist nur das Widerspiel ihrer eigenen lebensschänderischen Ideologie, immerhin von Gnaden eines reineren ideellen Ursprungs, ein vertracktes Gegenmittel zum reineren ideellen Zweck – der Teufel hole seine Praxis, aber Gott erhalte ihn uns als konstante Drohung über den Häuptern jener, so da Güter besitzen und alle andern zu deren Bewahrung und mit dem Trost, daß das Leben der Güter höchstes nicht sei, an den Fronten des Hungers und der vaterländischen Ehre treiben möchten. Gott erhalte ihn uns, damit dieses Gesindel, daß schon nicht mehr ein und aus weiß vor Frechheit, nicht noch frecher werde, damit die Gesellschaft der ausschließlich Genußberechtigten, die da glaubt, daß die ihr botmäßige Menschheit genug der Liebe habe, wenn sie von ihnen die Syphilis bekommt, wenigstens doch auch mit einem Alpdruck zu Bette gehe! Damit ihnen wenigstens die Lust vergehe, ihren Opfern Moral zu predigen, und der Humor, über sie Witze zu machen! Zu Betrachtungen, wie viel ersprießlicher und erfreulicher das Leben der Luxemburg verlaufen wäre, wenn sie sich als Wärterin in einem Zoologischen Garten betätigt hätte statt als Bändigerin von Menschenbestien, von denen sie ausschließlich zerfleischt ward, und ob sie als Gärtnerin edler Blumen, von denen sie allerdings mehr als eine Gutsbesitzerin wußte, lohnendere und befriedigendere Beschäftigung gefunden hätte denn als Gärtnerin menschlichen Unkrauts – zu solchen Betrachtungen wird, solange die Frechheit von der Furcht gezügelt ist, kein Atemzug langen. Auch bestünde die Gefahr, daß etwaiger Spott über das »Kittchen«, in dem eine Märtyrerin sitzt, auf der Stelle damit beantwortet würde, daß man es der Person, die sich solcher Schändlichkeit erdreistet hat, in die Höhe hebt, wenn man nicht eine Ohrfeige vorzöge, die, wie ich Ihnen versichern kann, bei kräftigen

Heldenmüttern sehr wohlartig wirkt! Was vollends den Hohn darüber betrifft, daß Rosa Luxemburg »mit Gewehrkolben Bekanntschaft gemacht« hat, so wäre er gewiß mit ein paar Hieben, aber nur mit jenem Peitschenstiel, der Rosa Luxemburgs Büffel getroffen hat, nicht zu teuer bezahlt. Nur keine Sentimentalität! Larmoyante Beschreibungen solcher Prozeduren können wir nicht brauchen, das ist nichts für die Lesebücher. Wer auf einem großen Gut Südungarns aufgewachsen ist, wo das sowieso schon schäbige und rissige Fell der Büffel kein Mitleid mehr aufkommen läßt und ihr stets stumpfsinniger »Gesichtsausdruck« – ein Gesichtsausdruck, der mithin nicht der Andacht einer Luxemburg, sondern nach Gänsefüßen, nach den Fußtritten einer Gans verlangt – sich von dem idealen Antlitz der südungarischen Gutsbesitzer unsymphatisch abhebt, der weiß, daß man in Ungarn noch ganz andere Prozeduren mit den Geschöpfen Gottes vornimmt, ohne mit der Wimper zu zucken. Und daß die Gutsbesitzerinnen mit den Kommerzienrätinnen darin völlig einig sind, sich's wohl gefallen zu lassen. Ich meine nun freilich, daß man weder für Revolutionstribunale sich begeistern noch mit dem Standpunkt jener Offiziere sympathisieren soll, die sich aus dem Grunde, weil das Letzte, was ihnen geblieben ist, die Ehre ist, dazu hingerissen fühlen, ihre Nebenmenschen zu kastrieren. Aber so ungerecht bin ich doch, daß ich zum Beispiel Damen, die noch heute »unsere Feldgrauen« sagen, verurteilen würde, den Abort einer Kaserne zu putzen und hierauf »stracks« den Adel abzulegen, von dem sie sich noch immer, und wär's auch nur in anonymen Besudelungen einer Toten, nicht trennen können. Allerdings meine ich auch, daß unsere Feldgrauen, abgesehen von den schweren Kämpfen, die sie in Rumänien zu bestehen hatten und zwar nur deshalb, weil die Lesebücher bis 1914 noch nicht vom Geist der Rosa Luxemburg, sondern von dem der Gutsbesitzerinnen inspiriert waren, faktisch auch Zeit, Kraft und Lust gehabt haben, Büffel zu stehlen und zu zähmen, und ferner, daß, solange die Bewunderung deutscher und südungarischer Walküren für die militärische Büffeldressur vorhält, auch die Menschheit nicht davor bewahrt sein wird, mit Vorliebe zu Lasttieren abgerichtet zu werden. Was ich aber außerdem noch meine – da ja nun einmal meine Meinung und nicht bloß mein Wort gehört werden will – ist: daß, wenn das Wort der guten Rosa Luxemburg nicht von der geringsten Tatsächlichkeit beglaubigt wäre und längst kein Tier Gottes mehr auf einer grünen Weide, sondern alles schon im Dienste des Kaufmanns, sie doch vor Gott wahrer gesprochen hätte als solch eine Gutsbesitzerin, die am

Tier die Anspruchslosigkeit im Futter rühmt und nur die langsame Gangart beklagt, und daß die Menschlichkeit, die das Tier als den geliebten Bruder anschaut, doch wertvoller ist als die Bestialität, die solches belustigend findet und mit der Vorstellung scherzt, daß ein Büffel »nicht besonders erstaunt« ist, in Breslau einen Lastwagen ziehen zu müssen und mit dem Ende eines Peitschenstieles »Eines übers Fell zu bekommen«. Denn es ist jene ekelhafte Gewitztheit, die die Herren der Schöpfung und deren Damen »von Jugend auf« Bescheid wissen läßt, daß im Tier nichts los ist, daß es in demselben Maße gefühllos ist wie sein Besitzer, einfach aus dem Grund, weil es nicht mit der gleichen Portion Hochmut begabt wurde und zudem nicht fähig ist, in dem Kauderwelsch, über welches jener verfügt, seine Leiden preiszugeben. Weil es vor dieser Sorte aber den Vorzug hat, »bloßen Vernunftgründen gegenüber nicht immer zugänglich« zu sein, erscheint ihr der Peitschenstiel »wohl ab und zu unerläßlich«. Wahrlich, sie verwendet ihn bloß aus dumpfer Wut gegen ein unsicheres Schicksal, daß ihr selbst ihn irgendwie vorzubehalten scheint. Sie ohrfeigen auch ihre Kinder nur, deren Kraft sie an der eigenen Kraft messen, oder lassen sie von sexuell disponierten Kandidaten der Theologie nur darum mit Vorliebe martern, weil sie vom Leben oder vom Himmel irgendwas zu befürchten haben. Dabei haben die Kinder doch den Vorteil, daß sie die Schmach, von solchen Eltern geboren zu sein, durch den Entschluß, bessere zu werden, tilgen oder andernfalls sich dafür an den eigenen Kindern rächen können. Den Tieren jedoch, die nur durch Gewalt oder Betrug in die Leibeigenschaft des Menschen gelangen, ist es in dessen Rat bestimmt, sich von ihm entehren zu lassen, bevor sie von ihm gefressen werden. Er beschimpft das Tier, indem er seinesgleichen mit dem Namen des Tiers beschimpft, ja die Kreatur selbst ist ihm nur ein Schimpfwort. Über nichts mehr ist er erstaunt, und dem Tier, das es noch nicht verlernt hat, erlaubt er's nicht. Das Tier darf so wenig erstaunt sein über die Schmach, die er ihm antut, wie er selbst; und wie nur ein Büffel nicht über Breslau staunen soll, so wenig staunt der Gutsbesitzer, wenn der Mensch ein gewaltsames Ende nimmt. Denn wo die Welt für ihre Ordnung in Trümmer geht, da finden sie alles in Ordnung. Was will die gute Luxemburg? Natürlich, sie, die kein Gut besaß außer ihrem Herzen, die einen Büffel als Bruder betrachten wollte, hätte gewiß gern, wenn es ihr möglich gewesen wäre, den Büffeln Revolution gepredigt, ihnen eine Büffel-Republik gegründet, womöglich mit schönen Lauten der Vögel und dem melodischen Rufen der

Hirten, wobei es fraglich ist, »ob die Büffel auf Letzteres so besonders Gewicht legen«, da sie es selbstverständlich vorziehen, daß nur auf sie selbst Gewicht gelegt wird. Leider wäre es ihr absolut nicht gelungen, weil es eben auf Erden ja doch weit mehr Büffel gibt als Büffel! Daß sie es am liebsten versucht hätte, beweist eben nur, daß sie zu den vielen hysterischen Frauen gehört hat, die sich gern in Alles hineinmischen und immer Einen gegen den Anderen hetzen möchten. Was ich nun meine, ist, daß in den Kreisen der Gutsbesitzerinnen dieses klinische Bild sich oft so deutlich vom Hintergrund aller Haus- und Feldtätigkeit abhebt, daß man versucht wäre zu glauben, es seien die geborenen Revolutionärinnen. Bei näherem Zusehn würde man jedoch erkennen, daß es nur dumme Gänse sind. Womit man aber wieder in den verbrecherischen Hochmut der Menschenrasse verfiele, die alle ihre Mängel und üblen Eigenschaften mit Vorliebe den wehrlosen Tieren zuschiebt, während es zum Beispiel noch nie einem Ochsen, der in Innsbruck lebt, oder einer Gans, die auf einem großen südungarischen Gut aufgewachsen ist, eingefallen ist, einander einen Innsbrucker oder eine südungarische Gutsbesitzerin zu schelten. Auch würden sie nie, wenn sie sich schon vermäßen, über Geistiges zu urteilen, es beim »guten Stil« anpacken und gönnerisch eine Eigenschaft anerkennen, die ihnen selbst in so auffallendem Maße abgeht. Sie hätten – wiewohl sie bloßen Vernunftgründen »gegenüber« nicht immer zugänglich sind – zu viel Takt, einen schlecht geschriebenen Brief abzuschicken, und zu viel Scham, ihn zu schreiben. Keine Gans hat eine so schlechte Feder, daß sie's vermöchte! Meinen Sie nicht auch? Sie ist intelligent, von Natur gutmütig und mag von ihrer Besitzerin gegessen, aber nicht mit ihr verwechselt sein. Was nun wieder diese Kreatur vor jener voraus hat, ist, daß sie sichs im Ernstfall, wenn's ihr selbst an den Kragen gehen könnte, beim Himmel mit dem Katechismus zu richten versteht und daß sie dazu noch die Güte für sich selbst hat, einen zu ermahnen, man müsse »nicht immer das Schlimmste annehmen und die Leute (u. die Tiere) prinzipiell nur bedauern, ohne die näheren Umstände zu kennen; das kann mehr Böses als Gutes anrichten.« Böses vor allem für die prädestinierten Besitzer von Leuten (u. Tieren), deren Verfügungsrecht einer göttlichen Satzung entspricht, die nur Aufwiegler und landfremde Elemente wie zum Beispiel jener Jesus Christus antasten wollen, die aber in Geltung bleibt, da das Streben nach irdischen Gütern Gottseidank älter ist als das christliche Gebot und dieses überleben wird. So meine ich!

Stephan Hermlin

Corneliusbrücke

Eine Erzählung

»Es scheint mir nun einmal an der Zeit, hier öffentlich auszusprechen, was ich seit langem auf dem Herzen habe. Ich weiß, daß das taktisch nicht richtig ist; ich weiß, daß man den Mitkämpfern den Mut nicht nehmen soll; ich weiß auch, daß ich trotzdem nicht aufhören werde, für Menschen gegen das alte deutsche Offizierskorps zu kämpfen. Ich muß es einmal sagen: dieser Kampf scheint aussichtslos.«

Kurt Tucholsky

Stephan Hermlin, Schriftsteller und langjähriger Vizepräsident des Internationalen PEN-Club. Der Autor schildert einen Vorgang aus dem Jahr 1919 in unmittelbarer Nähe seines Elternhauses, den er miterlebte, ohne ihn jedoch verstehen zu können: Der Autor war damals ein Kind von noch nicht einmal vier Jahren.

Abbildung vorige Seite:
Berlin, Hotel Eden
(aus: Annemarie Lange, »Berlin in der Weimarer Republik«. Dietz Verlag, Berlin 1987)

1

Ich habe einen langen Weg vor mir von der Tür, deren Klinke ich kaum erreichen kann, durch das ungeheuer weite, ungeheuer hohe Zimmer hin bis zum Balkon, vor dem Querpfeifen gellen, Trommeln rasseln; ich will nicht zu spät kommen, laufend, springend, stolpernd vor Eile überwinde ich die enorme Distanz. Ein Zauberlicht ist um mich her, die Bäume mit von Sonne getigertem Laub greifen mit riesigen züngelnden Ästen nach den Fenstern, sehr leises Vogelgezwitscher ist so nahe, daß es aus den Ecken des Zimmers zu dringen scheint, ich spüre ein Gleiten und Schwingen, ein betäubender Schwall unbekannter Düfte dringt zu mir empor, da ist die Drehung einer Hüfte, das Erzittern von Federn über einem breitrandigen Hut, kurze, entzückende Ausrufe werden hörbar, Händeklatschen, denn die Musik schweigt. Ich kann nun den stumpfen Widerschein des Lichts auf den Stahlhelmen erkennen; was da dicht unter mir steht, kann eine Kompanie sein, die Soldaten haben eine Wendung gemacht, sie stehen unbeweglich, mit dem Rücken zu mir, und im Haus gegenüber hat sich ein Fenster geöffnet, Offiziere grüßen starr hinauf zu einem Mann in Uniform, den ich durch Laubmassen und Lichtflecke hindurch auf gleicher Höhe undeutlich erblicke, ihn oder vielmehr ein Stück Stoff und ein Heben der Hand. Dies sei, sagt eine Stimme leise von oben, der Mann, der unsere im Felde unbesiegten Heere geführt hat.

Das Haus, von dem aus ich zu General Ludendorff hinübersehe, ist das letzte auf der rechten Seite der langen mächtigen Straße, die an dem am weitesten nördlich gelegenen Punkt des Hauses einen spitzen Winkel mit der Keithstraße bildet. Nach links und nach rechts geht, den Kanal entlang, das stille, von alten Bäumen und Buschwerk bestandene Lützowufer ab, an dem man spazierengehen oder träumen oder etwas verbergen kann. Wenn man von unserem Hause aus nach der anderen Seite die Straße hinabblickt, in die Richtung der Gedächtniskirche, von der her jeden Abend ein wildes, vielstimmiges Geläut dröhnt, weiß man, daß an der nächsten Ecke die Wichmannstraße liegt, dann die Nürnberger, dann die Kurfürstenstraße.

Da unten liegt auch das Eden-Hotel, zweihundert, vielleicht dreihundert Meter entfernt. Das alles weiß man übrigens noch gar nicht, man erfährt es erst später, man lernt die Namen auswendig, ohne jeden Grund.

2

Die Frühlings- oder Sommerszenerie, über der Querpfeifen und Trommeln lärmen, ist gar nicht gemeint. Ein Krieg war gewesen, ich hatte schon die »Wacht am Rhein« singen können, mein Vater war zurückgekehrt. Ich hörte ihn Scarlatti-Sonaten spielen, nachts, wenn ich für Sekunden zwischen Schlaf und Wachen lag. Wie gut war die Nacht meiner Kindheit, durch die nichts drang als diese Musik. Auch die Taggeräusche sind um mich bemüht, sie bedeuten Sorge um mich, Pflege, Trost. Kaum habe ich zu leben begonnen, versucht man bereits, mir diese Last abzunehmen. Die Zimmer sind lautlos und voller Licht; was brennt da draußen; es müssen blühende Kastanien sein. Vor mir öffnen sich, eine nach der anderen, fast ohne Geräusch, die breiten gläsernen Schiebetüren. Das Aubusson-Zimmer mit den beiden Gainsboroughs. Von allem, was war, lebt das also, man weiß nicht warum und zu welchem Zweck. Aber da war doch etwas anderes gewesen. Vor diesem unbegreiflichen, unveränderlichen späten Frühjahr oder frühen Sommer ein Winter mit Kälte, durchdringend feuchter Leere, mit seinen langen Monaten, einem Januar zum Beispiel. Wie lang die Nächte auch sind, die vom fünfzehnten auf den sechzehnten etwa. Ein Krieg war vorbei, gewiß, aber hier in der Budapester Straße, die damals noch zum Kurfürstendamm gehörte und darum auch so hieß, war er nie verloren worden. Was immer auch im Land geschah, oder in dieser Stadt, ihren nördlichen und östlichen Vorstädten mit ihren Versammlungen, Debatten, Ausschüssen, Streiks, Maschinengewehrsalven, drang nicht hierher, auch wenn es sich manchmal nur ein paar Kilometer weiter abspielte. So gut mich meine Nächsten in diesem Hause behüteten, so gut schützten unbekannte, unsichtbare Mächte Haus und Straße. Es hätte aber sein können, daß gerade in jener Nacht, da mein Vater wieder Scarlatti spielt und ich tief in der Höhle des Schlafes liege, in der Straße eine gewisse Bewegung entsteht. Eigentlich ist es gar nichts und kaum der Rede wert. Passanten gibt es ja beinahe keine zu dieser späten Stunde; aber so spät ist es nun auch wieder nicht, nicht später als halb elf, kurz vor elf, für Erwachsene zählt das kaum. Eine kleine Gruppe sammelt sich zwei-, dreihundert Meter weiter unten, läuft auseinander, sammelt sich von neuem, Türen schlagen, zwei Autos setzen sich, übrigens mit erheblichem Abstand voneinander, in Bewegung. Aus dem zweiten ertönt ein schwacher Knall, da ist es aber immer noch ein ganzes Stück entfernt, man kann es bei uns unmöglich gehört haben, schon gar nicht, wenn Klavier gespielt wird. Die beiden Autos fahren ziemlich langsam vorbei, das eine geradeaus über die Brücke in den Tiergarten hinein; das andere biegt nach links ab um die Ecke, an der der General Ludendorff wohnt. Es fährt den Kanal entlang. Dort ist es sehr dunkel.

3

Es muß ein Lärmen gewesen sein, die Trunkenheit des Sieges und die andere, alltägliche, das Hin- und Herblitzen von Schreien: »Rosa! Rosa!« – »Da ist der rote Hund!« – »Von denen kommt uns keiner lebendig weg!« – »Die Sau muß schwimmen!«, nur zwei-, dreihundert Meter von der Stelle entfernt, wo ich, ein kleines Kind, in tiefem Schlaf lag. Das, was immer dazu bestimmt gewesen war, an Maschinen zu stehen, Straßen zu kehren, Wagen zu lenken, Waffen zu führen für andere, hatte sich ein paar Tage lang hochgereckt; man hatte davor gezittert; hatte eine unausdenkbare Zukunft vor sich gesehen, die Canaille am Ruder, oben, was unten gewesen war. Alles war nun wieder in Ordnung, aber für die schändliche Angst, die man ausgestanden hatte, sollten die da zahlen. *Aber dies ist eure Stunde, und die Macht der Finsternis.*

Zwei Tage nach dieser Stunde klingt eine Stimme aus einem Automaten: »Man hat die schrecklichen Ereignisse, die wir in Berlin in den letzten Tagen durchlebten, einen Bruderkrieg genannt. Ich kann die Berechtigung dieses Ausdrucks nur teilweise anerkennen. Verbrecher und Plünderer sind nicht meine Brüder.« Der Automat ist der ehemalige kaiserliche Staatssekretär und jetzige Volksbeauftragte Scheidemann. Verbrecher sind jene, die auf Jahrhunderte von Gewalt mit acht Tagen Gewalt antworten, Plünderer aber die, welche von einzelnen geraubtes Eigentum den vielen Beraubten zurückgeben wollen. Aus dem Automaten dröhnt es: »Ich bedaure den Tod der beiden aufrichtig. Sie haben Tag für Tag das Volk zu den Waffen gerufen und zum gewaltsamen Sturz der Regierung aufgefordert. Sie sind nun selbst Opfer ihrer eigenen blutigen Terrortaktik geworden.« Ein Gebrüll übertönt die leisen Worte, die aus Zuchthäusern kommen. »Der Krieg«, hatte der Mann geschrieben, »der Krieg und die vielen Mängel der Welt plagen und bekümmern Dich. Aber aus *der* Nacht gibt's Rettung, nur eine Rettung freilich: den Entschluß, die Beseitigung dieser Übel sich zum Lebenszweck zu setzen. Nur *das* Leben ist unmöglich, das alles laufen lassen wollte, wie es läuft. Nur das ist möglich, das sich selbst zu opfern bereit ist, zu opfern für die Allgemeinheit. Mein

Leben war bisher, trotz allem, glücklich …« Die leise Stimme sagt: »Ich möchte helfen unter Opferung von tausend eigenen Leben, mithelfen an dem Einzigen, was der russischen Revolution und der Welt helfen kann. Verdammte Ohnmacht. Ich stoße an Wände.« Die Frau flüstert: »Ich habe manchmal das Gefühl, ich bin kein richtiger Mensch, sondern irgendein Vogel oder ein anderes Tier in Menschengestalt, innerlich fühle ich mich in so einem Stückchen Garten oder im Feld viel mehr in meiner Heimat als auf einem Parteitag. Ihnen kann ich ja wohl das alles sagen: Sie werden nicht gleich Verrat am Sozialismus wittern. Sie wissen, ich werde trotzdem hoffentlich auf dem Posten sterben: in einer Straßenschlacht oder im Zuchthaus …«

Dort unten an der Straße hat man sie eingeliefert, in das große Hotel, wo der Stab der Gardekavallerieschützendivision liegt. Sie waren schon seit Tagen auf der Flucht gewesen. Auch an der Litfaßsäule in der Nähe unseres Hauses hing das große Plakat »Tötet sie!«, der Automat dröhnte: »Sozialdemokraten waren sie längst nicht mehr, denn den Sozialdemokraten sind die Gesetze der Demokratie heilig, gegen die sich jene auflehnten. Wir sind ein geschlagenes Volk und kämpfen mit moralischen Waffen.« Die heiligen Gesetze und die moralischen Waffen werden gleich mit durchschlagendem Erfolg zur Anwendung gebracht werden. Die unter die Mörder fielen, werden erst gefragt, wer sie seien. Der Hauptmann Pabst sagt später vor Gericht: »Ich fragte: ›Sind Sie Frau Rosa Luxemburg?‹ Darauf sagte sie: ›Entscheiden Sie bitte selber.‹ Da sagte ich: ›Nach dem Bilde müßten Sie es sein.‹ Darauf entgegnete sie: ›Wenn Sie es sagen.‹« *Er antwortete ihm und sprach: Du sagst's.* Nichts mehr kann sie retten. In diesen Minuten wird nicht nur über zwei, es wird über viele Leben entschieden, über ein ganzes Land. Viel später stellt sich die Qual einer fixen Idee ein: Was wäre geschehen, was alles wäre vermieden worden, wenn man das da hätte aufhalten können. Der Gedanke an die ausgelöschten, an die vergeblich gelebten, an die verkrüppelten Leben.

Nicht die Anstrengung der Natur, die sie hervorgebracht, nicht die Größe einer Idee, nicht das Zusammentreffen glücklicher Umstände, das so viel innere Schönheit zeugte, kann sie retten, nicht die »Akkumulation des Kapitals« noch die Schriften gegen den Krieg, nicht die geflüsterten Worte aus den Zuchthäusern, nicht die Kenntnis Bachs (»Ihr sollt die Matthäuspassion hören. Die Noten hatte ich im Militärarrest. Studiere sie vorher. Nicht ganz leicht zu verstehen – Kontrapunkt und Fuge. Gleich der erste Satz: achtstimmiger Chor nebst Cantus firmus; durchblickt man das Zaubergewebe, ist man ganz berauscht«), nicht die Schwärmerei für Hugo Wolf (»Ach, Sonitschka…«), nicht die Liebe zu Mensch und Tier, zu Versen und Blumen. Sie müssen sterben.

4

Aus der Vernehmung von Angeklagten:

»Ich habe noch verschiedene Fragen bezüglich des Kolbenschlages. Für wie schwer haben Sie die Verletzung gehalten?«

»Für sehr leicht. Denn er beugte sich vorn herüber, faßte mit der Hand drauf und sagte: ›Es blutet ja.‹«

»Er soll gesagt haben: ›Ich bin geschlagen.‹«

»Ich weiß es nicht.«

…

»Ich bitte den Angeklagten zu fragen, weshalb er geschossen hat.«

»Weil der Führer geschossen hat. Weil es selbstverständlich war.«

…

»Wohin haben Sie gezielt?«

»Ich habe gezielt, um zu treffen, Büchsenlicht war nicht mehr. Ich habe drauf gehalten.«

»Wie weit war er da von Ihnen entfernt, als Sie schossen?«

»Ich würde bis zur vorderen Kante des runden Tisches nehmen.«

»Auf wieviel Meter würden Sie das schätzen?«

»Das würde ich auf fünf Meter schätzen.«

5

Als die Frau aus dem Hotel geführt wird, versetzt ihr, auf Anordnung von Hauptmann Pabst, der Posten stehende Jäger Runge drei furchtbare Kolbenhiebe über den Kopf. Man schleift sie ins Auto. Sie hat keinen Laut von sich gegeben. Als der Wagen anfährt, springt jemand auf, schießt die Bewußtlose in die Schläfe, springt wieder ab, geht ins Hotel zurück. Einen Schuh der Frau findet der Soldat Becker auf dem Trottoir und behält ihn als Trophäe. *Auf daß erfüllet würde die Schrift.*

6

Die Mörder wurden nie bestraft. Einer erhielt einige Wochen Hausarrest. Ein anderer bekam zwei Jahre Gefängnis. Unter dem Tisch schob man ihm einen Paß zu. Er fuhr für kurze Zeit nach Holland und wurde nach einigen Monaten amnestiert. Solange die Mörder in Untersuchungshaft saßen, standen ihre Zellentüren Tag und Nacht offen. Sie konsumierten Damen und Champagner. Gelegentlich trafen sich Untersuchungsrichter und Häftlinge nachts vor der Kolibri-Bar.

Eine Zeitung berichtet über den Prozeß: »Kurz nach neun Uhr erschienen die Angeklagten. Sie werden nicht auf dem üblichen Weg zur Anklagebank gebracht, sondern durchschreiten vom Richterzimmer aus den Saal. Sie kommen lachend und strahlend daher, die Brust mit Orden geschmückt …«

Dabei ist es geblieben. Dies ist unser Leben geworden. Sie waren die Angeklagten, aber sie kamen aus dem Richterzimmer. Sie schritten, und wir lagen am Boden. Sie lachten, und wir hatten den Mund zu halten. Sie trugen Orden davon, und wir nur unsichtbare Wunden. Ein halbes Jahrhundert ist verrauscht, und immer noch fragt es in uns weiter.

Nachts, im Traum, trete ich vor das Haus, in dem ich als Kind war und von dem nichts geblieben ist. Ein Befehl hat mich hinuntergerufen. Ich bin natürlich viel älter, bin aber zugleich noch das Kind von damals. Es soll Januar sein, aber die Luft ist weich und regnerisch, und Wirbel von Dunst fliehen über den nassen Asphalt. Unerträglich hell leuchten die Kerzen der Kastanien. Kein Mensch, kein Laut. Wenn ich an die Bordschwelle trete, fahren unten vor dem Eden-Hotel zwei hochgebaute Wagen lautlos an, nicht einmal ein Rauschen der benagelten Reifen ist hörbar. Sie gleiten an mir vorbei, einer hinter dem anderen, hinter den beiden Chauffeuren des ersten, ganz in Finsternis gekleidet, sehe ich einen Mann mit seinem Schnurrbart. Er hat seinen Kneifer verloren, den er nun nicht braucht: er hält die Augen geschlossen. Von seinen Lippen, die sich lautlos bewegen, kann ich die Worte ablesen: Es blutet ja. Der Wagen fährt langsam über die Brücke und verschwindet. Der zweite nähert sich, ich erblicke die Frau, wie leicht sie doch in ihrer Ecke lehnt, kalkweiß, auch sie mit geschlossenen Augen, das dichte, lockere Haar fällt herab, verdeckt nur halb das Loch an der Schläfe, einen Blutfaden, sie gibt mir ein kleines Zeichen mit der Hand. Der Nebel wird plötzlich stärker, während sich der Wagen nach links wendet, dem Lützowufer zu. Er hat noch etwa zweihundert Meter zu fahren.

Die Weimarer Republik

Winfried Sträter

»Wenn wir hier tatkräftig eingreifen«

Die Dolchstoßlegende und die versäumte Abrechnung mit Kaiserreich und Kriegsschuld 1919

»So ist die Geschichte des Deutschen Reiches fast eine Kriegsgeschichte, und man könnte versucht sein, das Deutsche Reich ein Kriegsreich zu nennen.«

Sebastian Haffner

Winfried Sträter ist Historiker und Rundfunkjournalist in Berlin.

Abbildung vorige Seite:
März 1919, Alexanderplatz, Alexander Straße und Prenzlauer Straße: Straßenkämpfe im »unruhigen« Berlin. (Landesbildstelle Berlin)

Im Frühjahr 1919 müßten bei den Sozialdemokraten eigentlich die Alarmglocken läuten. In Zeitungsanzeigen ist zu lesen: *»Ludendorffs Werk über den Krieg wird mit größter Spannung erwartet. Es enthält die authentische Darstellung der Ereignisse vor der Revolution und ist Ludendorffs Verteidigungsschrift für den Staatsgerichtshof. Ludendorffs Werk über den Krieg muß jeder gelesen haben.«* Der Mann, der in der Obersten Heeresleitung für die deutsche Kriegführung in den letzten Jahren verantwortlich gewesen war und die deutsche Bevölkerung bis zuletzt belogen hat, will auspacken. Zur gleichen Zeit – im März/April 1919 – meldet sich der ehemalige Chef der Obersten Heeresleitung, Generalfeldmarschall von Hindenburg, zu Wort. Von ihm ist in Tageszeitungen zu lesen, daß erstens der Kaiser nicht wirklich abgedankt, sondern sein Reichskanzler ohne sein Einverständnis gehandelt habe, und daß zweitens das deutsche Heer gar nicht geschlagen worden sei. Vielmehr habe der Abschluß eines Waffenstillstandes unmittelbar bevorgestanden, als die Revolution ausgebrochen sei. Die Revolution sei dem deutschen Heer in den Rücken gefallen. Diese Version des Kriegsendes wird später als »Dolchstoßlegende« in die Geschichte eingehen.

Hindenburgs und Ludendorffs Erzählungen und ihre erste Verbreitung in der deutschen Presse des Frühjahrs 1919 müßten die – mittlerweile parlamentarisch-demokratisch regierenden – Sozialdemokraten alarmieren, denn es geht um nicht weniger als die Legitimität dieser Republik, um die Rechtmäßigkeit ihrer Geburt, mithin: ihrer Existenz. Die Republik ist entstanden, weil die Monarchie für die Katastrophe des Krieges verantwortlich war – vom Anfang bis zum bitteren Ende. Ludendorff und Hindenburg eröffnen nun mit Lügengeschichten die ideologische Offensive gegen die Republik. Gewiß – wie erfolgreich sie sein werden, welche Konjunktur die Dolchstoßlegende haben wird: das können die führenden Sozialdemokraten noch nicht ahnen. Doch wittern sie nicht die Gefahr, die von den Erzählungen der alten Militärs ausgeht? Wenn nicht der Kaiser und seine Generäle den Krieg verloren haben, sondern die Novemberrevolutionäre an allem schuld sind: Warum mußte dann der Kaiser abdanken? Warum gibt es dann die Republik?

Im Winter 1918/19 und im Frühjahr 1919 ist es Zeit, öffentlich und schonungslos mit der kaiserlichen Politik abzurechnen, die 1914 in den Krieg und 1918 in die Kapitulation geführt hat. Zweifellos ist dies ein äußerst schwieriges Unterfangen: Die (Meinungs-)Macht des nationalkonservativen Bürgertums ist durch den Verlauf der Revolution nicht gebrochen worden, und die Bereitschaft dieser Kreise, deutsche Schuld am Krieg und seinem Verlauf zuzugestehen, hält sich in engen Grenzen. Doch an der Auseinandersetzung führt kein Weg vorbei. Es gibt einmal mehr nur ein entweder-oder: Entweder die republikanische Regierung kämpft um die Einsicht, daß der politische und moralische Bankrott des Reiches auf das Konto der Monarchie geht – oder es bilden sich Legenden, die das legitimatorische Fundament der Republik erschüttern.

Tatsächlich scheint die Reichsregierung im März 1919 entschlossen, die geschichtliche Wahrheit aufzudecken. Seit dem Ende des Krieges haben Sozialdemokraten die Akten studiert und nachgelesen, wie die deutsche Bevölkerung vier Jahre lang belogen worden ist. Sie können beweisen, daß die kaiserliche Regierung nach dem Mord von Sarajewo im Sommer 1914 Kriegstreiberei betrieben hat und daß Kaiser Wilhelm persönlich dabei eine besonders finstere Rolle gespielt hat.

Im Frühjahr 1919 macht sich vor allem Friedrich Ebert, inzwischen Reichspräsident, für eine Abrechnung mit den »Sünden der alten Regierung« stark. Wie gesagt: Es wird höchste Zeit, denn die ideologische Offensive der Hindenburg, Ludendorff und Co. hat schon begonnen. Der große Theoretiker der Vorkriegs-SPD, Karl Kautsky, hat eine Dokumentensammlung über den Kriegsausbruch zusammengestellt, die Wilhelm II. und sein Kabinett bloßstellt. Im März/April 1919 berät die Regierung, ob dieses Werk nun veröffentlicht werden soll. Es wäre das Fanal zur politischen Abrechnung mit der Monarchie. Doch die Regierung kann sich auf den Kabinettssitzungen im März und April nicht dazu durchringen. Besonders der liberale Finanzminister Schiffer und Justizminister Bell vom Zentrum wenden sich gegen eine Veröffentlichung. Sie werben um Verständnis für die deutsche Politik 1914. Die Sozialdemokraten sind nicht entschlossen genug, sich durchzusetzen. Schließlich empfiehlt Reichskanzler Philipp Scheidemann dem Kabinett im April, die Veröffentlichung erst einmal zu verschieben.

Die Tragweite seiner Entscheidung begreift Scheidemann nicht. Jeder Tag, den die Regierung ungenutzt verstreichen läßt, stärkt die Reaktion, die Feinde der Republik. Noch haben sie im Frühjahr 1919 die Niederlage nicht verdaut, noch ist der Kampf um die herrschende Meinung über den Krieg und das Kaiserreich nicht entschieden. Noch ist es nicht unmöglich, das deutsche Bürgertum mit der Aufdeckung der historischen Wahrheit zu beeindrucken. Die Abrechnung mit dem Kaiserreich hat aber nur dann eine Chance, die öffentliche Meinung zu beeinflussen, wenn sie rechtzeitig vor den verführerischen Legenden der kaiserlichen Generäle auf dem Markt ist. Die Sozialdemokraten, die mehr als jede andere Partei *diese* Republik gewollt haben, müssen spätestens jetzt, im Frühjahr 1919, offensiv um die historische Wahrheit über den Ausbruch des Krieges kämpfen.

Doch Karl Kautskys Dokumentensammlung wird erst im Dezember 1919 veröffentlicht – zu einem Zeitpunkt, als die Gegner der Republik bereits die öffentliche Diskussion beherrschen. Das Bürgertum hat Ludendorffs und Hindenburgs Zurückweisung deutscher Schuld am Krieg begierig aufgegriffen – die moralische Entlastung ist allemal angenehmer als die Konfrontation mit der historischen Wahrheit.

Eduard Bernstein, vielgescholtener Revisionist, aber einer der weitsichtigsten Strategen der SPD, beschwört auf dem Parteitag im Juni 1919 seine Parteigenossen zu erkennen, daß der Kampf um die Wahrheit durchaus nicht aussichtslos sein muß: *»Wenn ich die Schuld des alten Systems feststelle, dann sage ich nicht, wir, das deutsche Volk, sind schuld, sondern dann sage ich, diejenigen sind schuld, die das deutsche Volk damals belogen und betrogen haben. Damit wälze ich die Schuld ab vom deutschen Volk!«*

Aber das schlechte Gewissen der Sozialdemokraten ist stärker. Ein Parteitagsdelegierter aus Leipzig hält Bernstein entgegen, er leide wie der inzwischen ermordetete Kurt Eisner an einem ›Wahrheitsfimmel‹. Die Genossen wissen noch allzu gut, daß sie jahrelang ihren (Burg-)Frieden mit dem Kaiser gemacht haben. Die SPD hatte die Kriegskredite bewilligt, mehr noch: bereits vor der Entscheidung im Reichstag hatte die Parteiführung der Reichsregierung signalisiert, daß sie sich einem Eintritt Deutschlands in den Krieg nicht in den Weg stellen würde. Bei einer offenen Diskussion über den Weg Deutschlands in den Weltkrieg könnten auch unangenehme Wahrheiten über die Sozialdemokratie des Sommers 1914 aufgedeckt werden. Das erklärt das verhängnisvolle Zögern der SPD und ihres Reichskanzlers Philipp Scheidemann im Frühjahr 1919 – verdeutlicht aber auch, wie wenig der Kanzler und seine Partei die Tragweite ihres Verhaltens überschauen.

Der linke SPD-Abgeordnete Gustav Hoch erklärt seinen Parteigenossen auf dem Parteitag im Juni 1919, welche historische Chance sie durch ihr Lavieren bei der Kriegsschuldfrage verpassen und welche Konsequenzen ihr Verhalten hat: *»Wir haben mit der großen Gefahr zu rechnen, daß eine* *nationalistische Strömung über uns kommt, was unsagbares Unglück gerade für die Arbeiterschaft, für die sozialistische Republik bedeuten würde. Aber in unsere Hand ist es gegeben: Wenn wir hier tatkräftig eingreifen, mit allem Nachdruck, rücksichtslos und schonungslos, ohne Scheu nach irgendeiner Seite der Wahrheit die Ehre geben, […] dann brauchen wir eine nationalistische Strömung nicht zu fürchten, dann wird diese schwere Zeit zwar eine Zeit unsagbaren Elends sein, aber zugleich auch der Vorbote eines neuen Glücks für unser Volk.«*

Die Führung der SPD und die Mehrheit der Partei verweigern sich derartigen Einsichten. Der Historiker Heinrich August Winkler faßt den Verlauf des schicksalträchtigen SPD-Parteitages vom Juni 1919 zusammen in dem Satz: »Der Parteitag wünschte keine Stunde der Wahrheit.«[1]

Nachdem die SPD die Novemberrevolution ausgebremst hat, bevor es an grundlegende Veränderungen der alten vordemokratischen Gesellschaftsordnung ging, scheut sie nun auch davor zurück, den politisch-ideologischen Bruch mit dem Kaiserreich zu vollziehen. Dies ist nach dem Abwürgen der Revolution die zweite Katastrophe des Jahres 1919. Der Weimarer Republik fehlt fortan die gesellschaftliche *und* die legitimatorische Basis.

P. S.: In einem Brief an Karl Kautsky schreibt Eduard Bernstein am 26. Juli 1924 düster: *»Von der These aus, daß das kaiserliche Deutschland nicht allein schuld am Krieg sei, die sie dann mit bequemer Dialektik in ›überhaupt nicht schuld‹ umdeuten, ist es leicht, den Massen plausibel zu machen, daß das Kaisertum zu Unrecht gestürzt worden und die ›Judenrepublik‹ und ihre Erfüllungspolitik an allem Übel schuld seien, unter dem Deutschland heute leide…«*[2]

---

1 H. A. Winkler, Die verdrängte Schuld. In: *Die Zeit* vom 17. März 1989

2 ebd.

Sebastian Haffner

Drei Legenden

Über keinen historischen Vorgang wird so viel gelogen wie über die deutsche Revolution von 1918

»Im Januar 1919 begann in Deutschland [...] ein verkorkster, ein perverser Bürgerkrieg, in dem die sozialdemokratische Regierung reaktionäre und antidemokratische Offiziere herbeirief, um radikale Arbeiter zu unterdrücken, mit dem Ziel, Deutschland für die Demokratie zu sichern! Es war in jenen Tagen, daß Deutschland präpariert wurde für den schließlichen Sieg Adolf Hitlers.«

Evelyn Anderson (aus: »Hammer oder Amboß«, Frankfurt 1981)

Auszug aus Sebastian Haffners Buch »Der Verrat – Deutschland 1918/1919«, Verlag 1900 Berlin

Abbildung vorige Seite:
8. März 1919: Ein Gefangener der Regierungstruppen wird abgeführt. Der Fotograf Willi Römer erzählt später, der Mann sei um die Häuserecke geführt und dort sofort erschossen worden. (Landesbildstelle)

Wohl über keinen historischen Vorgang ist so viel gelogen worden wie über die deutsche Revolution von 1918. Drei Legenden insbesondere haben sich als zählebig bis zur Unausrottbarkeit erwiesen.

Die erste ist besonders beim deutschen Bürgertum – auch heute noch – weit verbreitet. Sie besteht ganz einfach in der Leugnung der Revolution. Eine wirkliche Revolution, so kann man immer noch vielfach hören, habe in Deutschland 1918 gar nicht stattgefunden. Alles, was sich wirklich abgespielt hat, war ein Zusammenbruch. Nur die momentane Schwäche der Ordnungsgewalten im Augenblick der Niederlage ließ eine Matrosenmeuterei als Revolution erscheinen.

Wie falsch und blind das ist, das sieht man auf einen Blick, wenn man 1918 mit 1945 vergleicht. Da allerdings gab es wirklich nur einen Zusammenbruch.

Gewiß gab 1918 eine Matrosenmeuterei den Anstoß zur Revolution, aber eben nur den Anstoß. Das Außerordentliche war eben dies: daß eine bloße Matrosenmeuterei in der ersten Novemberwoche 1918 ein Erdbeben auslöste, das ganz Deutschland erschütterte; daß das gesamte Heimatheer, die gesamte städtische Arbeiterschaft, in Bayern überdies noch ein Teil der Landbevölkerung sich erhob. Diese Erhebung aber war keine bloße Meuterei mehr, sie war eine echte Revolution. Es ging dabei nicht mehr, wie noch am 29. und 30. Oktober bei der Hochseeflotte auf Schilling-Reede, nur um Gehorsamsverweigerung. Worum es ging, das war der Sturz einer herrschenden Klasse und die Umgestaltung eines Staats. Und was ist eine Revolution, wenn nicht genau dies?

Wie jede Revolution stürzte auch diese eine alte Ordnung und setzte an ihre Stelle die Anfänge einer neuen. Sie war nicht nur zerstörerisch, sie war auch schöpferisch. Ihre Schöpfung waren die Arbeiter- und Soldatenräte. Daß dabei nicht alles glatt und ordentlich zuging, daß die neue Ordnung nicht sofort so reibungslos funktionierte wie die gestürzte alte, daß auch Unschönes und Lächerliches mit unterlief – in welcher Revolution wäre das anders gewesen? Und daß die Revolution natürlich in einem Augenblick der Schwäche und Blamage der alten Ordnung losbrach und ihren Sieg zum Teil dieser Schwäche verdankte, ist ebenfalls eine Selbstverständlichkeit.

Das ist in keiner Revolution der Geschichte anders gewesen.

Dagegen muß man sogar als einen besonderen Ruhmestitel der deutschen Novemberrevolution von 1918 ihre Selbstdisziplin, Gutmütigkeit und Menschlichkeit verbuchen, die um so bemerkenswerter ist, als die Revolution fast überall das spontane Werk führerloser Massen war. Der eigentliche Held dieser Revolution sind die Massen gewesen – der Zeitgeist hat das genau herausgespürt: Nicht zufällig waren die Höhepunkte deutscher Theater- und Filmkunst in jenen Jahren großartige Massenszenen, nicht zufällig hieß Ernst Tollers damals berühmtes Revolutionsdrama *Masse Mensch*. Als revolutionäre Massenleistung steht der deutsche November 1918 weder hinter dem französischen Juli 1789 noch hinter dem russischen März 1917 zurück.

Daß die deutsche Revolution kein Hirngespinst und kein Phantom war, sondern eine lebendige und robuste Wirklichkeit, dafür gibt es schließlich noch ein anderes Zeugnis: die Ströme von Blut, die es im ersten Halbjahr 1919 kostete, sie zurückzurollen und niederzuschlagen.

Wer die Revolution niedergeschlagen hat, daran gibt es keinen Zweifel. Es war die Führung der SPD, es war Ebert mit seiner Mannschaft. Auch daran gibt es keinen Zweifel, daß die SPD-Führer, um die Revolution niederschlagen zu können, sich zunächst an ihre Spitze gestellt hatten, daß sie sie also verrieten. In den Worten des unbestechlichen sachverständigen Zeugen Ernst Troeltsch: Die SPD-Führer »adoptierten um der Wirkung auf die Massen willen die Revolution, die sie nicht gemacht hatten und die von ihrem Standpunkt aus eine Fehlgeburt war, als ihr eigenes, lange verheißenes Kind.«

Hier gilt es genau zu sein; hier zählt jedes Wort. Es trifft zu, daß die SPD-Führer die Revolution nicht gemacht und nicht gewollt hatten. Aber es ist ungenau, wenn Troeltsch sagt, daß sie sie nur »adoptierten«. Die Revolution wurde von ihnen nicht nur »adoptiert«, sie war wirklich ihr eigenes, lange verheißenes Kind. Sie hatten sie wirklich fünfzig Jahre lang gepredigt und versprochen. Auch wenn »ihr eigenes, lange verheißenes Kind« für die SPD jetzt ein unerwünschtes Kind geworden war: Sie war und blieb seine leibliche Mutter; und als sie es tötete, war das Kindstötung.

Wie jede Kindesmörderin sich auf eine Totgeburt oder Fehlgeburt herauszureden versucht, so auch die SPD. Das ist der Ursprung der zweiten großen Legende über die deutsche Revolution: daß sie nicht die von den Sozialdemokraten seit fünfzig Jahren proklamierte Revolution gewesen sei, sondern eine bolschewistische Revolution, ein russischer

Importartikel, und daß die SPD Deutschland vor dem »bolschewistischen Chaos« bewahrt und gerettet habe (nebenbei: der Ausdruck »bolschewistisches Chaos« ist in sich selbst eine terminologische Lüge; Bolschewismus, was immer gegen ihn einzuwenden ist, ist das Gegenteil von Chaos, nämlich straffste, diktatorische, wenn man will: tyrannische Ordnung).

Diese Legende, von den Sozialdemokraten erfunden, wird von den Kommunisten, gewollt oder ungewollt, gestützt: Denn sie nehmen das ganze Verdienst an der Revolution für die KPD oder ihre Vorgängerin, die Spartakusgruppe, in Anspruch und bestätigen also ruhmredig, was die Sozialdemokraten als Rechtfertigung für sich selbst und Anklage gegen die Revolution vorbringen: daß die Revolution des November 1918 eine kommunistische (oder »bolschewistische«) Revolution gewesen sei.

Aber auch wenn Sozialdemokraten und Kommunisten ausnahmsweise einmal das gleiche sagen, wird es dadurch noch nicht wahr. Die Revolution von 1918 war kein russischer Importartikel, sie war deutsches Eigengewächs; und sie war keine kommunistische, sie war eine sozialdemokratische Revolution – genau die Revolution, die die SPD fünfzig Jahre lang vorausgesagt und gefordert, auf die sie ihre Millionen Anhänger vorbereitet und als deren Organ sie sich ihnen ihr Leben lang angeboten hatte.

Das ist leicht zu beweisen. Nicht die zahlenmäßig und organisatorisch ganz unzulängliche Spartakusgruppe machte die Revolution, sondern Millionen sozialdemokratisch wählende Arbeiter und Soldaten. Die Regierung, die diese Millionen forderten – auch noch im Januar 1919 wie vorher schon im November 1918 –, war nicht eine spartakistische oder kommunistische Regierung, sondern eine Regierung der wiedervereinigten Sozialdemokratischen Partei. Die Verfassung, die sie erstrebten, war keine Diktatur des Proletariats, sondern eine proletarische Demokratie: Das Proletariat, nicht das Bürgertum wollte die herrschende Klasse sein, aber es wollte demokratisch herrschen, nicht diktatorisch. Die entmachteten Klassen und ihre Parteien sollten parlamentarisch mitreden dürfen, ungefähr so, wie im Wilhelminischen Reich die Sozialdemokraten hatten parlamentarisch mitreden dürfen.

Auch die Methoden der Revolution waren – vielleicht zu ihrem Schaden – alles andere als bolschewistisch oder leninistisch. Sie waren, genau betrachtet, nicht einmal marxistisch, sondern lassalleanisch: Der entscheidende Machthebel, nach dem die revolutionären Arbeiter, Matrosen und

Soldaten griffen, war nicht, wie es marxistischer Lehre entsprochen hätte, das Eigentum an den Produktionsmitteln, sondern die Staatsgewalt. Damit betraten sie, wie es im sozialdemokratischen Kampflied hieß,

»die Bahn, die uns geführt Lassalle«.

Die revolutionären Massen griffen, wie es der Wegbereiter der Sozialdemokratie, Ferdinand Lassalle – nicht Marx – in den achtzehnhundertsechziger Jahren gefordert hatte, nach der Staatsmacht, nicht nach der Wirtschaftsmacht. Sie besetzten nicht die Fabriken, sondern die Ämter und Kasernen. Sie wählten als »Volksbeauftragte« die sozialdemokratischen Führer.

Und diese Führer benutzten, nachdem sie sich von der Revolution die Staatsgewalt hatten übertragen lassen, diese Gewalt, um die Revolution – ihre eigene, lange verheißene, endlich Wirklichkeit gewordene Revolution – blutig niederzuschlagen. Sie richteten die Kanonen und Maschinengewehre auf ihre eigenen Anhänger. Was der Kaiser vergeblich versucht hatte – das zurückkehrende Feldheer auf die revolutionären Arbeiter loszulassen –, das versuchte von Anfang an auch Ebert. Und als ihm dies ebensowenig gelang, zögerte er nicht, noch einen Schritt weiterzugehen und die extremsten Anhänger der militanten Gegenrevolution, die Feinde der bürgerlichen Demokratie, ja seine eigenen Feinde, die Vorläufer des Faschismus in Deutschland, zu bewaffnen und gegen seine arglosen Anhänger zu mobilisieren.

Das ist die Tatsache: Was die SPD blutig niedergeworfen hat und wovor sie also, wenn man so will, Deutschland »bewahrt« oder »gerettet« hat, ist keine kommunistische Revolution, sondern eine sozialdemokratische. Die sozialdemokratische Revolution, die in Deutschland 1918 stattfand, ist, wie es schon Prinz Max von Baden in der Woche vor dem 9. November ahnungsvoll erhofft hatte, »erstickt« worden – in ihrem Blut erstickt; aber nicht von den Prinzen und Monarchen, die sie gestürzt, vielmehr von ihren eigenen Führern, die sie vertrauensvoll an die Macht getragen hatte. Sie ist mit äußerster, rücksichtslosester Gewalt niedergeschlagen worden, nicht von vorn, in ehrlichem Kampf: von hinten, durch Verrat.

Ganz gleich, auf welcher Seite man dabei steht und ob man das Ergebnis bedauert oder begrüßt: Es ist ein Vorgang, der den Namen Ebert und Noske eine unrühmliche Unsterblichkeit sichert. Zwei Urteile, damals ausgesprochen und von denen, die sie aussprachen, mit ihrem Leben besiegelt, hallen immer noch durch die Jahrzehnte. Der sozialdemokratische Parteiveteran und Parteihistoriker Franz Mehring sagte im Januar 1919, kurz ehe er an gebrochenem Herzen starb: »Tiefer ist noch keine Regierung gesunken.« Und Gustav Landauer, nicht lange vor seinem Tode unter den Händen – genauer: unter den Stiefeln – der Freikorpssoldaten Noskes: »In der ganzen Naturgeschichte kenne ich kein ekelhafteres Lebewesen als die Sozialdemokratische Partei.«

Es macht Ebert und Noske nicht sympathischer, daß sie keine Schurken größeren Formats waren, sondern Biedermänner. Das Monströse ihrer historischen Tat findet keine Entsprechung in ihrem privaten Charakter. Wenn man nach ihren Motiven sucht, findet man nichts Dämonisches oder Satanisch-Großartiges, nur Banales: Ordnungsliebe und kleinbürgerliches Strebertum. Daß sie die Unordnung, die nun einmal mit jeder Revolution verbunden ist, ehrlich verabscheuten und mit beinahe panischer Angst fürchteten, kann man ihnen ohne weiteres glauben, auch wenn sie merkwürdigerweise keine solche Furcht vor der ebenso großen – und blutigeren – Unordnung der Gegenrevolution hatten. Tiefer aber noch als die Ordnungspanik saß wohl in ihnen der Stolz des Kleinbürgers, der sich plötzlich zur großen Welt zugelassen – mehr noch, von der großen Welt zu Hilfe gerufen sieht. Daß bürgerliche Parlamentskollegen die »vaterlandslosen Gesellen« von einst plötzlich mit Respekt behandelten, daß Männer wie Groener und Prinz Max ihnen eine schmeichelhafte Vertraulichkeit, daß gar der Kaiser und Hindenburg eine gnädige Herablassung bezeigten, daß alle diese einst Gefürchteten und Beneideten in ihrer Not jetzt Ebert und die Seinen als ihren letzten Rettungsanker anerkannten – das erzeugte in den so Geehrten eine warme Woge zutraulicher und stolzer Loyalität, der sie jedes Opfer brachten, auch tausendfache Menschenopfer. Sie opferten diejenigen, die ihnen folgten und vertrauten, freudig denen, von denen sie sich begönnert fanden. Das Scheußliche wurde mit treuherzig aufblickendem Biedersinn getan.

Ebert vertraute den Generalen, Prinzen und Großbürgern, die ihm »das Deutsche Reich ans Herz legten«, dabei ebenso arglos, wie die sozialdemokratischen Arbeiter, Matrosen und Soldaten, die die Revolution machten, ihm vertrauten. Und so wie er die Revolution verriet, so verrieten die, die er mit seinem Verrat bediente, nach getaner Arbeit ihn. Das Mittel, mit dem sie das taten, war die dritte der drei großen Legenden über die deutsche Revolution: die Dolchstoßlegende.

Die Behauptung, daß die sozialdemokratische Revolution die deutsche Niederlage verschuldet und »die siegreiche Front von hinten erdolcht« habe, wurde von Hindenburg und Ludendorff öffentlich aufgestellt, sowie Ebert und Noske mit der Niederwerfung der Revolution fertig geworden waren, und sie wurde vom deutschen Bürgertum ein Vierteljahrhundert lang geglaubt.

Diese Behauptung war selber ein Dolchstoß – ein Dolchstoß in den Rücken der sozialdemokratischen Führer, denen das kaiserliche Deutschland im Oktober und November 1918 seine Niederlage angehängt und seine Rettung anvertraut hatte. (Ludendorff: »Sie sollen die Suppe jetzt essen...«)

Nachdem sie die Niederlage loyal auf sich genommen hatten (Ebert zu den heimkehrenden Truppen: »Kein Feind hat euch überwunden...«) und dem deutschen Bürgertum den Leichnam der Revolution apportierend zu Füßen gelegt hatten, bekamen sie ihren Lohn in Form der Dolchstoßlegende. Ebert selbst wurde in den folgenden Jahren mit dem vollkommen unbegründeten, aber unablässig wiederholten und gerichtlich sanktionierten Vorwurf des Landesverrats buchstäblich zu Tode gehetzt.

Man könnte Mitleid mit ihm empfinden, wenn in der Art, wie sich die Geschichte an ihm rächte, nicht auch eine raffinierte Gerechtigkeit läge. Es gibt eine Ballade der Annette von Droste-Hülshoff, die Eberts Schicksal aufs genaueste vorzeichnet:

Jemand hat bei einem Schiffbruch einen Mitpassagier ermordet, indem er ihn von der rettenden Planke gestoßen hat. Zufällig hat sich ihm dabei das Fabrikationszeichen der Planke eingeprägt: »Batavia 510«. Der Mord wird nie ruchbar. Aber als der Mörder landet, wird er irrtümlich für einen lang gesuchten Seeräuber gehalten, unschuldig zum Tode verurteilt und zur Hinrichtung geführt.

»Und als er in des Hohnes Stolze
Will starren nach den Ätherhöhn,
Da liest er an des Galgens Holze:
Batavia 510.«

Das Gedicht heißt: *Die Vergeltung.*

Auf genau dieselbe umwegige, aber präzise Art traf Ebert die Vergeltung für das, was er mit der Revolution gemacht hatte. Er wurde zu Tode gehetzt mit einer Lüge, mit dem Vorwurf eines Verrats, den er nie begangen hatte. Aber dieser Vorwurf hätte ihn nie treffen können, wenn er nicht einen anderen Verrat tatsächlich begangen hätte. Er hatte nicht die siegreiche Front, wohl aber die siegreiche Revolution von hinten erdolcht. Und zwar denen zuliebe, die nunmehr ihn von hinten erdolchten – mit der Dolchstoßlüge.

Eine gewisse Befriedigung über die ästhetische Perfektion dieser komplizierten Symmetrie läßt sich schwer unterdrücken. Man fühlt sich wie auf dem Höhepunkt einer symphonischen Komposition, wenn alle Themen zusammenkommen – und dabei ihre gemeinsame Wurzel enthüllen. Oberflächlich gesehen, geschah Ebert mit der Dolchstoßlüge bitteres Unrecht. Tiefer und genauer betrachtet, geschah ihm recht. Er wurde verraten, wie er verraten hatte; und er konnte nur verraten werden, *weil* er verraten hatte.

Ludendorff hatte am 29. September 1918 seine Niederlage auf die Sozialdemokraten abgeladen, um sie später als die Schuldigen hinstellen zu können. Die Revolution kam ihnen zu Hilfe; sie setzte dazu an, die Falle, die er ihnen gestellt hatte und in der sie ahnungslos saßen, zu zerschlagen. Sie aber verrieten die Revolution – und die Falle schnappte zu. Das ist, in drei Sätzen, die ganze Geschichte. Eine furchtbare Geschichte, aber keine sinnlose. Ihre Überschrift könnte heißen: »Verdiente Strafe«.

Leider traf die Strafe für den großen Verrat an der deutschen Revolution von 1918 nicht nur die, die sie verdient hatten.

Der Kollektivheld dieser Revolution, die deutsche Arbeiterschaft, hat sich von dem Nackenschlag, der ihr damals versetzt wurde, nie erholt. Die sozialistische Einigkeit, für die sie so tapfer kämpfte und blutete, ist 1918 für immer verloren worden. Von dem großen Verrat datiert das große Schisma des Sozialismus und der unauslöschliche Haß zwischen Kommunisten und Sozialdemokraten – ein Haß wie zwischen Wölfen und Hunden. (Ein Hund ist bekanntlich ein ehemaliger Wolf, den der Mensch für seine Zwecke gezähmt hat. Die Sozialdemokratie ist eine ehemalige Arbeiterpartei, die der Kapitalismus für seine Zwecke gezähmt hat.) Dieselben Arbeiter, die sich 1918 – und auch noch 1919 und 1920 – so tapfer und glücklos geschlagen hatten, fanden ihren Kampfgeist gebrochen, als sie ihn fünfzehn Jahre später noch einmal gebraucht hätten – gegen Hitler.

Und ihre Söhne waren 1945 nicht mehr imstande, die Tat ihrer Väter von 1918 zu wiederholen. Ihre Enkel von heute wissen nicht einmal mehr von ihr. Die revolutionäre Tradition der deutschen Arbeiterschaft ist erloschen.

Und auch das deutsche Volk als Ganzes, einschließlich seiner bürgerlichen Schichten, die damals das Scheitern der Revolution mit begreiflicher Erleichterung und Schadenfreude begrüßten, hat für dieses Scheitern teuer bezahlen müssen: mit dem Dritten Reich, mit der Wiederholung des Weltkrieges, mit der zweiten und schwereren Niederlage und mit dem Verlust seiner nationalen Einheit und Souveränität. Alles das war in der Gegenrevolution, die die sozialdemokratischen Führer auslösten, schon keimhaft enthalten. Vor alledem hätte ein Sieg der deutschen Revolution Deutschland bewahren können.

Noch heute gibt es viele Ebert-Deutsche, die jede Revolution »hassen wie die Sünde«; noch heute gibt es viele, die die Revolution von 1918 verleugnen wie einen Schandfleck der nationalen Geschichte. Aber die Revolution ist kein Schandfleck. Sie war – besonders nach vier Jahren Hunger und Ausblutung – eine Ruhmestat. Ein Schandfleck ist der Verrat, der an ihr verübt wurde.

Gewiß ist Revolution nichts, das man zum Vergnügen macht; gewiß gehört es zur Staatskunst, Revolution möglichst durch vorbeugende Reform zu vermeiden. Jede Revolution ist ein schmerzhafter, blutiger und schrecklicher Vorgang – wie eine Geburt. Aber wie eine Geburt ist jede gelungene Revolution zugleich auch ein schöpferischer, lebenspendender Vorgang.

Alle Völker, die eine große Revolution durchgestanden haben, blicken mit Stolz auf sie zurück; und jede siegreiche Revolution hat das Volk, das sie zustande brachte, für eine Weile groß gemacht: Holland und England im siebzehnten Jahrhundert ebenso wie Amerika und Frankreich im achtzehnten und neunzehnten und Rußland und China im zwanzigsten. Es sind nicht die siegreichen, es sind die erstickten und unterdrückten, die verratenen und verleugneten Revolutionen, die ein Volk krank machen.

Deutschland krankt an der verratenen Revolution von 1918 noch heute.

Konrad Haenisch

Persönliche Erinnerungen an Fritz Ebert

Ein Nachruf

»Den Daumen aufs Auge und die Knie auf die Brust, und greinen uns ein paar Heilige dazwischen, wie furchtbar das Schicksal der französischen Arbeiter sei, so erwidern wir ihnen: die französischen Arbeiter bleiben Männer, auch wenn wir mit ihnen Kugeln wechseln, ihr aber seid – alte Weiber. Mögen darum auch die ewig schwankenden Gestalten plötzlich den Verrina der Internationale spielen wollen - ich gehe zum Hindenburg.«

Ernst Heilmann (SPD), 1915

Konrad Haenisch (1876 – 1925), Redakteur, SPD-Politiker und von 1918 bis 1921 preußischer Kulturminister. Stimmte am 4. August 1914 »in den brausenden Sturmgesang: Deutschland, Deutschland über alles!« mit ein, »mit gutem Gewissen und ohne jede Angst, dadurch zum Verräter zu werden.« Den folgenden Text schrieb er 1925, nach dem Tode von Friedrich Ebert.

Abbildung vorige Seite:
Überführung des bayerischen Heeres in die Reichswehr 1919.
Von links nach rechts: Franz Ritter von Epp (unter Hitler später Reichsstatthalter in Bayern), Gustav Noske, Friedrich Ebert und ein unbekannter Offizier. (Foto von Heinrich Hoffmann, Bildarchiv Preußischer Kulturbesitz)

Es ist nicht leicht, in den Tagen des frischen Schmerzes Erinnerungen niederzuschreiben an den Mann, um den eben noch wilder Kampf toste und der nun still auf der Bahre liegt und in wenigen Stunden in seiner schönen badischen Heimat ausruhen wird von der Unrast seines Lebens. Zum Heraufbeschwören von Erinnerungen gehört Sammlung. Die aber fehlt heute, wo jede Stunde ihre neuen Forderungen drängender dienstlicher und politischer Pflichten stellt …

Über die ersten anderthalb Jahrzehnte von Eberts politischem Wirken kann ich aus eigener Wissenschaft kaum etwas berichten. Weder mit dem jungen Redakteur der *Bremer Bürgerzeitung*, noch mit dem Arbeitersekretär hatte ich nähere Beziehungen, wenn ich auch gelegentlich auf Parteitagen und allerlei Konferenzen mit ihm zusammen war und von ihm stets den Eindruck eines ruhigen, klaren und starken Menschen gewonnen hatte. Eines Menschen, der, abhold jeder Kraftphrase, sicher in sich selbst ruht und unbeirrt seinen Weg zu gehen weiß. Warum soll ich bestreiten, daß uns, die wir damals mit Rosa Luxemburg und Parvus, mit Mehring, Karl Liebknecht und Radek auf dem äußersten linken Flügel der Sozialdemokratie fochten – warum soll ich bestreiten, daß uns Eberts Art nicht immer unbedingt erfreulich war? Wir sahen in Männern seines Schlages, bei aller Anerkennung ihres Wertes, und ihrer Arbeitsleistung, doch mehr oder weniger »Bremser«, die durch ein Übermaß von »Taktik« dem revolutionären Elan des Proletariats schließlich das Rückgrat brechen würden …

Als Bremer Arbeitersekretär hat Fritz Ebert gegen Ende der neunziger Jahre übrigens auch dem *Frankfurter* Arbeitersekretariat, das damals von dem heutigen Bürgermeister Eduard Gräf geleitet wurde, einmal einen Besuch abgestattet, um sich über seine Einrichtungen und seine Arbeitsweise zu unterrichten.

Erst nachdem Ebert im Jahre 1905 vom Jenaer Parteitag in den Vorstand der Gesamtpartei gewählt war, kam ich ihm näher. Neben der Führung der Kassengeschäfte, in die er sich mit dem nun auch schon seit Jahren toten Albin Gerisch teilte, einem ganz prächtigen Menschen mit einem Stück Dichter, hatte Ebert in den ersten Jahren seiner neuen Tätigkeit vornehmlich Westdeutschland zu betreuen, und so ergab sich – ich wirkte damals als Leiter der *Dortmunder Arbeiterzeitung* im rheinisch-westfälischen Industriebezirk – eine engere Zusammenarbeit. In dieser lernte ich und lernte mit mir auch manch anderer »Radikaler« nicht nur

Eberts Klugheit und sein taktisches Geschick, sondern auch seine wertvollen *menschlichen* Eigenschaften immer mehr schätzen.

Neben den genannten mehr verwaltungsmäßigen Arbeiten waren es vornehmlich zwei Aufgaben, mit denen Ebert als Mitglied des Parteivorstandes betraut wurde. Einmal galt es, das zu jener Zeit sehr gespannte Verhältnis zwischen der politischen Arbeiterpartei und den Gewerkschaften wieder in Ordnung zu bringen. Für diese Mission, die ebensoviel Takt wie Geduld erforderte, war niemand besser geeignet als grade Fritz Ebert, der seit seiner Jugend sowohl in der Partei wie in der Gewerkschaftsbewegung seinen Mann gestanden hatte und der nicht nur die praktischen Bedürfnisse, sondern auch die seelischen Grundlagen und die stimmungsmäßigen Unwägbarkeiten beider Zweige der Arbeiterbewegung von Grund auf kannte. Dazu kam, daß Ebert als Persönlichkeit hüben wie drüben das gleiche Vertrauen genoß, daß man die Lauterkeit seiner Gesinnung, die Unbestechlichkeit seines Urteils wie seinen gesunden Menschenverstand in *allen* Lagern der Arbeiterbewegung aufs höchste schätzte.

Es war keine leichte Aufgabe, die der spätere Reichspräsident da übernommen hatte. Es galt für ihn nun, außer an den zahllosen Sitzungen und Beratungen der Parteikörperschaften ständig auch noch an den Konferenzen der Gewerkschaftsführer teilzunehmen, an den sogenannten Vorständekonferenzen, und sich auch sonst über alles auf dem Laufenden zu halten, was im inneren und äußeren Leben der Gewerkschaften wichtig war. Manche Nachtstunde mußte da Verhandlungen und immer wieder neuen Verhandlungen geopfert werden, wollte Ebert wirklich das sein, wozu man ihn berufen hatte: der Mittelsmann zwischen Partei und Gewerkschaften, der Vertrauensmann beider. Hier bewährte sich zum ersten Male an einer großen, und zwar nicht nur vom engeren sozialistischen Standpunkt aus großen politischen Aufgabe jene Fähigkeit Eberts, zu vermitteln und auszugleichen, die später, in den schweren Krisen dieser letzten sechs Jahre, dem Reiche so wertvoll werden sollte. Dieser in den Kreisen der Arbeiterbewegung schon damals hoch gerühmten Gabe Eberts lag jedoch keineswegs, wie manche meinen mochten, ein Mangel an Charakter zu Grunde. Ganz im Gegenteil! *Grade weil* Ebert immer sehr klar wußte, was er wollte, und weil er stets sein Ziel im Auge behielt – *grade darum* vermochte er auch in den schwierigsten Verhandlungen den Faden in der Hand zu behalten und die Dinge zu einem vernünftigen

Ende zu führen. Es ist nicht zum wenigsten Eberts ganz persönliches Verdienst, daß an der Schwelle des Weltkrieges jene sehr ernsten Gegensätze zwischen politischer und gewerkschaftlicher Arbeiterbewegung so gut wie überwunden waren. Auch zwischen der Partei und den *Genossenschaften* war Ebert, der sich schon in seiner Bremer Zeit auch genossenschaftlich stark betätigt hatte, in jenen Jahren der gegebene Vermittler.

Ganz anderer Art war die zweite Aufgabe, die an Ebert als Sekretär des Parteivorstandes herantrat. Um 1903/04 herum hatte auch in Deutschland, nachdem andere Länder, namentlich Belgien, darin längst vorangegangen waren, eine besondere sozialistische *Jugend*bewegung Fuß zu fassen begonnen. Ludwig Frank und Karl Liebknecht waren ihre ersten Bannerträger, Mannheim und Berlin ihre Brennpunkte. Während in Norddeutschland die Bewegung zunächst den Charakter eines mehr wirtschaftlich orientierten Zusammenschlusses von Lehrlingen annahm, gründete man in Süddeutschland ausgesprochen politisch, und zwar linksradikal eingestellte »junge Garden« nach romanischem Muster. In ihrem ersten Überschwang drohte die neue Bewegung manchmal über die Ufer zu treten und der Partei ernste politische Schwierigkeiten zu machen, namentlich soweit der stark antimilitaristische Grundzug im Wesen der »jungen Garden« in Frage kam, den damals Ludwig Frank kaum weniger stark betonte als Karl Liebknecht. Die Partei suchte deshalb alsbald den maßgebenden Einfluß auf die Jugendbewegung zu gewinnen. Zu diesem Zweck schuf sie in Berlin eine besondere Jugendzentrale. Der Mann, der an ihre Spitze berufen wurde, war Fritz Ebert.

Wer da etwa gefürchtet hatte – auch der Schreiber dieses Aufsatzes gehörte dazu – der nüchterne Arbeitersekretär und Gewerkschaftspraktiker werde den besonderen seelischen Bedürfnissen der proletarischen Jugend ohne Verständnis gegenüberstehen, er werde versuchen, die Jugendbewegung zu bürokratisieren, sie durch einen komplizierten Instanzenzug ihres Besten, ihrer urwüchsigen Frische, zu berauben, der wurde aufs erfreulichste enttäuscht. Dieser ruhige Mann der Alltagsarbeit zeigte für die feinsten Regungen, für die leisesten Schwingungen der Seele grade des *jungen* Arbeiters ein Verständnis, das immer wieder in Erstaunen setzte. Und bald hatten auch die wildesten Jungen volles Vertrauen zu diesem Führer, der es meisterlich verstand, der Jugend zu geben, was der Jugend war, und der doch auch hier sich niemals die Leitung aus der Hand nehmen ließ.

Im übrigen erwies sich Ebert auch in der Politik der Partei selbst keineswegs als der stets bedenkliche Zauderer, den manche in ihm hatten sehen wollen. In dem Kampf um das preußische Wahlrecht, der im letzten Jahrzehnt vor dem Kriege immer mehr in den Mittelpunkt der inneren Politik Deutschlands rückte, war Ebert, neben Hermann Müller, das *vorwärts* drängende Element im Parteivorstand. Die großen Straßenkundgebungen, mit denen in den Jahren 1906, 1908 und 1910 die preußische Sozialdemokratie auf der ganzen Linie gegen die Schmach des Dreiklassenwahlrechts zum Angriff überging, sind mit in erster Linie auf Eberts Anregungen zurückzuführen.

Denn dieser Sattlergeselle von einst wußte nicht nur, was er den materiellen Bedürfnissen, er wußte auch, was er der Würde und der großen geschichtlichen Aufgabe seiner Klasse schuldig war. Im Kampf gegen das »elendeste aller Wahlsysteme« wie auch bei manch anderer Gelegenheit vereinte dieser geborene Führer Vorsicht mit Kühnheit, und an der Spitze seines Arbeiterheeres entwickelte er nicht nur die Eigenschaften eines *Fabius cunctator*, sondern auch, wo es not tat, die Eigenschaften eines Cäsar.

Wie tief in diesem jedem Pathos abholden Manne das Gefühl auch für die *ideellen* Werte der sozialistischen Bewegung saß, davon bekam ich einen starken Eindruck auf dem internationalen Sozialisten-Kongreß von Kopenhagen im Jahre 1910. Die unvergeßlichen Kundgebungen des Zusammengehörigkeitsgefühls der Arbeiter über alle Grenzen hinweg, mit denen dieser Kongreß eingeleitet und geschlossen wurde, weckten grade in Eberts Brust, in der Brust dieses kerndeutschen Mannes, ein starkes Echo. Er hat mir nicht nur damals in Kopenhagen, sondern auch später wiederholt davon gesprochen.

Als im Spätsommer 1913 August Bebel die Augen geschlossen hatte, da wußte der, wiederum in Jena tagende, Parteitag sehr wohl, was er tat, als er, neben Hugo Haase, Fritz Ebert an die Spitze der Partei berief. Er hätte keinen Besseren finden können.

Ein Jahr darauf kommt der Krieg. Mit ihm schon, nicht erst mit der Staatsumwälzung, treten an Ebert Aufgaben von höchster politischer Wichtigkeit heran. Jetzt zeigt sich, wie glücklich die Sozialdemokratie beraten gewesen war, als sie einen Mann gerade von Eberts Qualitäten zum Führer erwählt hatte.

In den Kriegsjahren habe ich, der ich Anfang 1911, als Leiter einer Art von literarischem Büro der Gesamtpartei, nach Berlin berufen war, Fritz Eberts Wirken aus nächster Nähe, aus täglicher Arbeit im gleichen Hause und am gleichen Werk beobachten können.

Dieses Werk war die Eingliederung der deutschen Arbeiter in die Front des großen nationalen Kampfes der Abwehr und der Selbstbehauptung. Denn als solcher stellte sich der Krieg für Fritz Ebert von Anfang an dar. Vollkommen unrichtig ist die immer wiederholte Behauptung der Presse der Rechten, die sozialistischen Führer hätten sich nur unter dem unwiderstehlichen Zwang der Massenstimmung in diese Front der Abwehr und der Selbsterhaltung eingereiht. Es gab unter den 111 sozialdemokratischen Reichstagsabgeordneten am 3. August 1914 nur etwa ein Dutzend, die gegen die Bewilligung der Kriegskredite waren. Und auch diese dachten gar nicht daran, Deutschland der Vernichtung preisgeben zu wollen, sie glaubten nur, keinerlei politische Mitverantwortung übernehmen zu dürfen für eine Politik, die zum Ultimatum an Serbien geführt und die das Reich an das gewissenlose Abenteurertum der Herren vom Ballplatz gekettet hatte. Auch Ebert sah die Politik der Mittelmächte keineswegs im Gewande blütenweißer Unschuld. Aber er meinte, daß nun, da die eisernen Würfel einmal rollten, nicht mehr und noch nicht die Zeit sei, das Maß gegenseitiger Schuld abzuwägen. Im Augenblick gebe es nur eines: Deutschland zu retten! Das Deutschland, das ihm nicht das Deutschland der Hohenzollern und der preußischen Junker, sondern das Deutschland der schaffenden Arbeit, das Deutschland des sozialen und kulturellen Aufstiegs der Massen war. Dieses Deutschland liebte der »vaterlandslose Geselle« Ebert – man darf es glauben! – mit heißerer Liebe als so mancher geeichte Patentpatriot des Wilhelminischen Zeitalters.

Haben sich die Menschen, die in diesen letzten Monaten über Ebert, den »Landesverräter«, die Kübel ihres seelischen Schmutzes auszugießen beliebten, – haben sie sich überhaupt einmal ganz klar gemacht, was es für Deutschland bedeutet hat, die Massen der Arbeiterschaft, in denen zu jener Zeit immer noch der Groll nachzitterte über die Unbill langer Jahrzehnte, über Sozialistengesetz und Umsturzvorlage, über Zuchthauskurs und Verwaltungswillkür – haben sie sich je klar gemacht, was es bedeutete, diese Massen der entrechteten Wähler dritter Klasse, diese von Wilhelm II. immer wieder unflätig beschimpften »Rotten von Menschen, die nicht wert sind, den Namen Deutsche zu tragen«, nicht nur am 4. August

1914 für Deutschland mobil zu machen, sondern sie auch – das war das ungleich Schwerere – vier lange Jahre hindurch in dieser nationalen Front *zu halten*? Zu halten trotz namenloser Leiden und unerhörter Entbehrungen, trotz Fortdauer der preußischen Dreiklassenschmach und trotz aller auch sonst sich häufenden Enttäuschungen? Nun, soweit überhaupt ein einzelner das Verdienst für sich in Anspruch nehmen darf, dies Ungeheure geleistet zu haben, ist es Fritz Ebert.

Während der ganzen Kriegsjahre war nur ein einziges Mal – und da auch nur unter großen Schwierigkeiten – die Abhaltung eines sozialistischen Parteitages möglich, 1917 in Würzburg. Im übrigen war die Aufgabe der alljährlichen Parteitage, die politische Richtlinie der Partei festzulegen, an den sogenannten Parteiausschuß übergegangen, der nun alle paar Monate einmal im Vorstandsgebäude in der Lindenstraße zu Berlin zusammentrat. Ich habe den weitaus meisten dieser Parteiausschußsitzungen der Kriegsjahre, deren Protokolle der Öffentlichkeit nie zugänglich geworden sind, von Anfang bis zu Ende beigewohnt. Ich kann daher Zeugnis ablegen, welche im besten Sinne des Wortes vaterländische Arbeit Fritz Ebert da vier Jahre hindurch vollbracht hat. Meistens leitete er nicht nur die Sitzungen, sondern gab auch selbst, nur gelegentlich einmal abgelöst von Scheidemann, die Referate über die jeweilige Lage Deutschlands und die Aufgaben der Partei. Immer wieder bewunderte ich die von Hurrastimmung wie von müder Hoffnungslosigkeit gleich freie Klarheit und Sicherheit seines Urteils. In keinem Augenblick hat ihn die tiefe Liebe zu seinem Volk und Vaterland verführt zu Ausbrüchen des Hasses gegen die mit Deutschland im Kampf stehenden Länder. Von Anfang an beurteilte er Deutschlands Lage sehr ernst. Niemals gab er sich irgendwelchen Illusionen hin über das Los, das unserem Volke bei einem Zusammenbruch beschieden sein würde. Eben darum aber rief er immer wieder auf zum Ausharren, bis das Ziel der Sicherung des Landes – nicht irgend ein ausschweifendes Eroberungsziel – erreicht sei. Und immer wieder zwang er durch die Kraft seiner Überzeugung und seines Willens die Widerstrebenden – ihre Zahl wuchs ständig – zum Ausharren für die Sache Deutschlands.

Umso gewaltiger war diese moralisch und politisch gleich hoch zu wertende Leistung, als von Anfang an die Opposition auch im engeren Kreise des Parteivorstandes selbst saß. Zwei der besten Kräfte des Vorstandes, Hugo Haase und Luise Zietz, gehörten zur Minderheit der Partei, und das hohe Ansehen, dessen sich diese beiden lauteren, immer opferbereiten und in vielen Kämpfen bewährten Menschen in der deutschen Arbeiterwelt mit Recht erfreuten, gab ihren von leidenschaftlicher Überzeugungstreue getragenen Worten einen starken Widerhall. Und doch hat Ebert es gegen sie geschafft …

Als allen seinen Bemühungen zum Trotz die nicht nur für die Arbeiterklasse, sondern auch für ganz Deutschland verhängnisvolle Spaltung der einst auf ihre imposante Geschlossenheit so stolzen Partei zur Tatsache geworden war, führte Ebert den Kampf gegen die Freunde von gestern stets so, daß sie wieder die Freunde von morgen sein konnten. Gewiß hat er in diesen inneren Auseinandersetzungen oftmals eine scharfe Klinge geschwungen, aber auch hier hat er sich nie zur Gehässigkeit erniedrigt und stets verschmäht, den Bruderkampf, diesen schlimmsten aller Kämpfe, mit Waffen zu führen, die vergiftet sind.

Das Gefühl, das bei Ebert am stärksten ausgeprägt war, ist, glaube ich, das Gefühl der *Treue* gewesen. Treu war dieser Mann ein Leben lang der Klasse, aus der er hervorgegangen ist, treu war er immer seinem Volke. Als einige Monate vor dem Zusammenbruch der berühmte Brief des Prinzen von Parma bekannt wurde, da beschäftigte ihn die Treulosigkeit des österreichischen Kaisers, die durch diesen Brief offenbar wurde, in noch weit höherem Grade als seine politisch-militärische Auswirkung. Ich erinnere mich lebhaft, wie er, als ich ihm den Brief in seinem Arbeitszimmer im Parteivorstand vorlas, voll ehrlicher Entrüstung mit der Faust auf das Pult schlug und ausrief: »Welch ein treuloser gemeiner Bursche!«

Einmal im Kriege, einmal im Leben überhaupt nur, hat Ebert dem Manne gegenübergestanden, dessen Nachfolger – wenn das Wort erlaubt ist – er werden sollte. Im Sommer 1917, zur Zeit der Friedensresolution, geruhte Wilhelm II. zum ersten Male, Politiker der Linken zu empfangen. In einem der Ministergärten der Wilhelmstraße. Zweck der Übung sollte die Unterrichtung des Monarchen über die Stimmung im Parlament und im Volke sein. Wozu es allerdings nicht gekommen ist. Denn der hohe Herr schwadronierte dauernd nur selbst, prahlte, »seine« Garden würden den Russen ihre neue Demokratie schon ausklopfen (»wo meine Garde hinkommt, gibt es keine Demokratie!«), redete allerlei ebenso unlogisches wie unorientiertes Zeug über die Erfolge »seiner« Unterseeboote, die das ganze Weltmeer von feindlichen Fahrzeugen rein gefegt hätten, entwickelte ein gänzlich sinnloses Annexionsprogramm, das er mit schalem

Witz ein Programm des Ausgleichs nannte, und entließ dann die ob solcher Ahnungslosigkeit aufs äußerste verblüfften Volksboten. Alle Teilnehmer an dieser sonderbaren Audienz, Erzberger und Payer nicht weniger als die Sozialisten Scheidemann, David und, soviel ich mich erinnere, auch Südekum, vor allem aber Ebert selbst waren entsetzt über das Erlebte. Ebert zweifelte nun nicht mehr, daß unter einer solchen »Führung« Deutschland unfehlbar in den Abgrund kutschieren werde. Er verdoppelte deswegen seine Anstrengungen, einen ehrlichen Frieden der Verständigung herbeizuführen, so lange es noch Zeit war.

Den Höhepunkt dieser Bemühungen Eberts, die schon bald nach dem Kriegsausbruch eingesetzt hatten, bildete seine Teilnahme an den Verhandlungen der Internationalen Sozialistischen Friedenskonferenz in Stockholm im Sommer 1917. Zu Deutschlands, zu Europas Unglück scheiterten alle diese Anstrengungen an dem Starrsinn und der Kurzsichtigkeit derer, die sich damals in Europa Staatsmänner nennen durften.

Was er politisch vertrat, bekräftigte Ebert auch als Mensch: alle seine vier Söhne schickte er ins Feld, zwei von ihnen fielen, ein dritter wurde schwer verwundet und ging dennoch, mit Zustimmung des Vaters, von neuem an die Front. Wie war es doch mit Wilhelm II. und seinen Söhnen? …

Als alles kam, wie es kommen mußte und Deutschlands Schicksal sich zu erfüllen begann, als, fünf Minuten vor zwölf, Wilhelm II. sich dazu herbeiließ, Männer in die Regierung zu berufen, die »getragen sind vom Vertrauen des Volkes«, da gab es eine starke Strömung in der Sozialdemokratie, die von einem Eintritt von Parteigenossen in die Regierung in diesem vollkommen hoffnungslosen Stadium nichts wissen wollte. Wieder war es da Ebert, der sich ihnen entgegenwarf. Grade *wenn* alles verloren ist, dürfen wir das Vaterland nicht im Stiche lassen. Auf Gedeih und Verderb ist das Schicksal der Arbeiterklasse mit dem Schicksal Deutschlands verbunden, führte er den Widerstrebenden vor Augen. Und wieder setzte er sich durch: Scheidemann und Bauer wurden von der Sozialdemokratie in das Kriegskabinett des Prinzen Max entsandt, das letzte Kabinett des Kaiserreichs. Ebert selbst hielt sich, wie in allen diesen Jahren, so auch jetzt wieder bescheiden im Hintergrund. Für ihn selbst schien es die gegebene Aufgabe, die sozialistische Arbeiterschaft als letzte Reserve deutscher Kraft in der Hand zu behalten für den Tag der Katastrophe, den er unaufhaltsam herannahen sah.

Am 22. Oktober 1918 sprach Ebert, der seit 1912 dem Reichstage angehörte und seit dem Sommer 1918 dessen Hauptausschuß leitete (seine parlamentarischen Sporen hatte er sich einst schon in der Bremer Bürgerschaft verdient), als Führer seiner Partei zum letzten Male im alten Reichstag. Die Rede des tief bewegten Mannes, der als Wortführer des aus Blut und Tränen heraufsteigenden neuen Deutschland auf der Tribüne stand, ist mir unvergeßlich. Sie klang aus in dem Bekenntnis: »Eine neue Zeit muß einen neuen Glauben an eine neue Gerechtigkeit wecken ... Hab und Gut können wir verlieren – die Kraft, die Neues schafft, kann uns keiner nehmen!«

Fritz Ebert ist der klassische Zeuge für die tiefe Wahrheit des Dichterwortes: »Es wächst der Mensch mit seinen höheren Zwecken.« Wie aus dem Vormann seiner Berufskollegen im Lohnkampf der politische Sprecher seiner Klassengenossen der ganzen Stadt, aus diesem der Führer einer starken Partei wurde, so wuchs seit 1918 aus dem Parteiführer immer mehr der Staatsmann großen Formats herauf. Nicht als ob Ebert jemals seine Herkunft aus den Tiefen des Volkes, als ob er je den Sozialismus als sein geistiges Heimatland verleugnet hätte. Bis zuletzt blieb er auch für sein eigenes Gefühl der, als der er sich in Weimar bei der Übernahme des höchsten republikanischen Vertrauensamtes mit schlichtem Stolze bekannt hatte – ein Sohn des deutschen Arbeiterstandes und ein treuer Anhänger des sozialistischen Gedankens. Hier lagen alle Zeit die starken Wurzeln seiner Kraft. Zugleich aber lernte er immer weiter hinaussehen über die Bindungen des rein Fraktionellen. In immer höherem Grade wurde er durch seine Leistung zum Vertrauensmann des *ganzen* deutschen Volkes und darüber hinaus zu einer starken Hoffnung des demokratischen Europa.

Diese Leistung Eberts von 1918 bis 1925 gehört der Geschichte an, und es ist grade auch in diesen Blättern in den letzten Tagen so viel darüber gesagt worden, daß ich heute auf jeden Versuch ihrer Würdigung verzichten darf. Deshalb auch in diesem letzten Abschnitt meiner flüchtigen und anspruchslosen Erinnerungen an den lieben Toten nur einige knappe Eindrücke von Stunden, in denen ich Ebert nahe war in diesen letzten Jahren.

Da taucht zuerst der 9. November 1918 in meiner Erinnerung auf. Die sozialistische Reichstagsfraktion ist, soweit ihre Mitglieder noch herankommen konnten, im Fraktionszimmer versammelt. Von der Fünfmännerfraktion des preußischen Landtages sind Paul Hirsch, Otto Braun und ich zur Stelle. Die Arbeitermassen Berlins haben ihre Betriebe verlassen und rücken in unübersehbar gewaltigen Zügen dem Stadtinnern zu. Ein Jägerbataillon ist zum Volke übergegangen, im Kraftwagen eilt Otto Wels von Kaserne zu Kaserne, um auch die anderen Truppen zum Anschluß an die Erhebung zu gewinnen. Wird es gelingen? Niemand weiß, was die nächsten Stunden, was die nächsten Minuten bringen werden. Bauer und Scheidemann haben soeben ihren Austritt aus dem Kabinett des Prinzen Max erklärt. Alles brodelt in wildester Erregung durcheinander. Plötzlich werden Ebert, Scheidemann und, glaube ich, Otto Braun aus dem Fraktionszimmer heraus durch den Fernsprecher zur Reichskanzlei gebeten. Während dort Herr Wahnschaffe am Draht nach Spaa hängt, um der Umgebung des Kaisers im letzten Augenblich noch einmal die unumgängliche Notwendigkeit der sofortigen Thronentsagung klarzumachen, ernennt Prinz Max kurzerhand Ebert zu seinem Nachfolger.

Zehn Minuten später ist Scheidemann wieder im Reichstag, reißt die Tür zum Fraktionszimmer auf und ruft in höchster Erregung: »Der Kaiser zurückgetreten! Ebert Reichskanzler!« Unmittelbar darauf ist auch Ebert selbst wieder zur Stelle. Wie im August 1914, so sieht er auch jetzt ganz klar, worauf es ankommt: die revolutionäre Bewegung fest in der Hand zu behalten und sie vor dem unmittelbar drohenden Abgleiten in das Fahrwasser des Bolschewismus zu bewahren. Rettungsloses Versinken ins Chaos oder Sicherung wenigstens der *Möglichkeit* zum Wiederaufstieg des deutschen Volkes: so sieht er klar die Frage gestellt. In Sekunden ist sein Entschluß gefaßt: sofortiges Verhandeln mit den Unabhängigen, Bildung einer gemeinschaftlichen Regierung, Isolierung der Spartakisten, die im Augenblick noch schwach sind, die aber in wenigen Tagen zu einer ungeheuren Gefahr werden können, wenn *sie* sich mit den Unabhängigen zu gemeinsamem Handeln vereinigen.

Schon strömen durch alle Portale Bewaffnete in den Reichstag. An ein überlegtes Verhandeln ist gar nicht mehr zu denken. Ein Chaos im kleinen bereits hier – wird das allgemeine Chaos ihm folgen? Noch sehe ich Ebert, umtost vom wildesten Trubel, an einem Fenster des Fraktionszimmers stehen, den Blick gerichtet auf das brandende Meer, das Tiergarten und Königsplatz in diesem Augenblick sind. Ganz erfüllt ist Ebert von der unermeßlichen Verantwortung, die diese Stunde auf seine, des einfachen

Arbeiterführers, Schultern legt. Er nimmt mich bei Seite: »Schreiben Sie schleunigst einen ganz knappen Aufruf. In zwei Stunden muß er in Millionen Stücken draußen sein. Grundgedanke: Der Sieg des Volkes darf nicht durch Blut und Gewalt befleckt werden! Herunter von den Straßen! Zurück zur Arbeit! Vertrauen zu den neuen Männern! Aber schnell, schnell!«

In zehn Minuten legte ich Ebert den Entwurf dieser ersten Proklamation einer republikanischen Regierung in Deutschland vor, er zeichnet ihn, im Auto geht's mit dem Manuskript zur *Vorwärts*-Druckerei, und in knapp anderthalb Stunden ist der Aufruf in aller Hände*. Er hat seine Wirkung nicht verfehlt ...

Nach wilden Wochen einer Tage und Nächte andauernden Hetzjagd, die Ebert ebenso wie Scheidemann mehrfach acht Tage und länger nicht nach Hause kommen läßt, die sie, ständig verfolgt von den ganz aus Rand und Band geratenen spartakistischen Stoßtrupps, zwingt, heute hier, morgen dort für ein paar kurze Nachtstunden ein verstecktes Asyl zu suchen, holt Spartakus in den ersten Januartagen 1919 zu seinem großen Schlage aus: ich sehe uns noch, wie wir am Morgen des 6. Januar, einem Montag, in einem Zimmer der Reichskanzlei beieinanderstehen. Ratlos. Spartakus hat die Zeitungen besetzt. Spartakus beherrscht das Polizeipräsidium, Spartakus tobt durch die Siegesallee und durch die Linden. Von der Budapesterstraße her schallen die wilden »Nieder«-Rufe der verhetzten Massen zu uns herein. Nur die Wilhelmstraße selbst ist gedeckt durch eine lebendige Mauer, durch die Leiber von Zehntausenden in der Nacht mobilgemachter sozialdemokratischer Arbeiter. Wieder reißt das Chaos seinen Rachen auf. Keiner von uns weiß aus und ein, alles redet durcheinander. Wieder kein Gedanke an überlegtes Verhandeln. Und wieder ist Ebert der einzig Ruhige. »Ich schlage vor, den Genossen *Noske* mit unbeschränkter Vollmacht zur Wiederherstellung der Ordnung zu betrauen. Geredet wird nicht mehr. Abstimmen dürfen nur die deutschen und preußischen Volksbeauftragten. Alle übrigen verlassen sofort das Zimmer. Wer ist für meinen Vorschlag?« Die Hände heben sich, wenige Tage später ist Berlin befreit und die Republik gerettet.

Das gleiche ist's, als einige Wochen darauf – noch schießt es hier und da von den Dächern und in den Straßen Berlins, noch kann jeden Augenblick

---

* Siehe Faksimile auf der nächsten Seite.

Kundgebung

des

neuen Reichskanzlers Ebert

Mahnung

zur

Ruhe und Ordnung!

Mitbürger! Der bisherige Reichskanzler, Prinz Max von Baden, hat mir unter Zustimmung sämtlicher Staatssekretäre die Wahrnehmung der Geschäfte des Reichskanzlers übertragen. Ich bin im Begriffe, die neue Regierung im Einvernehmen mit den Parteien zu bilden und werde über das Ergebnis der Öffentlichkeit in Kürze berichten. Die neue Regierung wird eine Volksregierung sein. Ihr Bestreben wird sein müssen, dem deutschen Volke den Frieden schnellstens zu bringen und die Freiheit, die es errungen hat, zu befestigen. Mitbürger! Ich bitte Euch alle um Eure Unterstützung bei der schweren Arbeit, die unserer harrt. Ihr wißt, wie schwer der Krieg die Ernährung des Volkes, die erste Voraussetzung des politischen Lebens, bedroht. Die politische Umwälzung darf die Ernährung der Bevölkerung nicht stören, es muß erste Pflicht aller in Stadt und Land bleiben, die Produktion von Nahrungsmitteln und ihre Zufuhr in die Städte nicht zu verhindern, sondern zu fördern. Nahrungsmittelnot bedeutet Plünderung und Not mit Elend für Alle. Die Ärmsten würden am schwersten leiden, die Industriearbeiter am bittersten betroffen werden. Wer sich an Nahrungsmitteln oder sonstigen Bedarfsgegenständen oder an den für ihre Verteilung benötigten Verkehrsmitteln vergreift, versündigt sich auf das Schwerste an der Gesamtheit. Mitbürger! Ich bitte Euch alle dringend, verlaßt die Straßen! Sorgt für Ruhe und Ordnung.

Berlin, den 9. November 1918.

Der Reichskanzler
Ebert.

Friedrich Eberts erste Amtshandlung als Reichskanzler war ein Aufruf an die marschierenden Berliner Arbeiter.

der Aufstand von neuem emporflammen – die Frage zur Entscheidung steht, wo die Nationalversammlung zusammentreten soll: in Berlin oder in Weimar. Ich meinerseits hatte, in Erinnerung an die Paulskirche, zuerst an *Frankfurt* gedacht und war dafür auch öffentlich eingetreten. Ich mußte mich aber belehren lassen, daß unter der Herrschaft des damaligen Polizeipräsidenten von einiger Matrosen Gnaden in Frankfurt an ein geordnetes Verhandeln des Parlaments womöglich noch weniger zu denken sei als in Berlin. So sind denn in jener Beratung in der Reichskanzlei die meisten trotz allem zunächst für Berlin. Eberts ist's, der schließlich die Entscheidung für Weimar durchsetzt und der so erst die ungestörte Tagung dieses ersten Parlaments der Republik und damit auch das Verfassungswerk sichert.

Zum dritten Male die gleiche Situation in der Kapp-Nacht vom 12. auf den 13. März 1920. Alle Minister des Reiches und Preußens sind Hals über Kopf aus den Betten geholt und nun in der Reichskanzlei versammelt. Hannibal vor den Toren! In zwei, drei Stunden wird er in den Straßen Berlins sein. Darf man den Kampf gegen die Rebellen wagen oder nicht? Reichswehr schießt nicht auf Reichswehr, sagt achselzuckend irgend ein höherer Offizier. Außer Noske selbst und seinem Adjutanten, Major von Gilsa, ist von den militärischen Sachverständigen nur noch der preußische Kriegsminister General Reinhardt zum Widerstande gegen die Brigade Ehrhardt bereit. Offiziere, Minister, Beamte: Alles läuft und redet wirr durcheinander. Nachdem die Frage des Widerstandes schließlich verneint ist, erhebt sich die neue Frage: Soll die Regierung in Berlin bleiben oder soll sie vom Reiche her den Widerstand gegen Kapp-Lüttwitz organisieren?

Wir preußischen Minister sind in unserer überwiegenden Mehrzahl für Bleiben und wir haben Berlin auch in der Tat nicht verlassen. Unsere Gefangennahme durch die Rebellen war nicht allzu tragisch und übrigens schon nach einem Tage beendet. Daß das *Reichskabinett* damals sich anders entschlossen hat und erst nach Dresden, dann, mit dem Reichstage, nach Stuttgart gegangen ist, hat sich aber, wie man rückschauend sagen darf, doch als richtig erwiesen. Machte doch die Abreise des Reichskabinetts den Kapp-Putsch zu einem guten Teile einfach zum Luftstoß! Auch in dieser wilden Nacht war es wiederum vornehmlich Ebert zu verdanken, daß es schließlich überhaupt zu einem Beschluß gekommen und daß dieser Beschluß dann auch ausgeführt worden ist.

Neben Eberts Umsicht und seiner kaltblütigen Entschlossenheit sind es besonders sein unübertrefflicher Takt und die sichere Selbstverständlichkeit seines Auftretens gewesen, die mir immer wieder ehrfürchtiges Staunen abgezwungen haben. Wie wußte sich dieser Sohn eines kleinen badischen Schneiders in Situationen zu benehmen, für die er in der Volksschule der siebenziger Jahre ganz gewiß ebensowenig erzogen worden war wie in der Sattlerwerkstätte! Ob er nun – es war im Jahre 1920 – den Abgesandten des Papstes, Nuntius Pacelli, bei sich zum Essen hatte, ob er, im August 1922, im Breslauer Rathause Gerhart Hauptmann als deutschen, sozialen und im edelsten Sinne demokratischen Dichter feierte, ohne doch auch nur mit einer Silbe ein literarisches oder ästhetisches Scheinwissen vorzutäuschen, ob er am ersten Jahrestage der Ermordung Rathenaus (am Vormittag war eine große vom Republikanischen Reichsbund veranstaltete Kundgebung im Reichstage gewesen) mit Fritz von Unruh, Gerhart Hauptmann und dem Schreiber dieser Zeilen auf der hübschen Gartenterrasse seines Heims bei einer Tasse Tee zusammensaß und den beiden Dichtern kluge und feine Fragen über ihr Schaffen stellte, ob er Forscher und führende Männer der Wirtschaft bei sich sah und sich von ihnen, mit dem rastlosen Lerneifer des strebsamen deutschen Arbeiters, belehren ließ über Dinge ihres Faches, ob er in seinem prächtigen Garten mit den schönen alten Bäumen die Wiener Sänger empfing und zu ihnen kluge und fein abgewogene Worte, aber doch Worte von echter Herzenswärme über den Zusammenschluß des Reiches mit den Stammesgenossen an der Donau sprach: immer und überall der gleiche feine Takt des Herzens, immer das gleiche Fehlen jeder Pose, immer die gleiche Echtheit, die gleiche schlichte Menschlichkeit!

Aus den letzten Jahren sind mir besonders zwei Begegnungen mit Ebert in starker Erinnerung. Ich denke da zunächst an die allen Teilnehmern unvergeßliche *Paulskirchenfeier* in *Frankfurt* am 19. Mai 1923, die Herr Oberbürgermeister Landmann in seiner wundervollen Gedenkrede vom Montag mit vollem Recht als den Höhepunkt in Eberts republikanischem Wirken bezeichnet hat. Wiederholt hat mir Ebert am Paulskirchentage selbst und später seine hohe Genugtuung über den Verlauf dieses Tages in allen seinen Teilen ausgesprochen, vor allem über die herrlichen Stunden im Kaisersaal des Römers und in der Paulskirche wie auf dem sonnenüberglänzten, in frohen Farben prangenden Römerberg mit seinen wimmelnden Massen! Nicht zum wenigsten aber war es, nach der wundervollen Fidelio-Aufführung, der in ein Treuegelöbnis zur Republik ausklingende gewaltige Fackelzug auf dem Opernplatze, der Ebert tief bewegte. In der Tat war ja dieser Paulskirchentag die erste republikanische Massenkundgebung, die Deutschland gesehen hat. Seit das Reichsbanner Schwarzrotgold auf dem Plane erschienen ist, hat Deutschland manche solche Kundgebungen gesehen, und Eberts letzte Freude sind die Nachrichten von dem über alles Erwarten großartigen Verlauf des Reichsbannertages in Magdeburg, einen Tag vor seiner schweren Erkrankung, gewesen.

Auch seine anderen Besuche in Frankfurt, zur Eröffnung der ersten Messe und dann zur Goethefeier, sind dem Reichspräsidenten stets in besonders lieber Erinnerung geblieben. Der Sohn Süddeutschlands fühlte sich hier in Frankfurt ganz und gar heimisch, und es war deshalb ein schöner und feiner Gedanke der städtischen Behörden Frankfurts, Fritz Ebert zu alljährlichem längeren Aufenthalt an den Main zu laden. Es hat nicht sein sollen …

Die letzte längere Unterredung unter vier Augen habe ich mit Ebert im Herbst 1923, kurz vor dem Hitler-Pusch, in seinem behaglich-einfachen Arbeitszimmer gehabt. Ich hatte ihn um diese Unterredung in meiner Eigenschaft als Präsident des Republikanischen Reichsbundes gebeten. In weitesten Kreisen des republikanischen Deutschland machte sich damals ernsteste Sorge breit über die täglich frecheren Herausforderungen der Republik durch den königlich bayrischen Freistaat des Herrn v. Kahr, Herausforderungen, denen die Reichsregierung mit tatenlosem Zaudern zuzusehen schien, während sie gleichzeitig gegen Sachsen und Thüringen mit gepanzerter Faust dreinfuhr. Alle diese Besorgnisse durfte ich Ebert damals in reichlich einstündiger Unterredung vortragen. Ich verhehlte ihm auch nicht, daß man in weiten republikanischen Kreisen kein Verständnis dafür gehabt habe, wie er den Unglückskanzler Cuno so lange habe halten können, und daß auch ich hier zum ersten Male an seiner Menschenkenntnis irre geworden sei.

Wenn Ebert mich in seinen rückhaltlos offenen Darlegungen auch keineswegs von der Durchschlagskraft aller seiner Gegenargumente überzeugte, so schied ich doch auch diesmal von ihm in dem Bewußtsein: dort oben steht ein treuer Wächter der deutschen Republik, ein wachsamer Hüter des demokratischen, des sozialen Gedankens Neudeutschlands!

Dennoch zwang mich politische Pflicht einige Wochen später, den nicht zerstreuten Besorgnissen des republikanischen Deutschland auch öffentlich Ausdruck zu geben. Ich tat das in einem längeren Artikel der *Glocke*, in dem ich nicht unterließ, von der tiefen Tragik zu sprechen, die Ebert, den Erwählten der Revolution, nun auch zum Präsidenten der immer stärker heraufziehenden Gegenrevolution hatte werden lassen.

Ich schickte Ebert den Artikel mit ein paar Zeilen und er antwortete mir mit diesem Briefe, den er, wie er das im Verkehr mit ihm Nahestehenden bis in seine letzten Lebenstage zu tun pflegte, nicht diktiert, sondern mit seinen charakteristischen steilen Schriftzügen selbst zu Papier gebracht hatte:

Lieber Freund Haenisch!

Haben Sie Dank für den über mich verbrochenen Artikel in der »Glocke«, den Sie mir zugehen ließen.

Ich hätte zwar zu dem für mich kritischen Teil manches zu sagen, doch das kann später einmal, im Zusammenhang mit anderem, was ich meinen Kritikern zu sagen habe, nachgeholt werden. Dieser Aufschub kann umso eher erfolgen, als mein politisches Gewissen völlig blank ist.

Herzliche Festtagswünsche, in alter Freundschaft Ihr

Ebert.

Ja – mit völlig blankem Gewissen hat dieser Mann gelebt, mit völlig blankem Gewissen durfte er jetzt die Augen schließen, um auszuruhen, nicht in einem prunkvollen Mausoleum, sondern in der Muttererde der geliebten Heimat. Erst nun er tot ist, weiß Deutschland, was es an Fritz Ebert verloren hat.

Erhard Lucas-Busemann

»Notstand« 1920

Friedrich Ebert und der Mechterstädter Arbeitermord vom 25. März 1920

»So endete der Kapp-Putsch: mit einem mörderischen Strafgericht der immer noch sozialdemokratisch geführten Regierung über ihre Retter, ausgeführt von denen, vor denen sie gerettet worden war.«

Sebastian Haffner

Erhard Lucas-Busemann (1937 – 1992) war Professor für die Geschichte der sozialen Bewegungen an der Universität Oldenburg. Autor der dreibändigen Studie »Märzrevolution 1920« (Verlag Roter Stern, Frankfurt/Main, 1970/1973/1978).

Abbildung vorige Seite:
Todesmarsch der vom Marburger Studentenkorps festgenommenen Arbeiter aus Bad Thal. Gemälde von Ernst Wallenberger, Waltershausen. (Kulturhistorisches Museum Gotha)

Das Thema formuliert eine Vermutung. Am selben Tag, an dem 15 thüringische Arbeiter von Militär erschossen wurden, unterzeichnete Reichspräsident Ebert einen Erlaß, der die illegale Verordnung eines Generals, in dessen Kommandobereich sich der Mord ereignet hatte, nachträglich legalisierte. Meine Vermutung lautet, daß Eberts Erlaß in Reaktion auf die Nachricht des Mordes zustande gekommen ist. Um mehr als eine Vermutung, gestützt auf Indizien, handelt es sich nicht. Aber ich denke, daß auch bei demjenigen Leser, der am Schlusse meiner Darlegungen die zufällige Gleichzeitigkeit beider Ereignisse annehmen möchte, sowohl die Umstände des Mordes als auch die Zusammenhänge des Erlasses eine Reihe Fragen hinterlassen werden.

I.

Zeitpunkt des Mordes: 12 Tage nach dem von Wolfgang Kapp und General v. Lüttwitz inszenierten Militärputsch; Schauplatz des Mordes: eine Landstraße in der Nähe des Dorfes Mechterstädt in Thüringen.

Thüringen gilt neben Sachsen als die »Wiege der deutschen Arbeiterbewegung«. Die Bebel-Liebknechtsche Richtung in der frühen Sozialdemokratie hatte nach ihrem Gründungskongreß die Bezeichnung »die Eisenacher«. Die Kraft dieser Tradition reichte weit: 1917 gründeten die verschiedenen Richtungen der aus der SPD ausgeschlossenen radikalen Kriegsgegner in Gotha die USPD. 1918, einen Monat vor der Revolution, schlossen sich in Gotha die Spartakus-Gruppe und die Bremer Linksradikalen zusammen.

Charakteristisch für die Region waren die kleinen und mittleren Städte (die einzige Stadt, die an die Großstadtgrenze herankam, war Erfurt), vor allem aber zahlreiche dörfliche Arbeiterwohngemeinden. Dominanter Industriezweig war die Metallverarbeitung (u. a. Maschinenbau), eine für die Ausbildung formeller Organisationen der Arbeiterbewegung klassische Branche. Das Land Thüringen gab es zum Zeitpunkt des Militärputsches von 1920 noch nicht, die Region zerfiel in sieben Zwergstaaten; spaßhaft hieß es, hier könne man an einem Tag bequem drei Vaterländer durchwandern. In einem der Ländchen, Gotha (bis 1918 Herzogtum Sachsen-Coburg-Gotha), hatte die USPD seit 1919 eine knappe parlamentarische Mehrheit gegenüber den bürgerlichen Parteien und der SPD und stellte daher die Landesregierung. Aber auch in den anderen sechs Ländchen konnte die Arbeiterschaft seit der Revolution einen verhältnismäßig großen Druck auf die Landesregierungen ausüben. In der Ära Noske weigerten sich einige Städte gegenüber Berlin hartnäckig, militärische Garnisonen aufzunehmen, und die Bildung von Einwohnerwehren und Zeitfreiwilligenformationen wurde von den Behörden in nicht wenigen Fällen sabotiert.

Bei einem derart gespannten Verhältnis zur Zivilverwaltung hatte das Militär im Moment des Kapp-Putsches keinen Anlaß – anders als etwa in Hamburg, Bremen oder Süddeutschland –, politische Rücksichten zu nehmen und sich als neutralen Ordnungshüter oder gar verfassungstreu zu geben, vielmehr sah es endlich die Gelegenheit gekommen, reinen Tisch zu machen. In vier Landeshauptstädten – Weimar, Gotha, Gera, Altenburg – machte es den Versuch, die Landesregierungen abzusetzen. Wegen des thematischen Bezuges greife ich Gotha heraus.

Auf die Nachricht vom Putsch in Berlin (13. März) konnte sich die Gothaer Arbeiterschaft mit Unterstützung der USPD-Landesregierung zunächst verhältnismäßig viele Waffen verschaffen. Doch am Morgen des folgenden Tages ließ sie sich überrumpeln; Truppen aus Erfurt rückten nahezu kampflos in die Stadt ein, besetzten die wichtigsten Gebäude und verhafteten zahlreiche Personen, vor allem USPD- und KPD-Führer sowie einen Minister. Der Kommandeur, Major Heims, erklärte die Landesregierung für abgesetzt und den Landtag für aufgelöst. Aber die Arbeiter bekamen Hilfe von auswärts, und zwar von Suhl und Zella-Mehlis. Beide Städte waren Zentren der Waffenfabrikation, und deren Fertigprodukte hatten sich die Arbeiter zur Abwehr des Putsches geholt. Als aus der benachbarten Garnisonsstadt Meiningen Militär in Suhl einmarschierte, nahmen die Arbeiter – anders als in Gotha – den Kampf auf und gewannen ihn. Anschließend zogen sie gegen Gotha. Der Kampf um die Stadt begann am frühen Morgen des 18. März und dauerte den ganzen Tag über, bei ständig wachsender Überlegenheit der Arbeiter. In der folgenden Nacht zog sich das Militär nach Erfurt zurück. Mit diesem Erfolg begnügten sich die Arbeiter, einen Kampf um Erfurt nahmen sie nicht mehr auf. Als am 20./21. März hessische Truppen die thüringische Grenze überschritten, fanden sie bereits alles ruhig.[1]

---

1 Erhard Lucas: Märzrevolution 1920, Bd. 2, Frankfurt 1973, S. 171-173; dort weitere Quellennachweise

II.

Zu diesen hessischen Truppen gehörten Studenten aus Marburg, überwiegend Korporierte.

In Marburg hatten USPD, SPD und bürgerliche Mittelparteien zur Abwehr des Putsches einen Aktionsausschuß gebildet. 24-stündiger Generalstreik, eine große Versammlung mit anschließendem Demonstrationszug; *»während dieser Zug an der Universität vorüberflutete, mit Hochrufen auf die Republik, verlas drin ein Student den Aufruf der Kapp-Regierung und ein dreifaches Hurrah antwortete«.*[2]

Am 19. März erließen Dr. Schwander, Oberpräsident der Provinz Hessen-Nassau und Regierungskommissar, General v. Stolzmann, Befehlshaber der Reichswehrbrigade 11, und Albert Grzesinski (SPD), Spezialbeauftragter der Reichsregierung, von Kassel aus folgenden Aufruf:

»Die unheilvolle Wahnsinnstat der Berliner Umstürzler ist vorüber. Trotzdem ist das Vaterland erneut in Gefahr. Verbrecherische Elemente sind im Aufruhr. Sie hemmen die Wiederaufnahme der Arbeit und das Wirtschaftsleben, um unser Vaterland dem Abgrund zuzutreiben. Im Bereich der Brigade ist Thüringen am schwersten gefährdet. Organisierte bewaffnete Banden durchziehen bereits raubend und plündernd das Land ... Jeder, der die Waffe führen kann, ist unter Zurückstellung allen Haders verpflichtet, sich in den Dienst des Vaterlandes zu stellen ...«[3]

Marburg, 20. März, 16 Uhr: Appell des freiwilligen Studenten-Bataillons auf dem Kämpfrasen. Der Kandidat der Zahnmedizin Karl Schaumlöffel, Mitglied der Verbindung »Wingolf« und Stabsfeldwebel der Truppe, schrieb später: *»Der Appell verlief großartig. Da stand die Marburger Bürgerschaft drumrum und sah sich nochmal das Augenleuchten deutscher Jungen an ... Erquickend für ein Soldatenherz war der Parademarsch. Die Jägerkapelle erfaßte ein Schwung, da sie lange nicht mehr zu solcher Parade gespielt hatte. Abends 7.30 Uhr trat man zum Abmarsch an ... Der herrliche Abzug mußte sich eine Gasse in dem Menschengewoge bahnen. Alte Militär-*

---

2 Martin Rade: Studentenschaft und Arbeiterschaft, in: Die Christliche Welt. Wochenschrift für Gegenwartschristentum, 34. Jg., 1920, Spalte 254

3 Arbeiterklasse siegt über Kapp und Lüttwitz. Quellen, ausgewählt und bearbeitet von Erwin Könnemann, Brigitte Berthold und Gerhard Schulze, 2 Bde., Berlin-DDR 1970, Lizenzausgabe Glashütten/Taunus 1971 (= Archivalische Forschungen zur Geschichte der deutschen Arbeiterbewegung, Bd. 7/I und II); hier Bd. II, S. 494

märsche begleiteten die Zeitfreiwilligen an die Bahn, sie zogen aus wie im August 1914, von ihren lieben Marburgern mit Blumen geschmückt.«[4] Ein kritischer Beobachter, der liberale und sozial engagierte Professor für systematische Theologie Martin Rade: *»Aber die Arbeiter standen dabei und sagten: So ziehen sie gegen unsre Brüder! So gehen sie in den Bürgerkrieg! Wie gegen den äußeren Feind. Oder wie zum Fest«.*[5]

Die Brigade, zu der die studentische Freiwilligentruppe gehörte, fand wie gesagt nach Überschreiten der thüringischen Grenze alles ruhig. Aber der geplante Feldzug mußte nun einmal stattfinden. Von besonderem Tatendrang war der Kommandeur der Studentenkorps, Freiherr von Selchow, Fregattenkapitän a. D. und seit Kriegsende als Student der Geschichte in Marburg immatrikuliert, während der Putschtage glühender und tatkräftiger Anhänger Kapps.[6] Wiederholt brachte er gegenüber seinem Vorgesetzten, Brigadekommandeur Rumschöttel, zum Ausdruck, daß er das Vorgehen der Brigade gegen die »Spartakisten« für zu weich halte. Er entschuldigte dies damit, daß der regulären Reichswehr durch politische Rücksichten gegenüber der Regierung die Hände gebunden seien, und sähe es am liebsten, wenn das Studentenkorps zur selbständigen Einheit erklärt würde, um dann ein schärferes Vorgehen anordnen zu können.[7] Schließlich befiehlt er, auch ohne eine solche Regelung erreicht zu haben, am 24. März eigenständig einem seiner Stabsoffiziere, überraschend in den noch nicht besetzten Ort Thal bei Ruhla einzurücken und die durch Denunziation namentlich bekanntgewordenen »Spartakisten« zu verhaften.

Gegen 19 Uhr fuhren mehrere Lastwagen in Thal ein, mit Totenköpfen bemalt, obenauf die Studenten, Gewehre und Maschinengewehre im Anschlag. Unter Rufen: *»Fenster zu! Es wird scharf geschossen!«* fuhren sie vor das Haus des Bürgermeisters und das des Ortspolizisten. Dort überreichten sie eine Liste von »Spartakisten« und verlangten die Angabe der Wohnungen. Zugrunde lag dieser Liste, daß Arbeiter des Ortes auf die Nachricht vom Putsch in Berlin reaktionären Bauern der Umgebung

---

4 Karl Schaumlöffel: Das Studentenkorps Marburg in Thüringen. Ein Kriegstagebuch im Frieden, Marburg 1920, S. 8-10

5 Martin Rade, a.a.O.

6 Bogislav von Selchow: Hundert Tage aus meinem Leben, Leipzig 1936, S. 309-323

7 ebd., S. 328, 331, 333, vgl. auch S. 337

Waffen weggenommen hatten; in einem Falle sollen auch Würste mitgenommen worden sein. Unter Mitwirkung des eingeschüchterten Ortspolizisten verhafteten die Studenten 40 Männer; Frauen, die sich ihrem Vorgehen protestierend und weinend in den Weg zu stellen versuchten, wurden brutal beiseite geschoben. Nach vorläufiger Vernehmung wurden 25 Verhaftete wieder freigelassen (die Denunziationsliste hatte die übliche Qualität), die übrigen 15, darunter acht Familienväter, wurden abtransportiert.[8] Selchow beantragte bei der Brigadeführung, sie noch in der Nacht in Eisenach standrechtlich aburteilen zu lassen. In seinen Memoiren läßt er keinen Zweifel daran, daß das Standgericht alle zum Tode verurteilt hätte und daß er als Truppenkommandeur die Todesurteile zur Vollstreckung bestätigt hätte. Die Brigadeführung jedoch lehnte diesen Antrag ab und befahl, die Gefangenen mit nach Gotha zu führen, das am nächsten Tag besetzt werden sollte. Erregung und Wut Selchows stiegen auf den Siedepunkt.[9]

An dieser Stelle kam es zu einer jener für die Zeit nach 1918 typischen Zweideutigkeiten, die das ehedem geltende Prinzip der absoluten Eindeutigkeit des Befehls und der komplementären unbedingten Verantwortlichkeit des Vorgesetzten bei *»Zwischenfällen«* durchlöchert hatten – ein Gift, das dann endgültig in der Zeit des dritten Reiches in den gesellschaftlichen Organismus unseres Landes eingegangen ist und mit dem wir in Institutionen wie Militär und Strafvollzug (Stammheim!) als ständig virulenter Möglichkeit rechnen müssen. In diesem Falle ist es mehr als wahrscheinlich, daß von Selchow seinen unmittelbaren Untergebenen andeutungsweise zu verstehen gegeben hat, er habe nichts dagegen und werde hinterher decken, wenn die Gefangenen auf andere Weise ...[10] *»Ohne viele Befehle oder ausdrückliche Nennung des Namens weiß der Soldat, wo er Mordfreiheit hat«*, schrieb Emil Julius Gumbel, der große jüdische

---

8 Verhandlungen der verfassungsgebenden Deutschen Nationalversammlung. Anlagen zu den Stenographischen Berichten, Bd. 342, Berlin 1920, S. 2902, Nr. 2669 (parlamentarische Anfrage des USPD-Abgeordneten Bock [Gotha] vom 17. April 1920); Rade, a.a.O., Spalte 253; Selchow, a.a.O., S. 335

9 Selchow, a.a.O., S. 335

10 Republikanisch gesinnte Studenten der Marburger Universität – unter ihnen übrigens der spätere Bundespräsident Heinemann – erhielten bei der Untersuchung der Mordtaten die Information, Selchow habe in einer Führerbesprechung geäußert, *»es sollten*

Pazifist, der sich leidenschaftlich um die Aufklärung der politischen Morde jener Jahre bemühte.[11]

Am frühen Morgen des 25. März trat das Studentenkorps den Vormarsch in Richtung Gotha an. Aussagen des Sergeanten Wagner, Küchenunteroffizier bei der Bagage:

»Ich befand mich fast am Ende der Gefechtsbagage, die hinter dem Bataillon fuhr. Die verhafteten Spartakisten ... folgten der Gefechtsbagage mit einem Abstand von etwa 100 Meter unter Begleitung von etwa 10 bis 12 Studenten ..., die Hände dauernd über dem Kopf zusammengebunden ... Auf dem Marsche sah ich, daß die Gefangenen von ihren Begleitern in der rohesten Weise durch Tritte auf die Füße, Stöße mit dem Gewehrkolben, mißhandelt wurden. Etwa in der Zeit zwischen 7.30 Uhr und 8 Uhr vormittags hörte ich hinter mir Schüsse fallen ...

Nach einigen Minuten kam ein Student von hinten. Auf meine Frage, was hinten los sei, gab er mir zur Antwort, daß sie drei von den Gefangenen erschossen hätten, und drückte sich ... weiter so aus, daß es nicht lange dauern würde, dann seien alle erschossen ...

Nachdem zum zweiten Male Schüsse gefallen waren, begab auch ich mich ... zurück zu den Gefangenen. Hier sah ich wiederum aus nächster Nähe, wie die Gefangenen in der rohesten Weise mißhandelt wurden ...

Kurz darauf kamen sämtliche Begleitmannschaften nach vorne und begaben sich zu ihrer Kompanie. Auf die Frage eines anderen Studenten, welchem die Begleitmannschaft in der Nähe meines Fahrzeuges begegnete, ›sind sie alle erledigt?‹ – bekam dieser zur Antwort: ›Alle erledigt!‹ ...

---

möglichst viele Spartakisten erschossen werden, doch müßten Fälle wie Liebknecht und Rosa Luxemburg vermieden werden, man solle den Erschossenen ein Gewehr in den Arm legen usw.« (Der Marburger Studenten-Prozeß, Leipzig/Berlin 1921, S. 24, vgl. S. 53, 106). Nach seinen eigenen Darlegungen hat Selchow gegenüber General Rumschöttel ausgeführt, daß die Gefangenen, wären sie lebend in Gotha angekommen, dort vom Standgericht zum Tode verurteilt worden wären, und letzten Endes komme es auf den Abschreckungseffekt an. *»Daß man uns Studenten mit jedem erdenklichen Dreck bewerfen wird, ist selbstverständlich, wäre aber auch geschehen, wenn ein standgerichtliches Urteil, das ich als Kommandeur zu bestätigen gehabt hätte und bestätigt hätte, die Leute zum Tode verurteilt hätte. Vielleicht ist es so am besten.«* (Selchow, a.a.O., S. 337)

11 Denkschrift des Reichsjustizministeriums zu »Vier Jahre politischer Mord«, hg. v. Emil Julius Gumbel, Berlin o. J. (1924), S. 123F.

Einen Studenten fragte ich noch während der Schießerei, ob die erschossenen Gefangenen auf der Straße liegen bleiben sollten. Er gab mir zur Antwort: ›Sie sollen sie nach Marburg schicken, unsere Anatomie braucht Leichen.‹«[12]

Ein Arbeiter aus Ruhla beschrieb die inzwischen aufgebahrten und mühsam identifizierten Toten in einem Brief:

»Sie liegen so da, wie sie von ihren Arbeiten im Hof, Garten usw. weg verhaftet worden sind, in Strümpfen und Holzpantinen in den einfachen Holzsärgen, bis zur Unkenntlichkeit verstümmelt ... alle sind mit Explosivgeschossen niedergemacht, alle buchstäblich zerschmettert ... Bei Rößiger war der halbe Schädel zerschmettert, die Hirnschale weg, daß bißchen Gehirn hing noch im Hut. Und dann noch die vielen Bajonettstiche! 3 Brüder Füldner (2 sind schon im Felde gefallen), Otto Batz, 2 Brüder Schröder, 2 Brüder Soldau, dem einen Soldau war ein Finger abgeschlagen, im Rocke steckte noch ein Stückchen Brot, und auch die vielen Stiche. Dem einen Füldner war der Hals herausgerissen. Dann ein Hornschuh, ein Maurer, das Gesicht zusammengedrückt, die Zähne lagen auf der Nase und um den Mund herum. Der 50jährige Schumacher Steinberg war nicht zum Erkennen. Der Kopf wie ein Klumpen rohes Gehacktes. Der eine Schröder hatte nur einen halben Kopf ...«[13]

III.

Der fünfzehnfache Arbeitermord von Mechterstädt erregte auch in jener Zeit, die bereits an einiges gewöhnt war, ungeheures Aufsehen. In drei Instanzen – vor einem Marburger Kriegsgericht, vor einem Kasseler Schwurgericht und schließlich vor dem Reichsgericht in Leipzig – hatten sich die Hauptbeteiligten (vier Studenten der Rechtswissenschaft, neun Mediziner, ein Philologe) zu verantworten. Verteidigt wurden sie von Rechtsanwalt Luetgebrune aus Göttingen, einem Faschisten der ersten Stunde, der im Juni 1934 bei der »Röhm-Affäre« von der SS liquidiert werden sollte. Die Prozesse, die jedesmal mit Freispruch endeten, wurden mit Bitterkeit auf der einen, mit zynischer Selbstgerechtigkeit auf der anderen Seite verfolgt und kommentiert.[14] Kurt Tucholsky schrieb vier

---

12 Arbeiterklasse siegt über Kapp und Lüttwitz, a.a.O., Bd. II, S. 544-546; zum Zustandekommen dieser Aussage vgl. Marburger Studenten-Prozeß, a.a.O., S. 55

13 Arbeiterklasse siegt über Kapp und Lüttwitz, a.a.O., Bd. II, S. 545f., Anm. 4

14 Marburger Studenten-Prozeß, a.a.O.; nach dieser Primärquelle, und zwar mit wiederholter »Umfrisierung« der Zitate: Friedrich-Karl Kaul: Justiz wird zum Verbrechen,

Texte dazu, darunter das »Marburger Studentenlied«, aus dem die mittleren Strophen zitiert seien:

Wir fingen fuffzehn von dem Pack,
das unser Preußen schädigt.
Es war ein schöner Märzentag.
Wir haben sie erledigt.

Sie sind von uns erschossen worn.
Doch ganz in Recht und Züchten.
Zwar sitzen ihre Wunden vorn ...
Man kann auch rückwärts flüchten.

Wir wissen jeden krummen Weg.
Uns kann man nicht erweichen.
Der Mediziner im Kolleg
braucht Leichen, Leichen, Leichen![15]

Daneben ein weiteres Zitat aus der überaus ernsten Betrachtung des Theologieprofessors Martin Rade.

»Die akademische Schicht ist heute eine sinkende, die Arbeiterschicht kommt empor. Das Letztere zwar wird Jedermann zugeben, nur die Empfindungen deswegen werden geteilt sein, und gerade in der akademischen Schicht wird man der Parole zuneigen: Niederhalten ... Wer aber nun so im Machtgedanken lebt, der muß auch den Sinn dafür haben, wenn anderswo und anderswie ihm Macht begegnet. Und so muß man dem Akademiker von heute den Blick dafür zumuten, daß er sieht, wie der seine Privilegien ihm garantierende Staat dahin sinkt und dank der Macht des Arbeiterstandes ein ganz anders geartetes Gemeinwesen in der Aufrichtung begriffen ist, an dessen Gütern eben dieser Arbeiterstand seinen vollen Anteil behauptet ...

Berlin-DDR 1953, S. 71-84; teilweise nach Kaul, ohne diesen zu nennen: Heinrich Hannover/Elisabeth Hannover-Drück: Politische Justiz 1918-1933, Frankfurt 1966, S. 99-144; Selchow, a.a.O., S. 344f., 364

15 Kurt Tucholsky: Gesammelte Werke, Bd. I, Reinbek 1960, S. 692f.; vgl. die Texte »Die Marburger«, »Marburger Nachwuchs«, »Schaumlöffelei«, ebd., S. 685f., 686f., 715ff.

Die Kluft zwischen Arbeiterschaft und Studentenschaft muß sich schließen. Sonst geht unser Volk daran zu Grunde. Es kann an vielem sonst zu Grunde gehn. Aber daran auch.«[16]

Am 4. April 1920 war das Studentenkorps nach Marburg zurückgekehrt. In seiner Ansprache beim Schlußappell hatte Freiherr von Selchow u. a. folgendes ausgeführt: »*Wir haben draußen treu und in Ehren unsere Pflicht getan. Wir konnten auf dem Marsch nicht jedem Köter wehren, der, um zu verhetzen und zu zersetzen, uns anbellte. Wir werden, soweit notwendig, das nachholen. Wir wissen aber, daß Ehre etwas ist, das uns eingeboren ist, daß uns niemand von außen her verletzen oder beschmutzen kann…*«[17] Andere waren da offenbar nicht so sicher. Anlaß zur Beunruhigung war eine Gedenkstätte auf dem Friedhof von Thal, dem Heimatort der 15 Toten. Eine Bronzeplatte auf dem Gedenkstein trug die Inschrift: »*Dem Andenken unserer am 25. März 1920 im Kapp-Putsch von den Marburger Studenten bei Mechterstädt erschossenen 15 Genossen von Bad Thal, gewidmet von der Arbeiterschaft Ruhlas, Bad Thal und Umgebung.*« Am 27. Mai 1933 richtete Professor Merk, Rektor der Universität Marburg, an das Bürgermeisteramt von Thal ein Schreiben mit der Bitte, anstelle der Worte: »*im Kapp-Putsch von den Marburger Studenten*« die Worte »*in den blutigen Wirren der Nachkriegszeit*« zu setzen. Der Senat der Universität, so teilte Merk mit, habe sich bereit erklärt, der Gemeinde für die entstehenden Kosten einen Zuschuß von 100 RM unter der Voraussetzung zu bewilligen, daß die ursprüngliche Tafel der Universität übergeben werde: auf diese Weise solle sicher gestellt werden, daß sie später nicht wieder angebracht werde. Durch die Sabotage von Gießereiarbeitern, die bei der Herstellung einer neuen Tafel zweimal absichtlich Fehler produzierten, mißlang jedoch das Vorhaben; die alte Tafel blieb hängen, und die inkriminierten Worte »*im Kapp-Putsch von den Marburger Studenten*« wurden weggemeißelt, mit der Folge, daß die Zensur für jeden Besucher der Gedenkstätte augenfällig war.[18]

---

16 Martin Rade, a.a.O., Spalte 262, 263, 280

17 Selchow, a.a.O., S. 339

18 Franz Hammer, Freistaat Gotha im Kapp-Putsch. Nach Dokumenten und Erinnerungen alter Mitkämpfer, Berlin-DDR 1955, S. 119f. Siehe auch nächste Seite.

Der Grabstein auf dem Friedhof von Bad Thal. Deutlich erkennt man die Lücke, die auf der Tafel des Grabsteins entstand, als die Marburger Mörder ihre Tat durch eine Änderung der Inschrift auslöschen wollten. (Abbildung aus: Freistaat Gotha im Kapp-Putsch, Verlag Neues Leben, Berlin 1955)

IV.

Im Prozeß vor dem Kriegsgericht in Marburg wies der Verteidiger der Studenten in seinem Plädoyer auf die Rechtslage zum Zeitpunkt der Tat hin. *Verschärfter Belagerungszustand* habe bestanden, so betonte er.[19] Was hatte es damit auf sich?

1922 veröffentlichte ein juristischer Experte der KPD, Felix Halle, ein schmales, aber inhaltsschweres Bändchen mit dem Titel »Deutsche Sondergerichtsbarkeit 1918-1921«. Darin waren u. a. die Ausnahmeverordnungen und -erlasse der Exekutivorgane in diesem Zeitraum examiniert, und die gewiß trockenen Texte hatten sich unter den Händen des kritischen Exegeten in einen höchst lebendigen Gegenstand verwandelt. Bei der Durchsicht war Felix Halle eine Ausnahmeverordnung besonders aufgefallen, am 13. März 1920 erlassen von Generalleutnant von Stolzmann in Kassel für seinen von Frankfurt/M. bis Westthüringen reichenden Befehlsbereich. Sie war in 7 Paragraphen unterteilt und enthielt zusammengefaßt folgendes: Die Delikte der Brandstiftung, Explosion, Überschwemmung, Beschädigung von Eisenbahnanlagen sowie des schweren Aufruhrs und des schweren Landfriedensbruchs wurden, statt mit lebenslänglichem Zuchthaus wie im Strafgesetzbuch vorgesehen, mit der *Todesstrafe* bedroht. Ferner wurden *außerordentliche Kriegsgerichte* errichtet, die für zahlreiche im Strafgesetzbuch definierte Vergehen zuständig sein sollten; sie bestanden aus drei Berufsrichtern, die vom jeweiligen Militärbefehlshaber zu ernennen waren; zu urteilen hatten sie nach einem abgekürzten Verfahren unter Ausschluß von Rechtsmitteln. Zur Aburteilung von Fällen schweren Aufruhrs und Landfriedensbruch wurden *Standgerichte* unter dem Vorsitz eines *»Offiziers der Truppe«* vorgesehen, die *»innerhalb 24 Stunden nach der Ergreifung des Angeklagten zu entscheiden«* hatten. *»Das Urteil kann nur auf Todesstrafe lauten. Es unterliegt keinem Rechtsbehelf. Es bedarf meiner [Stolzmanns] Bestätigung und wird nach der Bestätigung durch Erschießen vollstreckt.«* Bei Fehlen der Voraussetzung der Todesstrafe sollte die Sache an das außerordentliche Kriegsgericht oder, falls ein solches nicht bestand, an das ordentliche Gericht abgegeben werden.[20]

---

19 Marburger Studenten-Prozeß, a.a.O., S. 74

20 Reichs-Gesetzblatt 1920, I, S. 470-473

Die Verordnung war, wie gesagt, am 13. März 1920 erlassen worden: genau am Tage des Kapp-Putsches, auf den sich die Verordnung in ihrem ersten Satz denn auch bezog. Dort heißt es nebulös: *»Nach eingegangenen Berichten ist die Regierung in Berlin in ihren Entschlüssen gehemmt, um die Regierungsgewalt in Berlin wird gekämpft«.*[21] Zugleich war die Verordnung juristisch derart perfekt, daß sich Felix Halle ihren Erlaß noch am Tage des Putsches nur so erklären konnte, daß Generalleutnant von Stolzmann in seinem Stabe einen versierten Juristen gehabt haben müsse, der ihm auf die Nachricht von den Vorgängen in Berlin den Text ausgearbeitet habe.[22] Die historische Wirklichkeit, zu entnehmen aus den Regierungsakten der damaligen Zeit, übertraf die Phantasie: Des von Felix Halle vermuteten Mitarbeiters hatte es nicht bedurft, die Verordnung lag seit langem vor, ausgearbeitet von niemanden anders als der parlamentarischen Regierung, die jetzt um ihre Existenz kämpfte. Eine Schubladenverordnung also, die von Stolzmann nur noch in Kraft zu setzen brauchte.

Schon ihre Entstehungsgeschichte ist aufschlußreich. Am 26. Juni 1919 hatte sich die Reichsregierung erstmals mit dem Tatbestand beschäftigt, daß mit der demnächst zu erwartenden Verabschiedung der Verfassung der sogenannte *»Ausnahmezustand«* (in der Terminologie der 1968er Notstandsverfassung: der *»innere Notstand«*) juristisch neu geregelt werden müsse. Bisher war in der Ära Noske – wie übrigens auch während des ganzen Krieges – mit dem preußischen Gesetz über den Belagerungszustand von 1851 regiert worden. Künftig mußten Ausnahmeverordnungen aufgrund jenes Artikels der neuen Verfassung erlassen werden, der im Wortlaut im wesentlichen schon fast bestand, aber noch nicht die Nummer trug wie bei der Verabschiedung der Verfassung in der Nationalversammlung anderthalb Monate später: die Nummer 48. Das Kabinett beauftragte das Innenministerium damit, zu diesem Verfassungsartikel ein Ausführungsgesetz vorzubereiten, das nach Verabschiedung der Verfassung im Parlament eingebracht werden sollte.[23]

---

21 ebd., S. 470

22 Felix Halle: Deutsche Sondergerichtsbarkeit 1918-1921. Die bayerischen Volksgerichte, das Standrecht, die politischen und wirtschaftlichen Sondergerichte in Deutschland vor und nach dem Erlaß der Weimarer Verfassung, Berlin/Leipzig 1922, S. 49, Anmerkung; vgl. ebd., S. 52

23 Bundesarchiv Koblenz, R 43 I / 2698, Blatt 120

Am 6. Juli legte das Justizministerium einen Entwurf in neun Paragraphen vor. § 1 hob die zentralen bürgerlichen Grundrechte auf. Nach § 2 ging die vollziehende Gewalt auf den Reichswehrminister über, der sie seinerseits auf einen Militärbefehlshaber übertragen konnte. Dieser mußte sie auf dem Gebiet der Zivilverwaltung unter Mitwirkung eines Zivilkommissars ausüben. § 3 regelte die Weisungsbefugnis des Militärbefehlshabers gegenüber den Zivilbehörden. § 4 verhängte die Sanktionen für Zuwiderhandlungen gegen Verordnungen des Reichswehrministers oder des Militärbefehlshabers: Gefängnis oder Geldstrafe bis zu 15.000 Mark. § 5 regelte das Beschwerderecht gegenüber Anordnungen des Militärbefehlshabers. Nach § 6 konnte der Reichswehrminister *»außerordentliche Volksgerichte«* bilden, die aus einem Berufsrichter als Vorsitzendem und vier Schöffen zusammengesetzt sein sollten. §§ 7 und 8 legten Zuständigkeit und prozessuales Verfahren dieser außerordentlichen Volksgerichte in gleicher Weise fest wie die Verordnung von Stolzmann, § 9 regelte die Wiederaufhebung der außerordentlichen Volksgerichte.[24]

Mit diesem Entwurf befaßte sich die Regierung am 22. Juli und kam zu folgendem Beschluß: *»Die außerordentlichen Gerichte sollen mit Berufsrichtern besetzt werden. Daneben sollten Standgerichte für besondere Tatbestände (Betreffen mit der Waffe in der Hand, Betreffen bei Plünderungen und dergleichen) vorgesehen werden. Die Standgerichte sollen auf Todesstrafe erkennen können … Falls das Standgericht eine Freiheitsstrafe für angemessen hält, soll es den Fall zur Feststellung des Tatbestandes an die ordentlichen Gerichte verweisen«.*[25] Daß jetzt Todesurteile vorgesehen werden konnten, war dadurch möglich geworden, daß die bürgerliche Mehrheit der Nationalversammlung bei der Beratung der Verfassung die Abschaffung der Todesstrafe abgelehnt hatte. Wir werden gleich sehen, daß die SPD, die für ihre Abschaffung gestimmt hatte, sich gleichwohl Prinzipientreue nicht zugutehalten konnte.

Eine dem zitierten Kabinettsbeschluß entsprechende Neufassung der §§ 6 bis 9, ausgearbeitet vom Justizministerium, datiert vom 11. August,

---

24 ebd., Blatt 121-125. Zum abgekürzten prozessualen Verfahren bemerkte Felix Halle, a.a.O., S. 42f.: *»Damit schafft die Verordnung … für Anklagen, bei denen auf Todesstrafe, auf lebenslängliche oder langjährige Zuchthausstrafen erkannt werden kann, einen Rechtsgang, den der Gesetzgeber im ordentlichen Verfahren nur für Bagatellangelegenheiten als ausreichend angesehen hat.«*

25 Bundesarchiv Koblenz, R 43 I / 2698, Blatt 131

demselben Tag, an dem Reichspräsident Ebert die von der Nationalversammlung verabschiedete Verfassung unterzeichnete.[26] Ein neu eingeschobener § 6 drohte für eine hier nicht aufzuzählende Reihe von Delikten statt der im Gesetz angedrohten lebenslänglichen Zuchthausstrafe die Todesstrafe an; ebenso für schwere Fälle von Aufruhr und Landfriedensbruch, *»wenn der Täter auf frischer Tat mit Waffen in der Hand betroffen worden ist«*. Nach § 7 waren die Ausnahmegerichte mit drei Berufsrichtern zu besetzen; entsprechend hießen sie nicht mehr *»außerordentliche Volksgerichte«*, sondern *»außerordentliche Gerichte«*. In § 9 (prozessuales Verfahren) war eine neue Bestimmung eingefügt, nach der ein Todesurteil erst vollstreckt werden durfte, *»wenn die Entschließung des Reichspräsidenten ergangen ist, von dem Begnadigungsrecht keinen Gebrauch machen zu wollen«*. Ein neuer § 10 regelte Einsetzung, Zuständigkeit, Zusammensetzung und Verfahrensweise der Standgerichte wie die Verordnung des Generalleutnants von Stolzmann, wobei bezüglich der Verfahrensweise der Kabinettsbeschluß noch verschärft worden war: hatte dieser die Überweisung an die ordentlichen Gerichte vorgesehen, falls die Voraussetzungen der Todesstrafe fehlten, so sollte jetzt Überweisung an die außerordentlichen Gerichte erfolgen.[27]

Gegen die gravierenden Verschärfungen in § 6 (Todesstrafe) und § 10 (Standgerichte) dieses Neuentwurfs äußerte Reichspräsident Ebert Bedenken, die jedoch bis zum 5. September ausgeräumt werden konnten.[28] Ob dieser Einspruch materiell etwas bewirkt hat, geht aus den Akten der Reichskanzlei, nach denen wir hier referieren, nicht hervor. Im Endeffekt jedenfalls wurde die Strafverschärfung für eine Reihe von Delikten aus § 6 entfernt, so daß »nur« noch die in der Verordnung von Stolzmann genannten Delikte mit der Todesstrafe bedroht wurden; die Bestimmung über die Standgerichte wurde unverändert aufrechterhalten. Zu betonen ist, daß der Einspruch Eberts gegen die Todesstrafe innerlich hohl war, nachdem im Juni die von der SPD geführte bayerische Landesregierung keinen Einspruch erhoben hatte, als ein Ausnahmegericht in München den führenden Kommunisten der Räterepublik, Eugen Leviné, zum Tode verurteilt hatte. Am 10. September beschloß das Kabinett, den Entwurf

---

26 ebd., Blatt 137

27 ebd., Blatt 139-144

28 ebd., Blatt 156f.

weder bekanntzugeben noch ihn den Landesregierungen mitzuteilen.[29] Das letztere – Geheimhaltung auch vor den Landesregierungen – wird verständlich im Hinblick auf die Tatsache, daß z. B. in Gotha eine USPD-Regierung bestand, die den Entwurf sofort veröffentlicht und damit eine scharfe öffentliche Auseinandersetzung provoziert hätte. Mit diesem Kabinettsbeschluß war die ursprüngliche Absicht, den Entwurf als Ausführungsgesetz zu Artikel 48 der Verfassung in der Nationalversammlung einzubringen, fallengelassen: der Entwurf wurde zur Schubladenverordnung.

Bis spätestens Anfang 1920 fiel eine weitere Entscheidung: der Entwurf wurde in zwei Verordnungen aufgeteilt, und zwar in eine für den Regelfall und in eine für den *»äußersten Bedarfsfall«*, oder, wie der dann üblich werdende Sprachgebrauch lautete, in eine Verordnung für den *»einfachen«* und in eine für den *»verschärften«* Ausnahmezustand. Der erstere war identisch mit den §§ 1 bis 5 der bisherigen Fassung (Aufhebung der Grundrechte, Übergang der Exekutive für das Militär, Gefängnis oder Geldstrafe bis zu 15.000 Mark als Sanktion). Die letztere enthielt die §§ 6 bis 10 der bisherigen Fassung (Verschärfung von lebenslänglichem Zuchthaus in Todesstrafe für bestimmte Tatbestände, außerordentliche Gerichte, Standgerichte), und zwar mit einer weiteren Verschärfung: die Todesstrafe konnte jetzt für schwere Fälle von Aufruhr und Landfriedensbruch verhängt werden, *»wenn der Täter die dort bezeichneten Handlungen mit Waffen oder im bewußten und gewollten Zusammenwirken mit Bewaffneten begangen hat«* (bisher: bei Betreffen auf frischer Tat mit Waffen in der Hand). Im übrigen wurden die außerordentlichen Gerichte jetzt als *»außerordentliche Kriegsgerichte«* bezeichnet (an der Zusammensetzung aus drei Berufsrichtern änderte sich nichts), und in den Paragraphen, der deren prozessuales Verfahren regelte, wurden Bestimmungen über die Wiederaufnahme des Verfahrens eingefügt.[30]

Der unscheinbare Artikel 48 der Weimarer Verfassung, so ist zusammenzufassen, hat also einen beträchtlichen »Hintergrund«. Die Weimarer Verfassung ist wesentlich unter dem Gesichtspunkt ihrer Aufhebung konzipiert worden.

---

29 ebd., Blatt 159

30 Bundesarchiv Koblenz, R 43 I / 2699, Blatt 8, 8A, 10-12

V.

Die erste große Anwendung des Artikels 48 erfolgte Mitte Januar 1920. In einer Massenkundgebung vor dem Reichstagsgebäude hatte die Berliner Arbeiterschaft gegen das Betriebsrätegesetz demonstriert, das von der Nationalversammlung gerade in zweiter Lesung beraten wurde; Militär und Sicherheitspolizei hatte die Demonstranten mit Maschinengewehren und Handgranaten auseinandergetrieben und 42 Personen getötet, 105 Personen verwundet. Gestützt auf die offiziell-amtliche Version, die Demonstranten hätten einen Sturm auf das Parlamentsgebäude versucht, verhängte die Reichsregierung über das ganze Reich mit Ausnahme von Baden, Württemberg, Bayern und Sachsen den *»einfachen«* Ausnahmezustand. Bei der Gelegenheit wurde die Schubladenverordnung um einen neuen Paragraphen erweitert, in dem es hieß: *»Jede Betätigung durch Wort, Schrift oder andere Maßnahmen, die darauf gerichtet ist, lebenswichtige Betriebe zur Stillegung zu bringen, wird verboten. Als lebenswichtige Betriebe gelten die öffentlichen Verkehrsmittel sowie alle Anlagen und Einrichtungen zur Erzeugung von Gas, Wasser, Elektrizität und Kohle.«* Zuwiderhandlungen wurden entsprechend dem bisherigen Text der Verordnung bedroht: mit Gefängnis oder Geldstrafe bis zu 15.000 Mark.[31] An diesem Rechtszustand sollte sich bis zum Kapp-Putsch zwei Monate später nichts mehr ändern, d. h. im ganzen Reich mit Ausnahme der genannten vier Länder waren jetzt wesentliche Exekutivfunktionen dem Militär überantwortet, und gerade der neu hinzugefügte Paragraph der Schubladenverordnung wirkt wie eine vorweggenommene Repressionsmaßnahme der Putschisten, denen besonders die Lahmlegung des Verkehrs und die Stillegung der Produktion von Gas, Wasser, Elektrizität und Kohle zu schaffen machte. Der *»verschärfte«* Ausnahmezustand wurde erstmals am 17. Januar 1920 über den westlichen Teil des Ruhrgebiets (Regierungsbezirk Düsseldorf) verhängt[32], und zwar in erster Linie in Reaktion auf Unruhen in Hamborn, einer von August Thyssen vor dem Weltkrieg aus dem Boden gestampften

---

31 Reichs-Gesetzblatt 1920, I, S. 207f.

32 Bundesarchiv – Militärarchiv Freiburg, RH 53-6 / 91, Blatt 59; Beschränkung auf den Regierungsbezirk Düsseldorf: Verhandlungen der verfassungsgebenden Deutschen Nationalversammlung. Anlagen zu den Stenographischen Berichten, Bd. 341, S. 2240, Nr. 2131

Industriestadt mit einem besonders elenden und gedrückten Proletariat.[33] Damit hatte das Militär im westlichen Ruhrgebiet außer den Exekutivfunktionen des *»einfachen«* Ausnahmezustandes eine Ausnahmejustiz in Form von außerordentlichen Kriegsgerichten und Standrecht in der Hand.

13. März 1920: Hohe Generäle und wichtige Truppenteile wollen die Macht nicht länger mit der ungeliebten parlamentarischen Regierung teilen, sondern greifen zum Ganzen. Auf die Nachricht vom Putsch in Berlin befiehlt das Reichswehr-Gruppenkommando Kassel – eine der drei höchsten Befehlszentralen der Reichswehr, zuständig für Westdeutschland – seinen untergebenen Truppenkommandeuren, *»nötigenfalls«* die Schubladenverordnung für den *»verschärften«* Ausnahmezustand in Kraft zu setzen[34], d. h. in ihrem Befehlsbereich den Rechtszustand herzustellen, der im wesentlichen Teil des Ruhrgebiets bereits besteht. Der Befehl steht in klarem Widerspruch zur Verfassung, denn die Schubladenverordnung kann nur vom Reichspräsidenten unter Bezugnahme auf Artikel 48 in Kraft gesetzt werden, wie von der parlamentarischen Regierung überdies ausdrücklich festgelegt worden ist.[35] Nach dem (gescheiterten) Putsch wird sich das Reichswehr-Gruppenkommando gegenüber Reichswehrminister Noske (SPD) mit den Worten entschuldigen: *»Der Befehl mußte aus eigener Machtvollkommenheit gegeben werden, da eine Verbindung mit der Regierung nicht herzustellen war«*[36] – eine Umschreibung des Umstandes, daß die parlamentarische Regierung vor den in Berlin einrückenden Putschtruppen zunächst nach Dresden und dann, da sie hier nicht die erhofften Aktionsmöglichkeiten gefunden hatte, weiter nach Stuttgart geflohen war.

Generalleutnant von Stolzmann, einer der dem Reichswehr-Gruppenkommando Kassel untergebenen Truppenkommandeure, machte von der Ermächtigung seiner Vorgesetzten noch am selben Tage Gebrauch. Dabei mußte er die Schubladenverordnung, infolge des eben erwähnten, in der Verfassung nicht vorgesehenen Umstandes, in zwei Punkten etwas abän-

---

33 Eine eingehende Analyse der Sozialstruktur dieser Stadt in: Lucas-Busemann, Zwei Formen von Radikalismus in der deutschen Arbeiterbewegung, Frankfurt 1976

34 Bundesarchiv Koblenz, R 43 I / 2711, Blatt 84

35 Bundesarchiv Koblenz, R 43 I / 2699, Blatt 8

36 wie Anm. 34

dern. Lautete es in der Schubladenverordnung: *»Die Vollstreckung [der Todesstrafe] ist erst zulässig, wenn die Entschließung des Reichspräsidenten ergangen ist, von dem Begnadigungsrechte keinen Gebrauch machen zu wollen«*[37], so formulierte von Stolzmann den Wenn-Satz: *»… wenn meine Entscheidung ergangen ist«*[38]. Zum zweiten, noch wichtiger, strich er zu Eingang die Inkraftsetzung durch den Reichspräsidenten unter Berufung auf Artikel 48 und setzte stattdessen: *»Nach eingegangenen Berichten ist die Regierung in Berlin in ihren Entschlüssen gehemmt, um die Regierungsgewalt in Berlin wird gekämpft. Ich werde das Übergreifen dieser Zustände auf das Gebiet der 11. [d. h. der von Stolzmann kommandierten] Reichswehrbrigade verhindern und in ihm die Ruhe und Ordnung mit allen Mitteln aufrechterhalten«.*[39] Das Ergebnis war die Verordnung, die Felix Halle als Produkt eines besonders versierten Juristen im Stabe von Stolzmann hielt; politisch eine glatte Neutralitätserklärung, vollzogen mit einer Schubladenverordnung, die die parlamentarische Regierung dem General geliefert hatte.

Am 25. März 1920 unterzeichnete Reichspräsident Ebert, inzwischen wieder nach Berlin zurückgekehrt, folgende Verordnung: *»§ 1. Ich bestätige die vom General v. Stolzmann erlassene Verordnung, betreffend die zur Wiederherstellung der öffentlichen Sicherheit und Ordnung für das Gebiet der Reichswehrbrigade 11 nötigen weiteren Maßnahmen, mit rückwirkender Kraft vom Zeitpunkt ihrer Verkündung an. Die Verordnung gilt als in meinem Namen erlassen. § 2. Diese Verordnung tritt sofort in Kraft.«*[40]

Am Morgen dieses 25. März waren die 15 Arbeiter bei Mechterstädt von den Marburger Studenten erschossen worden. Hat Ebert darauf reagiert, oder wußte er von dem Mord noch nichts? Auch wenn man das zweite annimmt, bleiben viele Momente, die nachdenklich machen.

---

37 Bundesarchiv Koblenz, R 43 I / 2699, Blatt 10f.

38 Reichs-Gesetzblatt 1920, I, S. 472

39 ebd., S. 470

40 ebd.

Uwe Soukup

Rien ne va plus

Auch die Energien, die der »Kapp-Putsch« nochmals in der Arbeiterschaft freisetzte, blieben ungenutzt

»Die soziale Republik, das demokratische Ideal war Kulisse. Hinter der Szene herrschte der Terror … Die Epoche des Rassenantisemitismus begann mit dem Mord an dem weitsichtigen Karl Liebknecht und der hochgesinnten Rosa Luxemburg.«

Theodor Lessing

Uwe Soukup ist heute freier Autor und Verleger in Berlin. Der Text ist die überarbeitete Fassung eines Artikels, der am 13. März 1995 in der Tageszeitung »junge Welt« erschien.

Abbildung vorige Seite:
13. März 1920: Bewaffnete Putschisten mit Reichskriegsflagge und Hakenkreuzen auf dem Mannschaftswagen und den Helmen. (Privatarchiv Uwe Soukup)

Die deutsche Revolution 1918/1919 war *das* zentrale Ereignis der deutschen Geschichte dieses Jahrhunderts. Darüber hinaus hatte sie globale Bedeutung, wenn man die Folgen von Verlauf und Scheitern der Weimarer Republik für dieses Jahrhundert bedenkt und das »Steckenbleiben« der Revolution als Anfang vom Ende dieser Republik versteht.

Denn die alten Eliten blieben unbehelligt in ihren Positionen. Sie konnten daher den Kapitalismus restaurieren und den nächsten imperialistischen Griff nach der Weltmacht vorbereiten. Aber Deutschland nach dem Ersten Weltkrieg – das war nicht nur Militarismus und Restauration, nicht nur Ebert, Noske, Hindenburg, Hugenberg, Krupp, Stinnes, Thyssen. Da gab es auch, zumindest für kurze Zeit, die Chance zur Vollendung der bürgerlichen Revolution, vielleicht zum Beginn eines Sozialismus mit menschlichem Antlitz. Die möglichen Folgen eines erfolgreichen Versuchs dieser Art können gar nicht überschätzt werden. Man stelle sich vor, welche Folgen ein Sieg der deutschen Arbeiterbewegung unter Führung der ebenso humanen wie unorthodoxen Marxisten Luxemburg und Liebknecht für die Entwicklung in Rußland und in Westeuropa hätte haben können, haben müssen.

Die russische Revolution, von Ebert durch seine Mitarbeit bei der Vorbereitung von Lenins Reise im plombierten Waggon durch Deutschland unterstützt (bekanntlich, um der deutschen Obersten Heeresleitung für die Entscheidung im Westen eine Kriegsfront im Osten zu ersparen), blieb, durch das Ausbleiben der erwarteten deutschen Revolution, auf sich allein gestellt, mit den bekannten Folgen.

Statt dessen aber begann mit dem Sieg der Gegenrevolution, der – eben nur scheinbar paradox – in der Durchsetzung der Weimarer Republik bestand, der Weg in die Barbarei. *Jene* Chance vereitelt, statt dessen *diesen* Weg überhaupt erst ermöglicht zu haben: Das ist das bis heute tabuisierte Verschulden der Sozialdemokratischen Partei Deutschlands.

Die Tatsache, daß auch viele Sozialdemokraten von den Nazis verfolgt und ermordet wurden, hat die Partei bis heute vor einer ernsthaften, also nicht von vornherein apologetischen »Aufarbeitung« bewahrt. Die Partei lebt immer noch davon, für »soziale Demokratie« und »Frieden«, sogar für »demokratischen Sozialismus« und »gleiche Freiheit aller« eingetreten zu sein und einzutreten. Nie sei sie davon »auch nur einen Deut abgewichen«. Wer wünschte nicht, daß es so wäre?

Vielleicht hätte noch eine Chance für die »soziale Demokratie« bestanden, wenn die SPD im Frühjahr 1920 in der Lage gewesen wäre zu erkennen, mit *wem* sie da im republikanischen Boot saß: als das Hakenkreuz offiziell Einzug in die deutsche Politik hielt, gemalt auf Helme und Lastwagen der in Berlin am 13. März 1920 einziehenden Soldaten, die den Putsch der Offiziere Lüttwitz, Ludendorff, Ehrhardt und Pabst militärisch absicherten.

Der »Kapp-Putsch«, so genannt nach der relativ unbedeutenden Galionsfigur dieser ehemals kaiserlichen Offiziere, war der erste Tritt der Rechten gegen die verhaßte Weimarer Republik, denn die Repräsentanten dieser verdammten Republik waren ihnen ja »kurz vor dem Sieg« im Ersten Weltkrieg in den Rücken gefallen – wie sie selber glaubten und wie die Propagandisten der unsäglichen Dolchstoßlegende den Menschen in diesen Jahren tagtäglich einbleuten. In Zukunft sollte Deutschland wieder ohne die »Novemberverbrecher« regiert werden.

Und hatten die Vertreter des demokratischen Deutschland nicht auch den Versailler »Schandfrieden« unterzeichnet, in dem die Reduzierung der Armee auf 100.000 Mann festgelegt worden war? Eben die Durchsetzung dieses Vertrages, also die Auflösung bestimmter Reichswehreinheiten, stellte dann auch den willkommenen Anlaß zum Staatsstreich am 13. März 1920 dar. Geplant hatten ihn die Strategen der Nationalen Vereinigung schon länger, nun aber war Gefahr im Verzuge. *»Ich werde nicht dulden, daß mir eine solche Kerntruppe in einer so gewitterschwülen Zeit zerschlagen wird«*, äußerte sich General Lüttwitz zur Begründung.

Der Putsch brach innerhalb weniger Tage zusammen, was in erster Linie einem Generalstreik ungeahnten Ausmaßes – und gerade hier lag noch einmal die Chance für die Republik! – zu verdanken war, zu dem aufzurufen sich die SPD-geführte Regierung unter Gustav Bauer noch in letzter Minute aufgerafft hatte. In diesem Aufruf hieß es u. a.: *»Wir haben die Revolution nicht gemacht, um uns heute wieder einem blutigen Landknechtsregime zu unterwerfen ... Kein Proletarier darf der Militärdiktatur helfen! Generalstreik auf der ganzen Linie! Proletarier, vereinigt euch! Nieder mit der Gegenrevolution!«*

Gleich nach diesem Aufruf begaben sich die meisten SPD-Minister zusammen mit Reichskanzler Bauer und Präsident Ebert in die Obhut des berüchtigten Generals und »Städteeroberers« Maercker nach Dresden. Dieser General hatte noch wenige Monate zuvor im Auftrag der SPDgeführten Regierung die Reste von Revolution und Rätebewegung in vielen Städten Deutschlands mit äußerster Brutalität beseitigt. Als er von dem »skandalösen« Streikaufruhr erfuhr, wollte er seinen Vorgesetzten, Reichswehrminister Noske, mitsamt seinen Ministerkollegen inhaftieren, die ihn aber davon überzeugen konnten, daß alles ein schreckliches Mißverständnis sei und sie diesen Aufruf auch nicht *unterschrieben* hätten – und wenn, dann nur mit Bleistift.

Gleichviel: Inzwischen war das ganze Land durch den Generalstreik stillgelegt, und weder die geflüchtete noch die neue Regierung beherrschten mehr als ihre Vorzimmer. Dieser Streik, gegen den anfangs sowohl die USPD- als auch die KPD-Führung polemisierten, war der gewaltigste, den Deutschland je erlebt hat. Wie selbstverständlich schien er die Wiederaufnahme der Revolution vom November 1918 anzuzeigen. Die »Einheit der sozialistischen Bewegung« schien durch den Putsch der Gegenrevolution über Nacht wiederhergestellt. Und im Ruhrgebiet besiegte eine improvisierte Rote Ruhrarmee der Streikenden die aufständischen Militärs, von denen sie sich noch ein knappes Jahr zuvor – in Noskes und Eberts Auftrag! – hatten demütigen lassen müssen. Daß dieses für die Zeit nach dem Putsch Folgen haben würde, war klar. Damals war der SPD-Minister Noske noch der Oberbefehlshaber des weißen Terrors der Offiziere, nun streikten die Massen *für* Noske und seine Kollegen – oder doch wenigstens für die Republik.

Daß dieser Putsch der schon besiegt geglaubten Revolution unverhofft Auftrieb gab, schwante nun auch den Militär- *und* den Parteiführern. Deshalb mußte die gescheiterte Militär-Regierung weg, also lud Vizekanzler Schiffer erst einmal Freund Pabst zu sich nach Hause zum Essen ein – die Adresse kannte Pabst gut – und sie planten die erneute »Niederwerfung des Bolschewismus« in Deutschland. Das Ergebnis der Unterredung war dann auch, daß die Putschisten unter Anerkennung ihrer Pensionsansprüche und der zwischenzeitlichen Beförderungen in den Ruhestand versetzt sowie mit Geld und falschen Pässen versorgt wurden. Man gestand dem Offizier Ehrhardt Schutz vor Verhaftung zu und anerkannte, daß seine Truppe in der Überzeugung gehandelt habe, »vaterländischen Interessen zu dienen«. Dessen abziehende Einheit verabschiedete sich bei der Berliner Bevölkerung mit einem Massaker am Brandenburger Tor – zwölf Tote und dreißig Schwerverletzte. Der Grund: Buhrufe von Passanten.

Sodann trafen die sozialdemokratischen Minister und der SPD-Kanzler Bauer wieder in Berlin ein. Ihre erste Sorge galt nun der Beendigung des Generalstreiks und der Entwaffnung der Roten Armee an der Ruhr.

Die präfaschistischen Einheiten, die sich eben noch anschickten, die Republik zu zerschlagen, machten sich nun über die Beschützer der Republik her – im Auftrag der Regierung dieser Republik! Ein begeisterter Teilnehmer dieser erneuten »Säuberung« berichtet in einem Brief von der Erschießung von zehn Rot-Kreuz-Schwestern: *»Mit Freuden schossen wir auf diese Schandbilder, und wie sie geweint und gebetet haben, wir sollten ihnen das Leben lassen. Nichts! Wer mit einer Waffe getroffen wird, der ist unser Gegner und muß daran glauben. Gegen die Franzosen waren wir im Felde viel humaner.«*

Sebastian Haffner berichtete 1968 von einem Erlebnis aus dieser Zeit: *»Ich war ein bürgerlicher Junge, und meine Empfindungen waren damals antirevolutionär. In nichts kann ich mich noch heute so leicht zurückversetzen wie in die Stimmung meiner ›nationalen‹ Schulkameraden, die ich teilte. Die meisten von uns sind dann später Nazis geworden. Ich erinnere mich auch noch an das erste Erlebnis, das mich nachdenklich machte. Es muß im Herbst oder Winter 1920 gewesen sein, daß sich bei uns der Verlobte einer älteren Cousine vorstellte, ein hübscher, blonder junger Mann namens B. Es waren noch Notzeiten, das kalte Abendbrot war nur mit einem Krabbensalat aufgebessert, den meine Mutter irgendwie gezaubert hatte, und später stellte die Familie betreten fest, daß B. nur Krabben und alle Krabben aß. Aber mir machte B. durch etwas anderes Eindruck. Es stellte sich heraus, daß er Freikorps-Mann gewesen war, und er erzählte während des ganzen Essens davon, wie hart man bei den Freikorps wurde und wie man oft seinen eigenen Gefühlen männlich Gewalt antun mußte, wenn man die Gefangenen dutzendweise an die Wand stellte, besonders bei den Kämpfen im Ruhrgebiet nach dem Kapp-Putsch. ›Das war die Blüte der Arbeiterjugend, die wir da erschießen mußten.‹ Er blickte blau, tat sich leid und aß Krabben. Und plötzlich merkte ich mit einer Art von Schrecken, daß ich innerlich auf die Seite der Erschossenen übergegangen war.«*

Im Verlaufe des Putsches etablierte sich in Bayern eine rechtsradikale Regierung, unter der sich die braune Bewegung in den nächsten Jahren ungestört sammeln konnte. Schlimm genug, aber bedeutender war, daß die Rechte nun wußte, daß sie von diesem Staat keinen nennenswerten Widerstand zu erwarten hatte. Unter der Hand hatte sich die scheinbare Niederlage der Putschisten in einen glänzenden Sieg verwandelt. Jener

General Seeckt, der sich geweigert hatte, die Republik militärisch zu verteidigen, (»Reichswehr schießt nicht auf Reichswehr«), wurde nun – neuer Chef der Heeresleitung der Reichswehr.

Die Sozialdemokraten hatten – ein zweites Mal, wie schon in der Revolutionszeit – ihre Anhänger, die sich für sie eingesetzt und sie gerettet hatten, an die Reaktion ausgeliefert. Eine Wiederholung eines solchen Streiks der Arbeitermassen für eine *sozialdemokratische* Regierung würde es nun nicht mehr geben; im Gegenteil, die SPD büßte bei den nächsten Wahlen mehr als die Hälfte ihres Stimmanteils ein *und* entledigte sich außerdem endgültig sämtlicher Koalitionsmöglichkeiten »nach links«.

Es war Theodor Liebknecht, ein Bruder des ermordeten Karl Liebknecht, der im Oktober 1920 auf dem Hallenser Parteitag der USPD die wahrscheinlich scharfsinnigste Analyse von der Entwicklung und Struktur der Mehrheitssozialdemokratie gegeben, der dabei allerdings auch eine Urform der »Sozialfaschismus-These« formuliert hat: *»Ich möchte auf etwas anderes eingehen. Parteigenossen, ich habe vorhin darauf hingewiesen, welche Stellung die Mehrheitssozialisten seinerzeit in der Revolution vom November eingenommen haben; sie haben diese Stellung eingenommen und einnehmen müssen auf Grund ihrer ganzen Entwicklung während des Krieges, die sie zu einer scheindemokratischen, kleinbürgerlichen Partei gemacht hat. Sie können von dem Verrat, den sie während des Krieges und nachher geübt haben, nicht los, ohne sich selbst zu desavouieren; sie müssen ihn immer und immer wiederholen. Sie sind nichts als Agenten des Kapitalismus, sein Schild im Kampf gegen die revolutionäre Arbeiterschaft, die noch immer durch sie in der vollen Entfaltung ihrer Kräfte gehemmt ist.«*

Da stimmt jedes Wort. *Scheindemokratisch:* Bundesgenossen der antidemokratischen Groener, Schleicher, Hindenburg, Thyssen, Krupp und Stinnes konnten »Demokratie« nicht verwirklichen; *kleinbürgerlich:* engstirnig, nationalpatriotisch, antirevolutionär, intellektuellenfeindlich und, jedenfalls in der Führungsgruppe, antisemitisch; *Verrat:* Bruch mit der antikapitalistisch-humanen Tradition des Marxismus, Friedenspropaganda bei gleichzeitiger Kriegspolitik und Täuschung der Massen durch Usurpation der Revolution, um sie zu ersticken; *Agenten des Kapitalismus:* scheindemokratische, die Eigentumsverhältnisse nicht antastende Bundesgenossen der militärischen, politischen und ökonomischen Eliten aus dem zusamengebrochenen Kaiserreich.

Das eine Element der von Theodor Liebknecht vorweggenommenen »Sozialfaschismus-These« entspricht der Realität: Die Beschreibung der Mehrheitssozialdemokraten als Agenten des Kapitalismus. Doch dann folgen furchterregende und folgenschwere Sätze: *»Und darum ist das, was wir in erster Linie zu tun haben, [...] die Lenkung des Kampfes gegen die Mehrheitssozialdemokraten. Nur durch ihre Zertrümmerung können unsere politischen Verhältnisse gesunden und dann die Einigung des Proletariats herbeigeführt werden, diese Vorbedingung jeder erfolgreichen revolutionären Aktion und jedes Schrittes auf dem Wege zur Verwirklichung der politischen und wirtschaftlichen Demokratie. [...] Es muß immer und immer wieder in den Vordergrund gestellt werden der Hinweis auf das vergossene Blut [...]«*

Obwohl Theodor Liebknecht nie der KPD beitrat, ist hier schon deutlich die sicherlich nachvollziehbare, aber dennoch falsche These vom »Hauptfeind SPD« herauszuhören. So entsteht das Szenarium einer tiefen und unüberbrückbaren Spaltung der Arbeiterbewegung. Führende Vertreter der Sozialdemokratischen Partei Deutschlands behaupteten 1946 (Kurt Schumacher) und behaupten noch heute (Egon Bahr), daß die KPD durch die Sozialfaschismus-These »große Schuld am Aufkommen des Faschismus« habe.

Einmal abgesehen davon, daß die SPD der Weimarer Republik nicht eben sehnsüchtig auf Aktionseinheitsangebote der KPD wartete, hat sich die SPD der Möglichkeit, ein solches Angebot zu bekommen, gründlich selbst beraubt. Die Selbstgerechtigkeit der Sozialdemokratischen Partei Deutschlands ist unerträglich, steht sie doch in krassem Gegensatz zu den diesem Jahrhundert ihren Stempel aufdrückenden fatalen Fehlentwicklungen.

Conrad Schuhler

Rosa wacht auf

Was würde Rosa Luxemburg denken, wenn sie heute wieder durch Berlin ginge?

»Ich meine, daß der Tod von Rosa Luxemburg und Karl Liebknecht ... ein okjektiver, sicherlich nicht gewollter Beitrag war, die Weimarer Republik überhaupt erst zu ermöglichen.«

Klaus Landowsky (CDU) im Berliner Abgeordnetenhaus

Conrad Schuhler war Herausgeber der Zeitschrift »Kürbiskern« und Chefredakteur der Tageszeitung »Unsere Zeit«. Lebt heute als freier Autor in München.

Abbildung vorige Seite:
N.N., Rosa Luxemburg

Sie kämpfte für Freiheit und Gerechtigkeit. Sie wollte die Revolution – und wurde dafür ermordet. Was würde Rosa Luxemburg denken, wenn sie heute wieder durch Berlin ginge?

Wie klein sie ist, dachte er, als er die letzten Meter zur Gedenkstätte der Sozialisten hinauflief. Dort saß sie in einer weiten, dunklen Pelerine, den Kopf der Frühlingssonne zugewandt, doch saß sie nicht auf ihrer, sondern auf der Grabplatte von Karl Liebknecht. Als sie ihn kommen hörte, stand sie auf und ging ihm entgegen.

»Ich freu' mich so, daß Sie Wort halten«, sagte sie ernst, »vom eigenen Grab aus ist der Blickwinkel doch recht eng.«

Sie hinkte, er hatte es oft genug gelesen. Dies aber war kein Hinken, sie rollte und krängte wie ein morscher Kahn in wogenden Wassern. So also sah eine doppelte Hüftverrenkung aus.

»Aber ich bitte Sie«, er schrie vor Aufregung, »das ist doch das mindeste. Vor Ihrer Losung, daß Freiheit immer die Freiheit der Andersdenkenden ist, mußten sich die Politbürokraten doch schließlich aus dem Staub machen. Sie sind die wahre Heldin von 89.«

Dr. Carlo Helfersichs Verehrung war ebenso grenzenlos wie verständlich. An der Freien Universität zu Berlin hatte er mit einer Arbeit über *Rosa Luxemburgs Kritik der Bolschewiki als Grundlage einer Theorie des demokratischen Sozialismus* promoviert, was ihm eine Stelle bei der SPD-nahen Friedrich-Ebert-Stiftung eintrug. Seit den frühen achtziger Jahren hatte er regelmäßig Rosa hier draußen im Zentralfriedhof Berlin-Lichtenberg besucht. Und als 1988 Regimegegner die alljährliche SED-Demonstration zu Ehren von Lenin, Liebknecht und Luxemburg nutzten, um mit Hilfe von »Freiheit der Andersdenkenden«-Transparenten die Ausreise aus der DDR zu erzwingen, da war Dr. Helfersich Abteilungsleiter seiner Stiftung geworden.

»Ich bin glücklich, daß wir Ihnen wirklich die Crème de la crème bieten können. Wir haben Termine vereinbart mit Herrn Reuter von Daimler, Herrn Landowsky von der CDU und Frau Stahmer von der SPD. Da haben Sie, was Geld und Politik anbelangt, die absolute Spitze in Berlin.«

Ihre Augen, ihre Augen. Samtschwarze Mandelaugen. Schöner als im Trotta-Film. Revolutionäre Leidenschaft und Sinneslust, wo gab es das heute noch in der Politik?

Frau Dr. Luxemburg aber schüttelte den Kopf. Was der Chef des Daimler-Konzerns ihr zu sagen hätte, würde für sie keine Neuigkeit sein. Herr Landowsky habe gerade geäußert, der Mord an Karl Liebknecht und ihr sei wohl notwendig gewesen, um die Weimarer Republik zu ermöglichen. Und bei Spitzenvertretern der SPD bitte sie prinzipiell um Verständnis. Ob er die Zeilen kenne: »Vielhundert Tote in einer Reih' – Proletarier! Karl, Rosa, Radek und Kumpanei – es ist keiner dabei, es ist keiner dabei! Proletarier!«

Errötend nickte der Repräsentant der Ebert-Stiftung. Der Haßvers war am 13. Januar 1919 im sozialdemokratischen *Vorwärts* erschienen. Zwei Tage darauf hatten sich die Freikorps-Mörder der SPD-Zeitung erbarmt und Liebknecht und Luxemburg gefoltert und getötet.

»Doktor«, rief Rosa, »lassen Sie uns Berlin anschauen und mit den Menschen reden, wie sie kommen. Aber zuerst will ich zum Schloß, wo Karl Liebknecht die Freie Sozialistische Republik ausgerufen hat.«

Daß es gar kein Schloß mehr gab, wußte sie natürlich. Schließlich lag in der Gedenkstätte unter der Grabplatte rechts neben ihr Wilhelm Pieck, ihr Schüler in ihrem ersten Lehrerjahr an der SPD-Parteischule. Später war er Präsident der DDR geworden, hatte ihr an der Spitze der »Kampfdemonstrationen« immer aufmunternd zugelächelt. Dabei hätte er selbst Aufmunterung nötig gehabt, wie er mit seinen Führungsgenossen dastand auf der beheizten Ehrentribüne, an der die Massen stundenlang ihre Transparente vorbeitrugen. »Unverbrüchlicher Bund mit der Sowjetunion«, »Von der Sowjetunion lernen heißt siegen lernen«, erfuhr sie in den ersten DDR-Jahren. Später dann »Für eine niveauvolle Arbeiterversorgung« und »Wir werden 1988 30.400 Wohnungen für die Berliner schaffen«. Daß es kritisch wurde, konnte sie 1989 am lauten Pfeifen im Walde erkennen: »DDR – die größte Errungenschaft der revolutionären deutschen Arbeiterbewegung.«

Im Jahr darauf war die Errungenschaft dahin und mit ihr die vielen Hunderttausende an Kampfdemonstranten. Doch so runde 50.000 kamen auch jetzt noch jedes Jahr und mit ihnen verwirrende Nachrichten aus der neuen Welt.

In kaum 15 Minuten hatte sie der stiftungseigene Mercedes ins Zentrum gebracht. Zwischen Spreearm und altem Zeughaus stiegen sie aus und blickten hinüber, wo einst das Schloß der Hohenzollern sich erhoben hatte. Die Kommunisten hatten es weggesprengt und ihren Palast der Republik errichtet, den die DDR-Hauptstädter *Palazzo Prozzi* genannt hatten, der aber jetzt, asbestverseucht und geschlossen, mit seinen blinden Kupferglasfenstern und seinem kalten Marmor dalag wie ein verlassener Steinbruch.

In dem Palast habe wohl auch die DDR-Volkskammer getagt? fragte Rosa. Ja, erwiderte Dr. Helfersich eifrig, das sei aber keinesfalls ein richtiges Parlament gewesen. Nichts weiter als eine Akklamationsmaschine für die Partei. Rosa hatte sich bei ihm eingehakt, was ihn zwang, sich weit herunterzubeugen und sich ihrem Hinkerhythmus anzupassen. Auf historischen Photos sah das leichter aus.

»Es ist wohl an der Zeit, daß ich Ihrer demokratischen Verehrung für mich einen kleinen Stoß versetze. Ihr bürgerliches Parlament hat mir nie etwas bedeutet. Nicht, wo der Lohnsklave neben dem Kapitalisten, der Landproletarier neben dem Junker in verlogener Gleichheit sitzen, um über ihre Lebensfragen parlamentarisch zu debattieren, dort, wo die millionenfache Proletariermasse die ganze Staatsgewalt mit ihrer schwieligen Faust ergreift, um sie, wie Gott Thor seinen Hammer, den herrschenden Klassen aufs Haupt zu schmettern: Dort allein ist Demokratie, die kein Volksbetrug ist.«

In Luxemburg-Zitaten jedoch stand Dr. Helfersich Rosa nicht nach. »Sie haben aber damals schon, vor fast achtzig Jahren, gewußt, daß gerade die Herrschaft breiter Volksmassen ohne freie, ungehemmte Presse, ohne ungehindertes Vereins- und Versammlungsleben nicht möglich ist. Freiheit nur für die Anhänger der Regierung, nur für Mitglieder einer Partei, so haben Sie gesagt, sei keine Freiheit. Glauben Sie mir, in der DDR waren nicht einmal die Mitglieder der Regierungspartei frei.«

Ihre Augen hatten allen Samt verloren, schwarze Wut schlug ihm entgegen, und ihm fiel ein, daß Lenin dieses Persönchen »Adler der Revolution« genannt hatte. »Ja, Pieck hat mir das schon berichtet. Durch die Ausschließung der Demokratie hatten sie sich die lebendigen Quellen allen geistigen Reichtums und Fortschritts abgesperrt. Den Fehler der Bolschewiki wiederholt, obwohl dieses Mal die Bedingungen bessere waren.«

Mit einem Ruck machte sie sich von ihm los. »Zeigen Sie mir Ihr Berlin, Herr Friedrich Ebert.«

Schnurgerade zogen die »Linden« vom Denkmal Friedrichs II. zum Brandenburger Tor. Dem Stadttor Athens nachempfunden, höhnte die Beifahrerin im Mercedes 230, aber es erinnere eher an einen preußischen Militärstiefel. »Schauen Sie sich diese Göttin an, die an Volumen jedes ihrer vier Rösser leicht übertrifft.«

»Sie verschwenden Ihre kostbare Zeit«, rief der Fahrer. »Schauen Sie zur Rechten. Dort am alten Checkpoint Charlie entsteht das American Business Center. Kostenpunkt: 750 Millionen Mark. Daneben das Französische Kultur- und Handelszentrum. Investitionsvolumen: 465 Millionen. Linker Hand haben wir die Friedrichstadtpassagen, summa summarum 1,4 Milliarden Mark. Wie Sie bemerken, künden überall Schilder: Hier baut die Bundesregierung. Oder der Bundestag oder ähnliches. Alles aufzulisten würde zu weit führen. Nur so viel: Der Bund verbaut in Berlin weit über zwanzig Milliarden Mark.«

In seiner Begeisterung beschleunigte er heftig und war in wenigen Minuten am Potsdamer Platz. »Schauen Sie sich um, meine Liebe. Ist Berlin die größte Baustelle der Welt, so ist dies der größte Bauplatz Berlins. Daimler-Benz, Sony, alles, was zählt, baut hier. Noch am Tag vor Ihrem Tod haben Sie geschrieben, die sozialistische Revolution werde sich bald rasselnd erheben. Doch alles, was heutzutage rasselt, sind die Baumaschinen des Kapitalismus. Wir boomen, Verehrteste.«

Baustellen, sagte sie verächtlich, er zeige ihr nur Baustellen, darin sei der Kapitalismus schon immer groß gewesen, aus der lebendigen Arbeit wahre Wunderwerke an Fleiß und Erfindungsgeist herauszupressen. Was aber sei das Los der Arbeiter? Wie lebten die Menschen?

Helfersich fuhr sie zur Gedächtniskirche. Vor dem eleganten Ruinenfinger der Kirche hockten Irokesen und andere Stadtindianer, die mit ihren Fahrradketten, Totenkopfjeans und meterlangen Tonträgern längst zur Abteilung Szene des Berlin-Tourismus gehörten. Auf der anderen Straßenseite bewegten sich zwei nicht abreißende Prozessionen aneinander vorbei, die eine hinein ins KaDeWe, die andere heraus. Das Kaufhaus des Westens, nach dem Londoner Harrods das größte Europas, war immer das Kaufhaus der feinen Leute gewesen. Jetzt aber gingen hier zu jeder Stunde Tausende ein und aus. So viele feine Leute?

Mit der Rolltreppe fuhr Rosa von Stock zu Stock. Ganze fußballfeldgroße Geschosse nur für Parfüms, nur für Lederwaren, nur für Glas und Porzellan. Im sechsten Stock prangten die Lebensmittel wie Exponate einer kostbaren Ausstellung über die Schätze der Welt. Ehrfürchtig schritt Rosa an den Hainen und Brunnen, Gruften und Bottichen entlang. Bei den Meerestieren belehrte ein junger Mann in Jeans seine Begleiterin, niemals Osiestra- oder Sevruga-, sondern immer nur Beluga-Kaviar zu wählen.

Nach unten nahmen sie den Aufzug. In dem Glaskasten stand ein Dutzend ausgelassener Russen, die enorme KaDeWe-Tüten wie Babys in den Armen hielten. »Marktwirtschaft«, brummte einer und blinzelte Rosa vergnügt zu. Dieser Reichtum müsse ein Geheimnis haben – leicht benommen lehnte sie sich an den Mann von Friedrich Ebert –, und dieses Geheimnis laute wahrscheinlich immer noch: Armut der Massen. Sie wolle in den Osten, den armen Teil der Stadt, zum Prenzlauer Berg.

In Berlin-Mitte, am Platz vor dem Dom, versperrte ihnen eine spärliche Demonstration den Weg. Die Demonstranten protestierten, wie ein großes Transparent verriet, gegen das Schließen von Kindergärten und Kindertagesstätten. Eine junge Frau hatte auf ihr Poster geschrieben: »Ich fühle mich verkohlt.« Eine andere: »Seit die Mauer weg ist, bin ich zu Hause eingesperrt.« Die Rednerin rief gerade aus Leibeskräften: »Sind wir deshalb auf die Straße gegangen, damit wir uns jetzt genauso wie eh und je in Küche und Kinderzimmer wiederfinden?«

Na also, dachte Rosa. Doch der Kollwitzplatz am Prenzlauer Berg entpuppte sich als arge Enttäuschung. Statt proletarischer Mietskasernen farbig renovierte Häuser, Kneipen, Schmuckgeschäfte, Filmagenturen sowie »Manna«, ein Laden für Naturkost. Erst in einer der Nebenstraßen fand sie das Gesuchte, Häuser ohne Putz, die Backsteine wie dünne, kariesgeplagte Zähne in dem gesplitterten Mörtel. Die rostigen Gitterbalkons, vollgepackt mit bunten Tüten und Plastikeimern, drohten jeden Augenblick herunterzufallen. An einer Hauswand stand: »Wer nicht kämpft, stirbt auf Raten.«

Rosa tastete sich in den dunklen Hausgang, an dessen Wänden aufgebrochene Briefkästen ihre Füllung ausspien. Sie klingelte im Parterre, und ein junger Mann lugte aus bösen Augen durch den Türspalt. Sie bitte um Verzeihung für die Störung, aber dürfe sie fragen, wie es um seinen Kampf stünde für ein besseres Zuhause.

»Besseres Zuhause?« Der junge Mann lachte bitter. »Verhindern wollten wir sie, die Renovierung. Aber nun renovieren sie doch, die Herrschaften aus dem Westen. Neue Gasrohre, schon fünfzig Mark mehr Miete. Seit zwei Jahren bin ich arbeitslos, beim nächsten Stück Renovierung hab' ich auch keine Wohnung mehr.«

Er knallte die Tür zu. Um die Dachrinne im Hof schlug träge ein schwarzes Segel, auf dem in weißen Buchstaben zu lesen war: »Ihr habt die Macht, aber uns bleibt die Nacht.«

Jetzt, sagte Rosa, wolle sie gern einen der Pioniere des neuen Berlin sprechen. Helfersich eilte zum Autotelephon. Sie hätten Glück, meldete er, sein alter Freund Geyer nehme gerade einen Business drink im »Grandhotel«. Der Junge kenne sich aus, früher Kreditanstalt für Wiederaufbau, jetzt selbständiger Consultant, wäre ihm ein Vergnügen.

Im »Grandhotel Maritim« waren die beiden Etagen der Halle besetzt von Herren, die neben ihren Sesseln offene Aktenköfferchen stehen hatten, aus denen sie in regelmäßigen Abständen Schriftstücke zogen, die sie dann mit großem Nachdruck vorlasen. »›Zwischenlager für abgebrannte Stoffe‹ steht hier, damit ist wohl die Asche gemeint?« – »No problem, längst abgeklärt mit dem Senat.«

Im zweiten Stock spielte ein weißgekleideter Pianist auf einem weißen Flügel. »Verdi«, flüsterte Rosa, »*La Traviata*.«

»Sie brauchen hier nicht zu flüstern, die Musik gehört hier zum Ambiente.« Geyer kam ihnen entgegen und zog sie zu seinem Tisch. Im braunen Leinenanzug und mit schwarzem Dreitagebart sah der Consultant aus wie eine Kreuzung aus Kapuziner und Fitness Instructor.

»Du brauchst sie mir nicht vorzustellen.« Er drückte Rosa an seine stattliche Brust. »Du bist schließlich nicht der einzige, der über Rosa Luxemburg promoviert hat.« Er wolle ihr ja nicht zu nahe treten, Fakt aber sei, daß er schon als Student die Luxemburgsche Theorie der Kapitalakkumulation widerlegt habe, was heute auch die Praxis täglich tue.

»Was haben Sie denn widerlegt?« Rosa fragte streng, als habe sie einen Examenskandidaten vor sich.

»Lassen Sie mich zunächst sagen, daß es mir leid tut, wie die Sie damals behandelt haben. Barbaren. Wäre heute nicht mehr möglich, was Carlo? Zweitens: Sie hatten doch immer das Problem mit der Kapitalverwertung.

Da die arme Arbeiterklasse zu wenig verdiene, müsse stets ein Teil des Sozialprodukts exportiert werden. Wenn einmal der ganze Globus vollgepumpt sei mit Investitionen und Waren aus den kapitalistischen Ländern, dann müsse das System mangels ausreichender Nachfrage zusammenbrechen. So ähnlich war es doch, nicht wahr?«

»So ähnlich.« Rosa lächelte. Nationalökonomie, da war sie zu Hause.

»Nun, liebe Frau, wir haben Ihre Probleme gelöst. Zunächst einmal brauchen wir die Arbeiterklasse nicht, um im Inland den Konsum anzukurbeln. Das machen wir selbst. 13.000 Einkommensmillionäre gibt es in Deutschland und eine Million Haushalte, die über mehr als 120.000 Mark im Jahr verfügen. Und alle füllen eifrig die Nachfragelücke. Haus, Wagen, Boot, Rennpferd, Edelschuppen wie dieser hier, Luxus eben. Und manche Zurückgebliebenen schreien: Luxus, pervers und so weiter. In Wahrheit sind private Laster längst öffentliche Tugenden; gerade weil sie so ins Geld gehen, treiben sie den Wirtschaftskreislauf an.«

Der Kellner brachte auf Geyers Schnipsen eine Flasche Champagner, Roederer. Sie konnte sich erinnern, daß sie den schon zu Lebzeiten am liebsten mochte.

»Im übrigen ist die Inlandsnachfrage längst nicht mehr so bedeutend, entscheidend ist der Weltmarkt.« Der Consultant sah sie nachdenklich, fast zärtlich an, er wollte ihr nicht weh tun. »Es gibt keine internationalen Wirtschaftsbeziehungen mehr, wir befinden uns mitten in einem Weltwirtschaftskrieg. Und den gewinnen wir, Frau Doktor. Wir haben den höchsten Anteil am Weltexport, wir machen die größten Gewinne, wir haben die stärkste Währung. Der Witz liegt nicht darin, im heterogenen Milieu ständig zu expandieren, wie Ihre Epigonen formulieren. Wir müssen im Weltwirtschaftskrieg einfach immer gewinnen. Die Krise des Kapitalismus, wie Sie sie vorhersagten, ist bloß die Krise der Verlierer. Wir aber sind die Sieger, und unsere Karawane zieht weiter bis ans Ende aller Tage. Sehr zum Wohlsein.«

»Wenn Sie so fabelhafte Gewinne in diesem Krieg machen« – Rosa applaudierte dem Pianisten, der sie erstaunt ansah –, »müssen andere ebenso gewaltige Verluste machen.«

Ihr freundlicher Lehrer schien etwas die Lust zu verlieren. »Ein Nullsummenspiel, jawohl«, brummte er einsilbig, »man gewinnt, was der andere verliert.«

»Genauer haben Sie es nicht?«

Geyer blickte sie mißmutig an. »Rosa, Rosa, Sie haben nichts dazugelernt. Geben Sie acht auf sich, polnische Jüdin, Extremistin, ein Wink an die Behörden genügt.« Er kam wieder in Stimmung. »Kleiner Scherz, Sie vertragen das ja. Hab' keine Hemmungen, Ihnen was über die Verlierer zu erzählen. Nehmen wir mal die zwanzig Prozent der Weltbevölkerung, die in den Industriestaaten leben, also in den Staaten, die alles dem globalen Wettbewerb unterordnen. Die verfügen über ein Einkommen, das 150mal größer ist als das Einkommen der ärmsten zwanzig Prozent. Also, wer verliert, ist arm dran.«

Der Mann von Friedrich Ebert hatte die Hand gehoben, als säße er im Seminar. »Arm ist gar kein Ausdruck. Über eine Milliarde Menschen hungern. Achthundert Millionen, dreißig Prozent aller Erwerbsfähigen, sind arbeitslos. Fünfhundert Millionen sind sogenannte Umweltflüchtlinge, geflohen aus ihren angestammten Regionen, wo sie nicht mehr überleben können.«

»Aber, meine Herren«, Rosa war aufgesprungen und klatschte triumphierend in die Hände, »das bestätigt doch alles meine Theorie. Wir haben es offenbar mit einer klassischen Überkapazitätskrise zu tun, einer Weltwirtschaftskrise. Geld ist da, aber es wird nicht mehr investiert, weil die Nachfrager kein Geld haben.«

Der Consultant winkte verächtlich ab. »Ich habe geahnt, daß Sie es nicht begreifen würden. Jawohl, wir haben mehr Kapital als genug. Zigtausende von Milliarden Dollars kreisen ständig um den Erdball. Täglich werden allein tausend Milliarden Dollar an Devisen umgesetzt. Aber dieses Geld ist eben nicht für Investitionen gedacht, damit spekuliert man, man setzt auf die wahrscheinlichen Sieger im Produktionswettbewerb, im Wirtschaftskrieg. Die richtige Währung, das richtige Edelmetall, die richtige Aktie – wie beim Pferderennen. Ihre Vorstellung, Frau Doktor der Nationalökonomie, Kapital müsse in die Produktion, um Gewinne zu machen, ist obsolet. Die einen investieren in die Produktion, die anderen tätigen ihre Einsätze im globalen Finanzkasino – und die Gewinner bleiben übrig.«

»Und die Verlierer wehren sich nicht?«

»Das sieht Ihnen ähnlich, aber nix da mit Widerstand. Wer aufmuckt, wird, sagen wir, diszipliniert. In den Worten unseres neuen Bundespräsidenten: ›Die Globalisierung der deutschen Außenpolitik wird unvermeidlich sein. Wir müssen bereit sein, militärische Macht einzusetzen. Es muß anerkannt werden, daß für die Wahrung nationaler Interessen das Scheckbuch nicht reicht, sondern daß möglicherweise auch einmal der Einsatz von Leib und Leben gefordert ist.‹ Hübsch gesagt, und trotzdem wahr.«

»Und in Deutschland selbst, wie viele Verlierer gibt es da?« Sie stieß Dr. Helfersich an, der sich peinlich berührt abgewandt hatte.

»Acht Millionen Arbeitslose, 400.000 Haushalte mit weniger als zweitausend Mark im Monat, 2,6 Millionen Haushalte mit weniger als dreitausend Mark im Monat. Die oberen zehn Prozent der Bevölkerung besitzen fünfzig Prozent des Vermögens, die unteren zwanzig Prozent haben ein negatives Geldvermögen, sind also überschuldet.« Er leierte seine Zahlen herunter wie ein Sprechautomat, er wollte keine Agitation betreiben. »Um Ihrer Frage zuvorzukommen, ob sich denn auch hier keiner wehre«, fuhr der Consultant grimmig fort, »hier gibt es das nicht mehr. Jeder hat begriffen, daß wir einen Produktivitätspakt miteinander schließen müssen, daß wir Gefangene der Weltökonomie sind. Selbst der liberale Lord Dahrendorf hat doch begriffen, daß die Zeit der universellen sozialen Bürgerrechte vorbei ist. Jetzt heißt es, Ärmel rauf, Gürtel enger und Maul halten. Wer im Weltmeister-Standort Deutschland einen Arbeitsplatz hat, weiß doch, daß er zu den Siegern gehört. Und wer keinen hat, der weiß mit unserem Arbeitsminister Blüm: Auf den Barrikaden gibt es keine Arbeitsplätze.«

Langsam raffte Rosa ihre Pelerine, strich sich die dicken, schwarzen Haare aus der Stirn und lächelte den Experten über ihre lange Nase freundlich an. »Sie haben mir sehr geholfen«, sagte sie. Dann zog sie Dr. Helfersich aus dem Sessel, und Hand und Hand verließen sie das Hotel.

Unter den Linden drängten die Menschen in die Cafés und Restaurants. »Der Berliner muß immer erst mal 'nen Happen essen«, Rosa keuchte, so schnell strebte sie in Richtung Marx-Engels-Platz, »ob nun der Orchestergraben oder die Barrikaden auf ihn warten.« Ob sie auch …? Nein, sie wolle zu dem Schiff vor der Humboldt-Universität, mit Bäumen auf dem Deck und einer großen Inschrift: Denk mal über Leben nach. Da gehe es offensichtlich um den Stoffwechsel mit der Natur.

Ein junger Mann mit einem Button »Bündnis 90/Grüne« drückte ihnen eine Broschüre in die Hand: »Mit Volldampf abwärts! Das Weltklima und die Berliner Politik.«

»Was ist die Botschaft?« fragte Rosa.

»Die Fortführung der industriellen Produktionsweise ist unser aller Tod. Wird weiter soviel Kohle, Erdöl und Erdgas verbrannt, wird sich der Kohlendioxidgehalt in der Atmosphäre in fünfzig Jahren verdoppelt haben und die Klimakatastrophe ist perfekt. Stürme, Orkane, Ausdehnung der Wüsten, Ansteigen des Meeres und Überflutung von Inseln und Küstenstreifen, Völkerwanderungen und Kriege um die verbleibenden fruchtbaren Gebiete.«

»Verstehe ich Sie richtig, daß die Gefahr von den am höchsten entwickelten Ländern ausgeht?«

»Ja, achtzig Prozent der klimarelevanten Spurengase wie das CO_2 kommen von dort.«

»Und wie wollen Sie die Großindustrie bewegen, von ihrer Produktionsweise abzugehen?«

»Wir setzen auf das Enlightened self-interest, das aufgeklärte Selbstinteresse der Industrie. Auf lange Sicht würden die sich doch selbst umbringen.«

»Und dieses langfristige Denken trauen sie Leuten zu, die von sich sagen, sie befänden sich in einem permanenten Weltwirtschaftskrieg?«

»Man muß ihnen natürlich auch die Daumenschrauben anlegen und die gefährlichen Energieträger enorm verteuern.«

Das erinnere sie, Rosa schüttelte sacht den Kopf, an die Ablaßregelungen des Vatikans. Wer mehr Geld habe, dürfe mehr sündigen, wer reich sei, dürfe im aufgeklärten Kapitalismus mehr Umwelt vernichten.

»Wir müssen tun, was wir können«, sagte der junge Mann geduldig, »kleine Taten sind wichtiger als große Worte.«

Aber die Taten, Rosa tätschelte dem Mann mit dem grünen Button mütterlich den Arm, müßten groß genug sein, um die Katastrophe zu verhindern. Energisch zog sie Helfersich weiter bis zur Liebknechtbrücke, wo sie wenig damenhaft über das Geländer in die Spree spuckte. »Aufgeklärtes Selbstinteresse, Donnerwetter. Was ist mit den Massen, denen es ja ganz offensichtlich an den Kragen gehen soll? Ich sage Ihnen, die Massen müssen in die Aktion geführt werden, sie sind fähig dazu, und in der Aktion lernen sie, wie und wohin sie weitergehen müssen!«

Wider Willen war ihr Begleiter dabei, etwas die Geduld zu verlieren. »Nun seien Sie doch nicht so verstockt. Sie haben doch gehört vom Produktivitätspakt, daß im Wettbewerbsstaat eben jeder zur Nationalmannschaft gehören will und daß der Klassenkampf sich darauf beschränkt, daß man unbedingt in die erste Klasse will. Ihre Massen existieren doch gar nicht mehr.«

Sie waren bei der Plastik von Marx und Engels angelangt, die immer noch auf dem Forum zwischen Palast und Rotem Rathaus geduldet wurde. Die beiden hatten schon früher betreten gewirkt, jetzt wurde dieser Eindruck durch eine Leuchtschrift auf dem massiven Sockel noch unterstrichen: »Wir sind unschuldig.« Daneben stand: »Sorry, war nur so 'ne Idee von uns.« Rosa lachte. »So wie die in die Welt schauen, scheinen sie schon früh geahnt zu haben, daß das mit der DDR nichts wird. Aber noch mal zurück zu den nicht mehr vorhandenen Massen. Was ist eigentlich aus den 68ern geworden, von denen Sie mir so viel erzählt haben, eine Universität meines Namens hätten sie damals sogar gegründet, dann den langen Marsch durch die Institutionen angetreten. Wo sind die jetzt, mobilisieren die nicht das Volk, wenn es um Sein oder Nichtsein geht?«

Das könne sie haben, lachte er unfroh, auch noch die 68er, na bitte, auf ins »Florian«, da säßen wohl zu dieser Tageszeit einige der Hauptfiguren, die seien auf ihrem Institutionenmarsch mindestens in irgendwelchen Chefredaktionen angelangt, also los.

In dem verwinkelten Café mit seinen hohen, kahlen Wänden debattierten zwei Damen und zwei Herren offenbar über Kultur. Sie sollten doch den alten Minetti zum Intendanten machen, rief einer der Herren, mit seinen Neunzig bringe der doch wenigstens den Altersdurchschnitt des Berliner Ensembles ins Lot.

Das sei ihr Mann, flüsterte Helfersich Rosa ins Ohr, ein Spezialist für die Demokratie und die Massen, einst feuriger 68er, heute stellvertretender Chefredakteur einer Wochenzeitung. »Hallo, Alter«, tapfer warf er sich an den Fürstentisch vor dem wandgroßen Fenster, »darf ich dir Rosa Luxemburg vorstellen, sie möchte kurz was fragen.«

»Ach Gott, Rosa«, sagte der 68er, »wie nett. Aber macht's auch wirklich kurz, wir möchten heute mal ein bißchen unter uns bleiben.«

Da Rosa nichts sagte, mußte Helfersich die Frage stellen. Rosa wolle wissen, warum die Massen in dieser Demokratie nicht aktiv würden und einen anderen Kurs erzwängen.

»Na, Gott sei Dank, ich dachte schon, was Ernstes.« Grinsend machte es sich der Demokratie-Experte in seinem Sessel bequem und deklamierte einen Text, den er offensichtlich vor kurzem erst veröffentlicht hatte: »Zu Demokratie und Parlament folgendes: Sicher wird man nicht auf die lieb gewordene Traditionslinie verzichten können, für die die attische Polis steht. Von ihr wären aber nicht das Plebiszitäre und das Direkte zu lernen, sondern der Wille zur Bürgerlichkeit und zu einem stabilen Regelsystem. Demokratie hat nichts mit Massen und nicht übertrieben viel mit Volk, einiges aber mit Form und Gestalt zu tun. Deswegen ist die Demokratie auch ein Unternehmen zum Schutz der zivilen Gesellschaft vor dem direkten Zugriff des Volkes.«

Schon vor dem Ende des Bescheids hatte Rosa das Café verlassen. Unter dem Gelächter des Fenstertisches eilte Dr. Helfersich ihr nach.

»Es war ein langer Tag«, sagte er mitleidig. »Kommen Sie, ich bring' Sie zurück nach Lichtenberg.«

»Ich geh' nicht zurück.« Sie lachte. »Kann sein, daß ich dem Weltklavier nicht mehr mit allen zehn Fingern in die Tasten fallen kann, aber versuchen will ich es.«

»Lassen Sie das, um Gottes Willen, dies ist nicht mehr Ihre Welt.«

Sie reichte ihm die Hand. »Ich fühle mich in der ganzen Welt zu Hause, wo es Wolken und Vögel und Menschentränen gibt.«